上海文教结合"支持高校服务国家重大战略出版工程"资助项目

上海市重点图书

U0113160

"一带一路"沿线国家纺织文化遗产研究·西亚卷

王 华 著

东华大学出版社·上海

图书在版编目（CIP）数据

"一带一路"沿线国家纺织文化遗产研究. 西亚卷 /
王华著. -- 上海 : 东华大学出版社，2020.5
ISBN 978-7-5669-1729-4

Ⅰ. ①一... Ⅱ. ①王... Ⅲ. ①纺织工业－文化遗
产－研究－西亚 Ⅳ. ①F416.81

中国版本图书馆CIP数据核字(2020)第050141号

责任编辑：沈　衡　竺海娟
版式设计：赵　燕
封面设计：魏依东

"一带一路"沿线国家纺织文化遗产研究·西亚卷
王华　著
东华大学出版社
上海市延安西路1882号
邮编：200051　电话：（021）62193056
出版社官网 http://dhupress.dhu.edu.cn/
出版社邮箱 dhupress@dhu.edu.cn
发行电话：021-62373056
新华书店上海发行所发行　上海盛通时代印刷有限公司印刷
开本：787mm×1092mm　1/16　印张：16　字数：400千字
2020年5月第1版　2020年5月第1次印刷
ISBN　978-7-5669-1729-4
定价：168.00元

内容摘要

本书在"一带一路"背景下，紧紧围绕西亚国家灿烂的纺织文化历史与手工染织艺术以及纺织服装产业的发展现状展开研究。全书内容分为3大篇、25章，包含500余幅图片，主要包括古代波斯和土耳其的染织工艺与艺术纹样，以及其他西亚国家的染织与服饰艺术。从染织历史渊源与演变、纺织品结构与工艺、染织纹样与题材、艺术风格四个方面对古代波斯与土耳其这两个古丝绸之路上典型国家的染织工艺与艺术纹样进行了重点剖析；并根据不同国家染织文化的特点，从不同角度逐个研究了"一带一路"沿线西亚国家，如沙特阿拉伯、塞浦路斯、黎巴嫩、卡塔尔、格鲁吉亚、巴勒斯坦、叙利亚、亚美尼亚、以色列、也门、伊拉克、科威特、阿塞拜疆、阿曼、巴林、阿富汗、阿联酋等17个国家的纺织文明发展历史、传统染织服饰艺术和纺织服装产业发展现状。本书结构清晰、层次分明，内容具体翔实，集理论性、学术性、实践性于一体，对全面、深入地研究和认识西亚国家的染织艺术与文化，在"一带一路"背景下进一步推动中国与西亚各国在纺织服装领域的深入交流与合作，具有十分重要的学术参考价值。

目录

第一篇
古代波斯染织工艺与纹样艺术

第一章 波斯地毯的源流与演变

1 波斯的起源

伊朗是一个具有四五千年历史的文明古国，史称波斯。"伊朗"与"波斯"的概念和范畴是不一样的。从词源上看，"伊朗"（Iran）来源于"雅利安"（Aryan），而"波斯"（Persia）来源于地名"法尔斯"（Fars）。"波斯"一词来源于拉丁语，由伊朗西南波斯湾岸边的法尔斯之名转化而成。由于中古波斯语中"F"与"P"两音通假，"Fars"自然也可以读成"Pars"，写法几乎一样。伊朗所称的"波斯人"（Farsi）专指法尔斯地区的人。居鲁士一世（公元前630—前600年）创建古波斯帝国之后，这个帝国就被希腊人称为"Persia"，这就是"波斯"的来历。波斯人从此就不是"Farsi"或"Parsi"了，而是"Persian"。由此可见，"波斯"是地区和民族的名称。

因为波斯人建立了阿契美尼德王朝的大帝国，古希腊人称之为"波斯帝国"。"伊朗"从来不是指波斯人创建的帝国，伊朗历史上历代王朝各有其名，它们是米底王朝、阿契美尼德王朝、希腊塞琉古王朝、安息王朝、萨珊王朝、伊尔汗王朝、帖木儿王朝、萨法维王朝、恺加王朝、巴列维王朝等。

在民族学上，"伊朗人"并不专指或等同于"波斯人"，而是指包括波斯人在内的中亚、西亚地区的古代民族，因此民族学中出现了东伊朗人、西伊朗人、中亚伊朗人、南伊朗人、北伊朗人五个不同概念和范畴。虽然波斯人也自称是雅利安人，但其体貌和民俗习惯与东部伊朗族人差别很大，波斯人的很多文化特征也明显有别于东部伊朗人，因为位置毗邻和交往频繁，波斯人身受来自阿拉伯半岛和两河流域的闪米特人（也称塞姆人）文化影响，更接近于闪米特人的文化特征。因此，波斯人在文化上兼有伊朗人和闪米特人的特征。

因此，严格地讲，"伊朗"与"波斯"是不同的概念，具有不同的范畴。历史上没有"伊朗帝国"，只有"波斯帝国"。从语言学上讲，没有"伊朗语"，只有"波斯语"；没有"波斯语族"，只有"伊朗语族"，伊朗语族还分为"东伊朗语族"和"西伊朗语族"。"波斯人"在历史上指波斯帝国的创建者和主体的统治民族，也指占今日伊朗总人口60%的第一大民族。伊朗的第二大民族是阿塞拜疆人，占该国总人口的25%；第三大民族是库尔德人，占该国总人口的9%；第四大民族是阿拉伯人，占该国总人口的3%；第五大民族是俾路支人，占该国总人口的2%。

2 波斯地毯的发展演变

2.1 波斯地毯的渊源

波斯地毯出现在什么时候？没有人知道第一张手织地毯是在何时何地产生的。因为任何事物都有其自然寿命，随着时间的推移，手织地毯亦会损耗并逐渐消失。保养好的高品质手织地毯通常都能够很容易地使用几十甚至几百年。虽然有许多种传说和版本，但是我们仍然对此一无所知，最早的手工打结地毯出现在公元前3或5世纪，这并不是波斯地毯的起源时间。也有一种说法：手工打结编织技术是在11世纪的时候，由塞尔柱王朝（突厥游牧民建立的）入侵时带来的。关于波斯手工地毯在史籍中未有记载的局面一直持续到16世纪手工地毯的黄金时期，从少量遗留下来的珍品中可以推断出，最美丽的波斯地毯是萨法维王朝时期（1399—1722年）生产出来的，这时手工地毯编织工艺经过充分发展而日臻完美。蒙古人在两个世纪以前还统治着这个国家。

在萨法维王朝时期涌现出许许多多手工编织中心，如伊斯法汗、塔伯利兹、科尔曼和卡桑等地都非常著名，这主要得益于波斯人民丰富而悠久的文化积淀及中世纪波斯灿烂的文化。

17世纪末期，特别是18世纪中叶，由于阿富汗的入侵（1721—1722年），萨法维王朝逐渐衰落，这深深地影响到了整个波斯文化和地毯编织艺术。这也是手工编织艺术衰落的原因，18世纪的工艺品缺少风格反映出这一时期的连年战争。19世纪由于西洋诸国需求的增加，尤其是塔伯利兹的巴扎（民间市集）地毯经销商不断地向欧洲出口地毯，从而大大地推进了波斯地毯业的发展。在英国、德国和美国企业操作下建立了很多地毯商店，尤其是Ziegler地毯公司得到了难以置信的发展，伊朗王国的地毯再一次誉满全球。波斯地毯的生产除了里海南岸、波斯湾和阿曼沿岸以外，几乎遍及全国各地。

2.2 波斯地毯的发展简史

在伊朗高原，干燥和刮风是山里的典型气候，尤其是全年寒冷的气候以及特别寒冷的夜晚，可能鼓励了早期的狩猎游牧民族，还有乡村的居民，考虑到为帐篷和小棚屋制作地毯保暖，所以手织地毯最初是游牧民族制作并用来抵御寒冷冬天的生活必需品，一门手工艺术也由此产生。伊朗高原这种自然环境富有制造地毯所需要的原料，像野生动物的皮和发毛以及绵羊、山羊和骆驼的皮、发毛。狩猎游牧民族可能使用了狩猎动物的皮和毛制作地毯，但游牧民族若这样做将会被认为是杀鸡取卵，因为这意味着连续屠杀一群能提供乳品和羊毛的羊群。后来游牧民族就想到羊群不必受害也可以经常得到剪毛作为地毯材料。这些游牧民族可能先制造小垫子，然后编织地毯，到最后与东方地毯特有的编织工艺、簇绒工艺以及打结工艺相结合。东方地毯发展的下一步就是将天然彩色羊毛的绒头材料排列成几个图案。后来，一旦游牧民族和乡村居民开始对天然染料做实验，这些绒毛可以被染色以形成除了天然色调羊毛自身的白－棕－黑－灰系列以外的彩色花纹。一个进一步的发展就是地毯完成之后剪云绒头绒毛，以改变蓬乱的外观，而且彩色绒毛的花纹将更加清晰。这些发展是在较长的时间内进行的。地毯编织在波斯是世代相传的家族工艺，它的成就是通过祖祖辈辈的努力而达到的，是一个人类智慧和资源利用的故事，其中的很多细节只能被推测。

3 波斯地毯的染织文化遗产

3.1 帕兹里克（Pazyryk）地毯

现存最古老（公元前5世纪）的波斯地毯是由俄罗斯考古学家萨尔盖·鲁丁柯（Rudenko）于1939年夏天在蒙古的阿尔泰地区（Altai mountains），靠近西伯利亚南部帕兹里克（Pazyryk）的一个冰冻的墓穴中发掘出来的，被人们称为帕兹里克（Pazyryk）地毯（图1-3-1）。一个合理的假设是：盗墓贼盗窃了这个墓穴，他们偷走了金银珠宝，而没有带走墓穴里的地毯，后来雨水灌进了墓穴，形成了一个自然保护冰窖。该地毯大小约1.8米×2.0米（6.0英尺×6.5英尺），每平方厘米有36个土耳其结（或编织密度为每平方英寸220个结点，这种编织密度按照现在的标准也是不低的），颜色有深红色、橘黄色和墨绿色。这块地毯的原料是羊毛，毯面的中间是由23个小方块组成的几何图案，即同一式样的四叶型花卉图案（图1-3-2）。地毯由5条边组成，最长一条边上有一列按逆时针方向排列的骑兵，其中一些骑在马背上（图1-3-3），一些在马边行走，每边7个，共23个——这个数字正好与波斯波利斯（Persepolis古波斯帝国都城）王宫里护送宝座的士兵数量相同。据考证，该地毯属于公元前5世纪的阿契美尼德王朝，图案中波斯骑兵的服装和武器与公元前330年被希腊亚历山大军队付之一炬的波斯帝国王宫波斯波利斯图案上的一模一样。第二条长边上有曾经生活在伊朗北部里海地区南端灭绝已久的黄斑麋鹿（图1-3-4），每边有6只麋鹿。这两条主边之间的小边上有与毯面一样的四叶型花卉图案，其他两条小边

图1-3-1 帕兹里克地毯

图1-3-2 四叶型花卉图案

图1-3-3 骑兵纹样

图1-3-4 黄斑麋鹿纹样

上有怪兽。

由于当地严寒，该地毯几乎完好地保存了下来。专家认为，这块地毯应是 2 500 多年前伊朗高原东部的米底亚人或帕提亚人编制的，现保存在俄罗斯圣彼得堡国家文化遗产博物馆内。帕兹里克地毯对波斯地毯的研究极为重要，主要有两个原因：第一，它的豪华代表着一个可能永远不被人知道的悠久传统；第二，它的很多特征，如毯面的长方形布局，作为传统的一部分仍保留至今。

3.2 考斯罗的春天毯（Khosrow "spring" carpet）

考斯罗的春天毯属古波斯地毯，是为萨珊国王考斯罗一世（531—579 年在位）的泰西封宫（Ctesiphon）制作的，亦称考斯罗之冬地毯（Winter of Khosrow Carpet）。它是传说中最大的东方手织地毯。

在公元 531 到 579 年间，波斯帝国打败罗马军队，占领了阿拉伯南部地区。为了庆祝这一胜利，波斯国王考斯罗一世下令制作一块巨大的地毯，史称"考斯罗的春天毯"。

这张地毯用羊毛和真丝织成，并镶嵌有金、银及其他贵重金属和宝石，象征百花盛开的春天。又称它为冬天的地毯是因为它用于无法观赏真实花园景色的寒冬季节，象征国王具有令大地回春之力。地毯图案为具体化的天堂，有小溪、曲径、长方形花坛以及繁花满枝的树木。水是用水晶石制作的，土是用黄金制作的，花果则用宝石制成。

这张地毯长 91.44 米（300 英尺）、宽 30.48 米（100 英尺），是一张巨大的地毯。这张地毯采用经典的花园图案设计，表现了在沙漠地区少见的绿色植物、流水与花鸟景象。这幅光彩异常的大型地毯具有重要的政治意义，象征着国王的权力和经济实力。

公元 651 年，阿拉伯人打败波斯人，占领了塞锡封。这张神话般的地毯被当作战利品掠走，最终被分割成很多小块分送给打了胜仗的士兵们。尽管如此，这张富丽堂皇的地毯在后来的几个世纪仍鼓舞了波斯人民的信心，更激发了波斯民族在以后创造出辉煌的历史、诗歌和艺术。这张地毯也成为后世波斯地毯图案设计的灵感源泉。

3.3 阿德比尔地毯（The Ardabil carpets，aka Twin carpets）

阿德比尔地毯是早期古典波斯工艺品中最出名的两张波斯地毯。较大的一张长 11.58 米（38 英尺）、宽 5.49 米（18 英尺）。两张地毯皆有丝经和羊毛剪绒，结子密度为每平方英寸 300 ～ 350 结。该地毯完成于 1529—1530 年，时当萨非（Safavid）王朝沙·塔赫马斯普一世（Shah Tahmasp I，1523—1576 年在位）统治期间，原铺于伊朗的亚塞拜然省阿德比尔清真寺内。两张地毯都有丰富、高尚、精细而井然有序的设计，大地色靛蓝，上面布满雅致而细腻的花饰和浅黄色葵心（图 1-3-5）。

这两张阿德比尔地毯均带有题记："世界上唯有在您的大门内我才能得到庇护，我的头颅只在此处柱廊里方能受到保护；圣地奴隶卡尚的麦克苏德作于 936 年（即公元 1539—1530

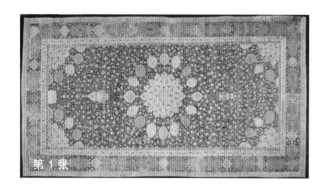

图 1-3-5 阿德比尔地毯

年）"。这两张地毯在 19 世纪晚期均受到破坏，传说 1893 年一位不知名的英国人从伊朗带回，较小的一张（现藏于洛杉矶艺术博物馆，Los Angeles County Museum of Art）部分用来修补较大的一张（现藏于伦敦维多利亚和艾伯特博物馆，Victoria and Albert Museum in London）。较小的一张地毯被保密到 1931 年，并且于 1965 年捐给洛杉矶艺术博物馆，为此也被称为"秘密地毯"（the secret carpet）。

第二章 波斯地毯的结构与工艺

1 波斯地毯的构成与布局

1.1 波斯地毯的布局

波斯地毯的布局主要分成三种，即满地花式（图 2-1-1）、中心葵式（图 2-1-2）及直挂式（图 2-1-3），而最有波斯代表性的布局形式是中心葵式。

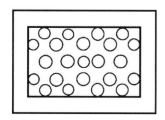

图 2-1-1 满地花式

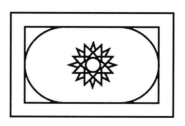

图 2-1-2 中心葵式

图 2-1-3 直挂式

满地花式的图案没有中心葵圆，一个或一种纹样连续重复地出现在地毯中。中心葵式图案由一个突出的中心作为主图案，此中心叫做奖章（medallion）或葵圆。葵圆可圆可方，也可为多边形、放射状或星形。此图案多为轴对称型，是最为常见的地毯图案。直挂式的图案为不对称图形，包括人物、静物、风景等。因为只能单向看图案，所以多作为挂毯使用。

1.2 波斯地毯的一般构成

波斯地毯的一般构成如图 2-1-4 所示，它由中心葵、垂饰、角花、流苏等组成。下面逐一介绍。

（1）**中心葵**（medallion）：中心葵可以是正方形、菱形、六边形、八边形或圆形，最常见的中心葵是圆形，它代表伊斯兰清真寺里的圆屋顶。

（2）**垂饰**（pendants）：垂饰可以分成两个部分，即靠近中心葵的一部分在波斯语中叫作卡提背（katibeh），而远离中心葵的一部分叫做卡拉雷（kalaleh）。

（3）**角花**（corners）：在土耳其语中也叫拉茶客（lachak），曾有一条比较出名的地毯布局也有中心葵及角花（lachak-toranj）。有时角花是中心葵花纹的四分之一，有时其图案元素与中心葵的图案不一样，角花也可以拉长到在地毯边上的中间与另一个角花连接。

（4）**毯面**（field）：根据伊朗各地区的编织习惯，波斯地毯的毯面可以是清地（素色）或满地（花卉）。

（5）**边界**（borders）：边界可以分成大边（主边）和小边，小边还可以分为内边和外边，通常内边和外边所包含的图案是相同的。

（6）**边缘**（edge）：地毯的布边从绒头结束到最外边，因为容易磨损，所以采用各种加强工艺强化边缘，如纬纱包边（weft overcast，图 2-1-5）、双包边（double overcast，图 2-1-6）、纬纱布边（weft selvedge，图 2-1-7）、双布边（double selvedge，图 2-1-8）。

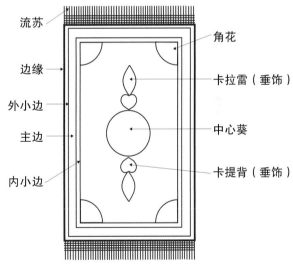

流苏　边缘　外小边　主边　内小边

角花　卡拉雷（垂饰）　中心葵　卡提背（垂饰）

图 2-1-4 波斯地毯的一般构成部分

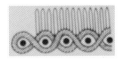
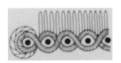
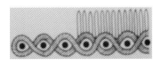
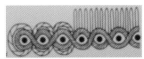

图 2-1-5 纬纱包边　　图 2-1-6 双包边　　图 2-1-7 纬纱布边　　图 2-1-8 双布边

（7）**边带**（webbing）：由纬线一上一下地织入经线，在地毯上下两端形成25.4毫米（1英寸）或50.8毫米（2英寸）长的带子。边带大多采用平纹组织，有时候也织出一些图案作为装饰（图2-1-9）。

（8）**流苏**（fringe）：是地毯上下两端的自由延长于边带的经线。

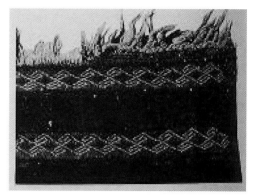

图2-1-9 俾路支地毯的边带

2 波斯地毯的原料

波斯地毯通常融合了羊毛、棉、真丝、金丝和银丝等多种纺织材料。纺织制造材料的质地对波斯地毯的品质影响极大。耐用的波斯地毯，绒面采用光亮的羊毛，使用上等的真丝加强图案效果，以及稳定性好的棉纤维作为地毯的基面（经线和纬线）。

尽管我们感觉波斯地毯是棉质的，但实际上，羊毛是编结波斯地毯的主要原料，这些羊毛主要源于当地牧民饲养的羊。伊朗放牧山区阴冷的气候使得羊毛纤维柔软细长，质地优于其他温暖地区所产的羊毛。8至14个月羔羊身上的羊毛质量最优，这种羊毛叫作考克。高质量、多结的波斯地毯通常采用考克作为原料，这种地毯手感细腻、平滑且柔软。

伊朗的羊毛颜色多种多样，有黑色、米色、棕色、黄色，这些自然的色彩大大增添了地毯的光彩。地毯匠人尤其喜欢用刚从羊颈部和腹部剪下来的毛，因为这两部分的毛色最鲜亮。其他的颜色则用明矾或植物的根、茎、皮提取的染料染成。比如淡黄色是用石榴皮染成的，棕色是用核桃皮染成的，红色则用一种黑色的小昆虫染成。

除了羊毛，有些波斯地毯用真丝作材料。真丝是通过闻名于世的丝绸之路从中国传入波斯的，极为珍贵。真丝是用在波斯地毯中最光滑的原料，它可以使地毯非常柔软且反光效果极佳，通常用真丝作原料是为了强调地毯中图案的设计和主题。除此之外，还有一些波斯地毯会用到金丝和银丝。这类地毯以波罗涅兹地毯最为著名，之所以称为波罗涅兹地毯是因为它们首先在波兰展出，其上镶有波兰皇室的徽章。波罗涅兹地毯是17世纪的波斯地毯，据说是克山和依斯法罕城用来送给欧洲权贵的礼物，用真丝、金丝和银丝编织而成。丝毯主要产于伊朗西南部的卡尚。由于丝毯的质地不如纯毛地毯柔软舒适，因此丝毯大多用作装饰，如图2-1-10所示。

棉纤维通常作为地毯背面的经线原料。在15—16世纪的地毯黄金时期，优质的地毯是用丝作经线、毛作纬线织成绒面，从地毯的背面可

图2-1-10 手工真丝波斯地毯

以看到地毯的经线通常以棉作为原料。当然，也有原料100％选用丝的地毯之王——丝毯，这种地毯在光线下将光彩熠熠。这就使波斯地毯有了其独特性。波斯地毯就像雪花一样，没有两张是完全一样的，这也正是它的魅力所在。这使得波斯地毯极具收藏价值和可投资性。

3 波斯地毯的编织工艺

波斯地毯强调手工编织，质地优良的波斯地毯均由手工编织，编织一张波斯地毯需要极大的耐心。伊朗手工编织者是古代文明的第一批工匠，每一张波斯地毯都融入了编织者独一无二的技艺和心思。经过了一代又一代能工巧匠的传承，波斯地毯手工编织工艺如今已达到了相当高的水平。

虽然现在的地毯制作工艺已经发展到了车间批量生产阶段，但是制作一张精美的波斯地毯仍然需要若干能工巧匠几个月甚至几年的辛勤劳作才能完成。据说编织一张手工波斯地毯，专业织工要从七八岁开始学起，直到适婚年龄才能完全掌握。由于强调手工织造，因此花上14至18个月才能完成一张传统波斯地毯。

区分手织地毯和机织地毯的方法有以下几点：第一，折叠地毯，令绒面向外，可以看到手织地毯每个线头的末端都有一个小结。手织地毯是不会完全对称的，而且如果每2～7厘米就有轻微的不规则出现，这是可以接受的。第二，观察地毯的背面。手织地毯可以清晰地看出图案，就像挂毯一样，而机织地毯就没有这么明显的特征。第三，手织地毯的须边是经线束的自然延长，而机织地毯的须边是机器另外缝合上去的。第四，手织地毯可以用手来感知绒面的倒向，顺面手感顺滑，逆面会有些受阻的感觉；而且顺面和逆面的反光效果不同，顺面看起来颜色较浅，逆面颜色较深。

很明显，真正的手工编结地毯比机织地毯更具有价值、品质更高。手工编织的波斯地毯寿命长达100年以上，而且其价值会随着时间的推移而不断升高。

3.1 地毯的织造步骤

（a）将经线绕在框架的两端，以经线长度为地毯的长度，而经线根数决定地毯的宽度；

（b）使用两根杆子，分别系到每隔经线；

（c）在地毯下端或开头将纬线横向地穿过经线以形成一条50.8毫米（2英寸）宽的带子；

（d）按照纹样的颜色将相应的彩色纤维束一个一个地在经线上打结，在地毯表面形成绒头；

（e）每一排结子后引入一两根纬线，引入纬线的时候要靠这两根杆子的升降运动，轮流地将每隔经线抬起或降落以便纬线能一沉一浮地沿地毯宽度穿过经线所形成的梭口；

（f）用一把梳子将每一排结子与接下来的纬线往下面均匀地打紧；

（g）重复步骤（d）（e）（f），直到所需的地毯长度；

（h）在地毯上端形成另一个织入纬线的带子；

（i）地毯的布边是以包围纬线或另一种方法形成的；

（j）延伸地毯两端的机织带子的经线被解开，以形成地毯的流苏；

（k）随着织造的进行，均匀剪除部分切断的绒头。

图2-3-1为地毯织造工序，图2-3-2为织造工具。

（a）挂经　　　　（b）隔经　　　　（c）经线打结

图2-3-1 地毯织造工序

刀　　　　剪刀　　　　勾针　　　　铁梳

2-3-2 织造工具

3.2 绒头地毯

织毯的主要工艺是编织、打结。波斯地毯的打结是很讲究的，地毯的质地和价值很大程度上取决于其原料、细密程度以及结的多少。打结越多，地毯的花纹越精致细密，地毯表面越光滑、细腻、结实。据统计，伊朗地毯的最低密度一般在30结/10厘米左右，约9万结/米^2，最高可达到100万结/米^2。打结一般有两种方法。

3.2.1 土耳其结（Turkish or Ghiordes）织法

这是最早的编织方法，绒线置于两根相邻的经线之上（图2-3-3），其两端环绕这两根经线向内绕上一个圈，然后竖立形成地毯绒面，组成漂亮图案。土耳其结法是对称的，对波斯地毯的影响强烈而持久，直到今天人们仍在使用。这种打结方法分布在伊朗西北部、东北部，如大不里士（Tabriz）、比哈尔（Bihar）、麦什特（Meshed）等地。

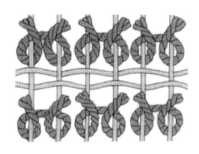

图2-3-3 土耳其结

3.2.2 波斯结（Persian or Sinneh）织法

绒线在一根经线上绕一圈（图2-3-4），然后穿过相邻的另一根经线下面，两端绒头竖立形成地毯绒面，组成漂亮的图案。波斯结法是不对称的。这种打结方法主要分布在伊斯法罕（Isfahan）、卡山（Kashan）地区。

3.3 无绒头地毯——基里姆地毯（Kilim）

一般来说，无绒头地毯或平织地毯所需的劳动和材料比绒头地毯少，因此它们生产起来通常更便宜。由于平织地毯的技术比绒头打结更简单，因此被认为早于绒头地毯。毫无疑问，多个世纪来使用了各种各样的平织地毯的技术，如图2-3-5和2-3-6所示。

3.4 结数及密度

伊朗地毯的密度是按每平方米的打结数计算的，并以经、纬方向每10厘米的打结数来表示。据统计，伊朗地毯的最低密度一般在30结/10厘米左右，约9万结/米^2，最高可达到100万结/米^2。

地毯的质量和价值的主要标准是看单位面积毛线结数量的多少和所用的原料。结打得越多越好，结多可织出精致细密的图案。单位面积内结的数量越多，地毯的品质就越高，相应的价格也越高。

这种表示法虽然反映了单位面积中的打结数量，代表了地毯的编织密度和地毯的内在质量，但没有准确表示出地毯经、纬方向的实际打结数。因为波斯地毯的经、纬打结密度一般是不一致的。出现经、纬密度不相等的原因是多方面的，主要因素则取决于经线、纬线和起绒毛线的粗细比例及编织打结方式。伊朗地毯的纬线也分粗、细纬，有的地方的地毯是双纬，但也有的地毯是单根纬线。

伊朗各地的地毯密度各不相同，伊斯法罕地毯的打结密度一般是60～100结/10厘米。高密度地毯的打结数可以达到130结/10厘米以上，相当于我国1.41道/毫米（430道/英尺）的密度。在伊朗博物馆内有一块产于马什哈德的地毯在7厘米宽度内打了120个结，其精致、细密、柔软令人叹为观止。

一块中等质量的地毯，1平方米上至少有15万至20万个结，优质地毯每平方米上大约有100万个结，而最受伊朗人欢迎的地毯尺寸是12平方米。因此要编织出一块精美的地毯

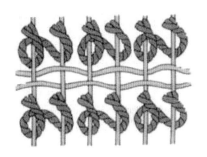

图 2-3-4 波斯结

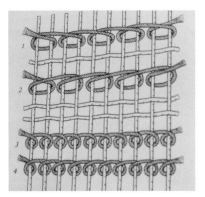

图 2-3-5 各种苏马科（soumak）技术

图 2-3-6 马鞍袋正面使用苏马科技术

匠人们需要有坚忍不拔的毅力，并且全神贯注、经年累月地工作。

图 2-3-7 百鸟朝凤地毯

一对大不里士编织的鸳鸯毯（图 2-3-7）——百鸟朝凤，每平方厘米上打出 125 个结，每块地毯为 5.5 米^2，重达 6 千克，3 个织匠花费 8.6 万个小时才完成。

第三章 波斯地毯的纹样与题材

1 波斯地毯的纹样特点

1.1 地毯纹样与宗教的关系

波斯人信仰伊斯兰教，手织地毯的编织历史是在伊斯兰教的影响下开始发展的。随着伊斯兰教的兴盛，手织地毯的编织艺术经过 1000 多年的发展而再次升华。公元 7 世纪左右，从阿拉伯传入的伊斯兰教开始在波斯和土耳其等国家传播，并开始大规模的建造清真寺，而礼拜时所用的地毯需求量不断增加，于是那些带有明显宗教信仰特色的手织地毯开始出现，见图 3-1-1、3-1-3。这些带有浓厚宗教气息的图案设计对后世产生了巨大影响，直到现在一些部落民族生产的手织地毯仍采用这些图案。地毯图案多取材于漂亮的清真寺的瓷砖、宫殿的石雕、自然景色、花草树木等。伊斯兰教义禁止动物和人物的形象出现。拜毯中间通常以象征清真寺的尖顶凹壁（图 3-1-2）、门形浅洞（图 3-1-4）、《古兰经》经文或拱廊等图案。拜毯使礼拜者做礼拜的地方成为圣洁之地。有时候地毯上会出现一些不均匀的图案，但它们不算是疵点。有的织工匠故意织得不均匀，因为他们不想与安拉（Allah）竞争十全十美。

图 3-1-1 穆斯林人在祈祷

图 3-1-2 清真寺里的尖顶凹壁

图 3-1-3 伊斯法罕礼拜毯

图 3-1-4 清真寺的门形浅洞

2 波斯地毯的纹样题材

2.1 直线条几何图案

这类地毯的所有装饰纹样是由垂直线、水平线和对角斜线组成（图 3-2-1）、重复形成中心葵纹。这类地毯大部分是在游牧部落和远离城镇的村庄编织的，所以纹样比较原始和简单。图案是艺人凭记忆及构思直接织出的。

图 3-2-1 几何图案

2.2 曲线写实图案

这类地毯的纹样一般由自然风景、花卉、动物图案组成（图 3-2-2）。曲线图案的形成通常要求更高的打结密度，以形成更精细的花纹，所以，图案是按照画在纸上的图样（图 3-2-3，cartoon，design plate）织出的。该技术更普遍使用于一些作坊和地区，像科尔曼、喀山、伊斯法罕、娜因及库姆。

图 3-2-2 曲线写实图案

图 3-2-3 设计图样

2.3 绘画图案

绘画地毯是以人物或动物为主要纹样，而且通常描述有名的人或在历史上发生过的重要事件。此类地毯一般作为挂毯，因为它的图案是单向的。有人认为以前画家除了在纸上以外想通过别的方式来表达他们的思想和灵感，因此通过编织地毯也能获得绘画的效果，但这门技术要求很高，只有非常熟练的编织匠才能织出逼真的绘画地毯如图 3-2-4 所示。即使有些牧民族像俾路支偶尔编织绘画图案的产品，绘画地毯主要产于手工作坊，尤其在科尔曼、塔伯利兹和喀山地区。

图 3-2-4 伊斯法罕绘画地毯

2.4 题材

2.4.1 卷须蔓藤（Arabesque）

最常出现于波斯地毯的图案是阿拉伯卷须蔓藤，如图 3-2-5 所示。"Arabesque"的波斯文字为"Islimi"，很明显是与伊斯兰有关的。

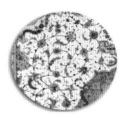

图 3-2-5 卷须蔓藤

2.4.2 沙阿巴斯（Shah Abbasi）

沙阿巴斯是以亚沙黑阿巴斯大帝（Shah Abbas）（1587—1629 年的沙法维斯皇帝）而命名的。Shah Abbasi 是一种式样较复杂的单向花卉图案（棕榈花），如图 3-2-6 所示。

图 3-2-6 沙阿巴斯

2.4.3 赫拉提（Herati）

Herati 的意思是"有关于 Herat"，Herat 是阿富汗西部的一个重要城市。Herati 是一种复合图案，由一朵中心对称的花及其周边四片相似的对称叶子组成，如图 3-2-7 所示。有时，花与叶子之间有一个菱形状物。

图 3-2-7 赫拉提

2.4.4 米娜卡尼（Mina-khani）

Mina-khani 与 Herati 相似，但前者由一朵中心对称的花及其周边四朵与中心葵相似的对称花卉形状组成，如图 3-2-8 所示。有时，这四朵花以一条环线连接。没有人知道 mina-khani 这个词的来源，但波斯文字 mina 本身的意思是雏菊（daisy）。

图 3-2-8 米娜卡尼

2.4.5 佩兹利（Paisley）

在波斯语中叫 boteh 的图案实际上就是被西方人广泛称为佩兹利(Paisley)或泪滴形状的图案,如图 3-2-9 所示。boteh 的意思是"灌木"，而且这个图案的尖端可能代表灌木在风里的运动。

图 3-2-9 佩兹利

2.4.6 蔷薇（Gul）

在波斯语中 Gul 的意思是"花"，是东方地毯中一种流行的八边形基本图案（蔷薇图案），如图 3-2-10 所示，常以重复形式使用于土库曼（Turkoman）人的地毯上。

图 3-2-10 土库曼蔷薇

3 波斯地毯纹样的色彩

3.1 纹样的色彩

一提到波斯地毯，人们就会想到亮丽的颜色和图案。大多数波斯地毯都是使用当地农田或山区生长的植物染料来染色的，这种独特的色彩是波斯地毯价值体现的一个重要因素。颜色运用越多，地毯的价值越高。展品级的地毯可能会用到高达 250 种的颜色。

3.2 波斯地毯染色的染料

波斯地毯非常注重使用天然颜料，以致历经百年仍然色彩鲜艳如故。伊朗的羊毛颜色本身多种多样，有黑色、米色、棕色、黄色，尤其是羊颈部和腹部剪下来的毛，更是鲜亮。需要染色时，多使用植物的根、茎、皮提取的染料（图 3-3-1），如从石榴皮中提取淡黄色，从核桃皮中提取赭色，而红色则往往用一种黑色的小昆虫染成。随着西方国家对手工地毯需求的增加，染料的数量也慢慢增加了。在 19 世纪，合成染料开始用于波斯地毯，但颜色没有天然染料那么牢固。

图 3-3-1 天然染料

3.3 不均匀染色（不均匀染色效应）

不均匀染色效应这个词用来描述东方地毯上同一种颜色的深浅变化。不均匀染色效应经常会出现在东方地毯上以及它们的复制产品上。来自防染效应和纱线粗细不匀会造成缓和不均匀染色效应。换成新的染浴会导致重不均匀染色效应。一般来说，东方地毯上的不均匀染色效应在是比较受欢迎的，但美国购买者一般不喜欢这种效应并且将它看成疵点。天然染料很漂亮地褪色，而且通常显示一个不均匀的颜色。有时不均匀染色效应被形成仿旧效果。

第四章 波斯地毯的艺术风格

1 波斯西北部风格的地毯艺术

1.1 毕扎尔地毯（Bijar rugs）

毕扎尔位于伊朗的西北部，在库尔德斯坦（Kurdistan）省。毕扎尔地毯主要是在毕扎尔以及它周围的乡村织造的，是生活在伊朗北部小城毕扎尔的库尔德人（Kurdish）编织的。毕扎尔地毯是由曲线形和几何形组合而成的，但曲线形占主导位置。毕扎尔地毯很难从其花纹来识别，因为它的花纹有点像哈马丹（Hamadan）和库尔德人（Kurdish）乡村地毯。

（1）原料： 早期的毕扎尔地毯一般采用羊毛经纱，而现在的毕扎尔地毯通常采用棉经纱。

（2）工艺： 纬纱一般使用三根，其中一根比其他粗（有时这根粗纬纱的直径接近于一支铅笔，而且它的弹性使得地毯可以织得更紧密）。毕扎尔地毯主要用土耳其结。毕扎尔素有"波斯铁毯"的美称，是因为毕扎尔地毯不仅漂亮，而且是最坚固耐用的手织地毯。毕扎尔地毯以其毯身厚重、结构坚固而闻名，经常有其他产地模仿毕扎尔地毯但都不成功，因为毕扎尔地毯使用独特的湿织架技术。所谓"湿织架技术"是在编织过程中通过喷水使打结的羊毛和经纬线均保持湿润，这样会使它们暂时收缩以便编织得非常紧密，毯子晾干后就会变得更加紧密和坚固。毕扎尔地毯不能折叠，否则会破坏它们的基础，所以最好是卷起来存放。

（3）纹样： 最常见的图案是赫拉提图案（图4-1-3），既可以是满地形式（图4-1-2），又可以是中心葵形式（图4-1-1）。其他花纹包括佩兹利、米娜卡尼（图4-1-5）、泽尔艾苏二坦（zell-i-sultan，图4-1-4）和蔷薇图案。毕扎尔地毯一般有若干小边，并且在这些小边上通常能看见棕榈花图案。

（4）色彩： 毕扎尔织工特别喜欢采用海军色、樱桃色、褐色、淡蓝色、粉红色、黄色、黄土色、橙色、米色及象牙色。

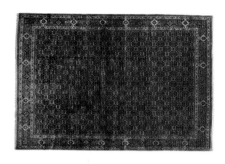

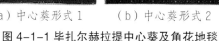

（a）中心葵形式1　　　（b）中心葵形式2

图4-1-1 毕扎尔赫拉提中心葵及角花地毯　　　图4-1-2 毕扎尔满地赫拉提地毯

图 4-1-3 赫拉提图案 1　　　　图 4-1-4 泽尔艾苏二坦图案　　　图 4-1-5 毕扎尔泽尔艾苏二坦图案
与满地米娜卡尼地毯

图 4-1-6 赫拉提图案 2　　　　图 4-1-7 被若干以棕榈花小　　　图 4-1-8 毕扎尔赫拉提中心葵及角
边包围的主边　　　　　　花地毯

1.2 巴克提阿利地毯（Bakhtiari rugs）

巴克提阿利地毯是在伊朗西中部的察哈尔吗哈尔
（Chahar Mahal）和巴克提阿利省织造的。这些地毯主要由乡
村居民织造，还有的是这个地区的游牧民族人织造的。

（1）**原料**：以前用羊毛，现在大多用棉经纬线，因为游
牧民族的传统地毯受到了城市发展的影响。

（2）**工艺**：巴克提阿利地毯大多数是以土耳其结织造
的。在察哈尔吗哈尔和巴克提阿利省的省会沙尔俄库尔德
（Shahr-e-Kurd），织毯工匠大部分使用波斯结。结打得很细
的巴克提阿利地毯有时叫作比比吧副斯（Bibibaffs），在波斯
语中的意思是"由一个女人织的"。

（3）**纹样**：巴克提阿利地毯的花纹大多数倾向于直线
几何图形，有时是半几何图形的，很少有曲线形。最常见的
巴克提阿利花纹是由装有花卉图案，像柳树、柏科树（图
4-1-9）、矮树丛、葡萄藤（图 4-1-10）、有花的花瓶或者立
于树枝上的鸟的正方形、长方形、菱形或六边形组成的框式

图 4-1-9 柏科树

图 4-1-10 葡萄藤

花园花纹，如图4-1-11所示。这种花园图案反映了人们向往一种有山有水的庭院生活，后来成为手工波斯地毯的经典图案之一。一个图案有时在若干框子中重复，有时只在一个框子中出现。每个框子与相邻的框子有不同的图案和颜色。图案可能是无框满地形式排列。除了有名的框子花纹，像赫利兹（Heriz）的大中心葵、花瓶以及满地佩兹利也可以出现于巴克提阿利地毯。长条地毯尤其是以小佩兹利的纵条纹也很常见。

（4）色彩：巴克提阿利地毯与其他地毯的不同之处是前者的颜色很多而且很鲜艳，它们的图案也有拥挤的倾向。常用的颜色包括深红色、鲜蓝色、军蓝色、绿色、棕色、赭色及米色。

1.3 俾路支地毯（Baluchi rugs）

俾路支部落是一个游牧民族，他们和其羊群一起生活在马什哈德（Mashad）周围的伊朗东部地区及东南部波斯湾地区。大多数俾路支手织地毯产自东南边境的西斯坦省（Sistan）和俾路支斯坦省（Baluchestan），也有许多俾路支地毯产自西北地区和阿富汗接壤的科洛桑省（Khorasan）。俾路支游牧民族的生活并不简单，所以他们在织地毯时会把他们的愿望表现在地毯上。

（1）原料：布边采用山羊毛；经线大多数用棉，有时也用羊毛；绒头采用羊毛。

（2）工艺：一般采用波斯结。

（3）纹样：主要是几何形图案，如俾路支生命树礼拜地毯上的图案是最有名的俾路支纹样。它通常由一个长方形与一个正方形的局部组合而成，在波斯语中叫作米哈拉布（Mihrab），如图4-1-12所示。米哈拉布里面有一棵有很多树枝及树叶的树，边上通常有像钩子或土库曼（Turkoman）蔷薇的小几何形图案。其他花纹有满地花卉（图4-1-13）、动物（如鸟）（图4-1-14）、人物等。

（4）色彩：主要采用红色、深蓝色、骆驼色、米色和白色。

图4-1-11 巴克提阿利框式花园地毯

（a）礼拜毯纹样1

（b）礼拜毯纹样2

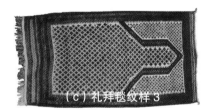

（c）礼拜毯纹样3

图4-1-12 俾路支礼拜毯

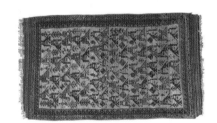

图4-1-13 俾路支米娜卡尼地毯

图4-1-14 俾路支抽象动物地毯

1.4 法拉汉地毯（Farahan rugs）

法拉汉乡村位于伊朗中央的马克阿兹（Markazi）省，早期的法拉汉地毯在西方很有名。

（1）原料：通常采用棉经纬线。

（2）工艺：采用不对称的结（波斯结）。

（3）纹样：法拉汉地毯可以分两类：第一类的特点是以像赫拉提、蔷薇汉纳（Gul hannai）、佩兹利或米娜卡尼的图案重复排列，经常为无穷反复形式。赫拉提是最受欢迎的花纹且有很多种类，佩兹利图案通常织在六边形的骨架里。第二类的特点是中心葵布局。中心葵可以是以垂饰的大六边形（图4-1-18）、菱形或椭圆形。有时角花很长，使它们几乎能在边上的中心连在一起，如图4-1-17所示。毯面常见的两种花纹为赫拉提和蔷薇汉纳（图4-1-16）。一种特殊的中心葵图案有一个类似于发光太阳的锯齿式大圆型的中心葵，这种图案在商业上叫作旭日形图（sunburst），如图4-1-19所示。这种图案的毯面不是很满，将一个与中心葵的一个小部分的花纹织在地毯末端，被边界分隔开来。

（4）色彩：靛蓝色、深或其他色调的绿色（绿色比其他波斯地毯用得更频繁）、黄色及橙红色为主要颜色，黑色或深蓝色用于画花纹轮廓。

图4-1-15 以蔷薇汉纳图案为菱形中心葵及角花的法拉汉地毯

图4-1-16 蔷薇汉纳图案

图4-1-17 法拉汉大垂饰及蔷薇汉纳图案地毯

图4-1-18 法拉汉六边形中心葵及角花地毯

图4-1-19 法拉汉旭日形中心葵地毯

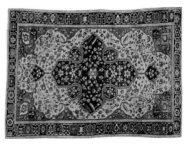

图4-1-20 法拉汉菱形中心葵及角花和大垂饰地毯

1.5 哈马丹地毯（Hamadan rugs）

哈马丹是伊朗西北部哈马丹省的省会，海拔 1828.8 米高，位于阿尔万（Alvand）山脚。哈马丹由 600 多个大小乡村组成。该城市更像是一个在乡村和城镇的地毯商场，而不像一个地毯织造中心。有时地毯以乡村的名义推销，但常常以哈马丹斯（Hamadans）品牌出售。

（1）原料：除了早期地毯是以羊毛为基础以外，其他哈马丹地毯都是以棉为基础，而绒头采用羊毛，有时也以羊毛和骆驼毛组合使用。

（2）工艺：哈马丹地毯采用土耳其结，绒头比较长而且组织很紧密，因为每一排结子后使用单根纬纱。哈马丹地毯有各种各样的大小，包括长条地毯，但很大的地毯较少见。

（3）纹样：虽然每个乡村或乡村群有属于自己的纹样特点，但它们都有一些相似之处。大部分哈马丹地毯上有几何形图案，最常见的图案由中心葵和角花以及满地佩兹利（图 4-1-21）或赫拉提（图 4-1-22）组成，菱形、八边形（图 4-1-24）或六边形（图 4-1-26）中心葵较普遍。满地赫拉提图案通常有一个八角形成角的窄幅毯面。其他纹样见图 4-1-23 和图 4-1-25。

（4）色彩：常见的背景色包括红色、蓝色、咖啡色及骆驼色，白色、黑色、绿色、金色及土黄色用于花纹和轮廓。

图 4-1-21 哈马丹满地佩兹利地毯

图 4-1-22 哈马丹满地赫拉提地毯

图 4-1-23 像科尔曼地毯的哈马丹地毯

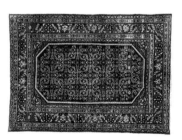
图 4-1-24 八边形毯面的满地赫拉提哈马丹地毯

图 4-1-25 像萨鲁克（Saruk）的喷射花卉状

图 4-1-26 六边形中心葵及角花图案的哈马丹地毯

1.6 合利子地毯（Heriz rugs）

合利子位于伊朗的西北部。在塔伯利兹（Tabriz）的东面约 64.4 千米处，有一个由 30 个左右村庄和小镇组成的区域，其中合利子是最大和最重要的地区。合利子地毯的其他商品名称包括巴克沙耶什（Bakhshayesh）、麦拉办（Mehraban）、色拉皮（Serapi）或勾勒万（Gorevan）。现今一些国家像印度、中国、巴基斯坦及罗马尼亚也在模仿合利子地毯。

（1）原料：早期的合利子地毯采用羊毛为基础，但近世纪来采用棉为基础。

（2）工艺：通常用土耳其结，而且用两根同样粗细的蓝色纬线。质量好的地毯有上下交替经线，重量接近于毕扎尔地毯。粗的地毯的结子密度为 4.65 结 / 厘米^2（30 结 / 平方英寸），而精细的地毯结子密度很少超过 12.4 结 / 厘米^2（80 结 / 平方英寸）。绒头比较重，并且边缘有一个双厚布边。在 6 世纪初勾勒万是指优级地毯，但现今它是指最差质量的地毯，而最优级地毯叫作色拉皮，如图 4-1-27 所示、它具有上下交替经线及细密的组织。目前，织得最紧密的地毯称为麦拉办或阿哈尔（Ahar）（织造最精细致地毯的两个大乡村）。

（3）纹样：合利子地毯具有自己的独特风格，易与其他地毯区别开来。最著名的纹样由一个大菱形中心葵或一个以八个花瓣及类似于中心花的角花的星星般花形中心葵组成，如图 4-1-28 所示。这些角花有时是正方形或长方形的。图案几乎是几何形的，并且其效果是由两三根粗的过渡线来强调的。毯面图案通常很拥挤，但早期的地毯有时有一个清地，如图 4-1-29 所示。有些合利子地毯上有像沙阿巴斯的几何形花卉图案及较少见的曲线形花卉图案的满地布局，但并不是很常见。另外，合利子地毯的纹样有时也会形成一种层次感的效果，好像毯面是由前景、中景和背景组成的。

（4）色彩：最受欢迎的颜色有呈棕色的红色、浅和深粉红色、浅和深蓝色及象牙色。蓝色一般用来强调对比。

（a）色拉皮地毯 1

（b）色拉皮地毯 2

图 4-1-27 色拉皮地毯

图 4-1-29 合利子清地地毯

（a）中心葵形式 1

（b）中心葵形式 2

图 4-1-28 合利子中心葵地毯

1.7 伊斯法罕地毯（Isfahan rugs）

伊斯法罕位于伊朗的西中部，曾经为伊朗的首都。古老的波斯谚语说："伊斯法罕，世界一半。"伊斯法罕曾是丝绸之路的重要驿站。伊斯法罕自古就被称为"波斯明珠"，因为这里集中了许多建于1—3世纪在沙阿巴斯统治下的清真寺和宫殿（当时伊斯法罕为一个艺术中心）。这些建筑大大影响了伊斯法罕地毯的纹样特点。波斯地毯今天的盛名很大程度上归功于伊斯法罕。

（1）**原料**：经线大多数采用细丝光棉，有时也用真丝；绒头一般采用世界上最好的羊毛——科尔克羊毛，有时也用真丝。

（2）**工艺**：通常采用波斯结。

（3）**纹样**：常见的图案是像楼特菲拉教长（Sheikh Lotfollah）清真寺圆屋顶里面的大圆形中心葵，如图4-1-30所示。其他纹样包括沙阿巴斯中心葵和角花（图4-1-31）、缠绕的蔓藤花纹（图4-1-32）、树和动物（图4-1-33）、沙阿巴斯棕榈叶重复花纹、几何形中心葵和角花，以及基于萨法维缩图的人和大自然的绘画图。伊斯法罕地毯的毯面通常是满地花草图案，还有它的背景与边界很明显，是由2～5条小边来划分的。

（4）**色彩**：伊斯法罕地毯使用很多颜色，一张地毯很少用少于2种颜色。最常见的颜色有青绿色、海军色、红色、米色以及浅蘑菇色。

图4-1-30 伊斯法罕楼特菲拉教长中心葵及角花地毯

图4-1-31 伊斯法罕沙阿巴斯中心葵及角花地毯

图4-1-32 伊斯法罕蔓藤中心葵地毯

图4-1-33 伊斯法罕绘画地毯

1.8 奇偶啥干地毯（Joshagan rugs）

奇偶啥干位于伊斯法罕北边 120.7 千米的山区。奇偶啥干地毯是在奇偶啥干镇和伊斯法罕省的周围乡村织造的。由于它们的高质量以及小批生产，它们极具投资价值且比较昂贵。有时更高质量的地毯在邻近的乡村以诸如美美（Meimeh）、穆尔色擦（Murcecar）等村名销售。

（1）原料：采用棉经纬线，绒头一般为羊毛。

（2）工艺：奇偶啥干地毯采用波斯结，绒头的长度通常为中等。

（3）纹样：奇偶啥干地毯的纹样特点是以菱形排列的花卉图案，如图 4-1-34 和图 4-1-37 所示。有时这些花卉图案包括以菱形式排列的蔷薇汉纳如图 4-1-35 及柳树的几何形式（图 4-1-36）。花纹的布局可以是重复形式或中心葵及角花。米娜卡尼图案也常用于奇偶啥干地毯上。

（4）色彩：奇偶啥干地毯的背景色常为深红色或深蓝色，而花纹一般为深蓝色、浅蓝色、白色、绿色、红色及黄色，边界通常是米色或蓝色。

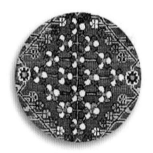

图 4-1-34 以菱形排列的蔷薇汉纳奇偶啥干地毯

图 4-1-35 奇偶啥干蔷薇汉纳

图 4-1-36 几何形柳树

（a）菱形中心葵纹样 1

（b）菱形中心葵纹样 2

图 4-1-37 以菱形排列花卉图案的中心葵及角花奇偶啥干地毯

1.9 卡山地毯（Kashan rugs）

卡山是位于德黑兰和伊斯法罕之间的文明古城，其手织地毯的编织历史悠久，可以追溯到 16 世纪，以丝毯著称（城镇周围的部分农田专门用于养蚕）。目前存放在英国伦敦维多利亚阿尔伯特美术馆的"阿德比尔地毯"就是制作于卡山。像大多数波斯地毯一样，伊朗其他地区以及其他一些国家如印度、中国和巴基斯坦也在模仿卡山地毯的风格。

（1）原料：除了古老的地毯使用真丝作经线外，其他通常使用棉作基础；绒头一般用美利奴羊毛。

（2）工艺：卡山地毯采用波斯结，且纬线通常染成蓝色。

（3）纹样：花纹几乎总都曲线形的。经典的卡山地毯多采用以花卉（通常为沙阿巴斯）垂饰的拉长钻石形的中心葵图案设计，如图 4-1-38 所示。该图案是一种沙阿巴斯的中心葵。整个地毯包括中心葵本身、角花、边界以及毯面都充满着沙阿巴斯和卷须图案。另一个常见的图案是满地沙阿巴斯，如图 4-1-39 和图 4-1-40 所示。其他花纹有花瓶（图 4-1-41）、狩猎及绘画。毯面一般以棕叶和蔓藤图案覆盖。

（4）色彩：常见的背景色有海军色、红色、米色及象牙色，而常见的花纹颜色包括红色、蓝色、青绿色、土黄色、米色、白色、棕色和淡绿色。

图 4-1-38 卡山拉长钻石形沙阿巴斯中心葵及角花地毯

图 4-1-39 卡山满地沙阿巴斯地毯 1

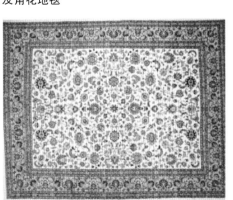

图 4-1-40 卡山满地沙阿巴斯地毯 2

图 4-1-41 卡山花瓶图案地毯

1.10 瓦拉民地毯（Varamin rugs）

瓦拉民镇位于德黑兰东南部48.3千米。它的周边是一些部落如库尔德人、阿拉伯人、卡设海人和土库曼人的家及聚集地。瓦拉民地毯是由作坊、乡村和游牧民织造的。

（1）原料：瓦拉民地毯一般是全羊毛的，但近来也有用棉作基础的趋势。

（2）工艺：乡村和作坊织工主要采用波斯结，而游牧民根据他们的民族特性使用波斯结或者土耳其结。

（3）纹样：瓦拉民花纹以几何形图案为主。织工使用各种各样的图案，如土库曼蔷薇、高加索蟹及波斯佩兹利，但是最著名的瓦拉民花纹是重复形式的米娜卡尼图案，如图4-1-42和图4-1-43所示。另一种重复瓦拉民花纹由赫拉提图案和沙阿巴斯图案共同组成（图4-1-44）。

（4）色彩：瓦拉民米娜卡尼地毯的背景色通常是蓝色，而图案通常用白色、黄色、橙色、鲜红色及蓝色织制。对于赫拉提和沙阿巴斯图案，一般用红色、绿色及蓝色，以白色为强调色、蓝黑色为背景色。

图4-1-42 瓦拉民满地米娜卡尼地毯　　图4-1-43 小型中心葵的满地米娜卡尼瓦拉民地毯　　图4-1-44 瓦拉民满地赫拉提及沙阿巴斯地毯

1.11 库姆地毯（Qum rugs）

库姆位于伊朗的西北中部，德黑兰南部约161千米。它是伊朗的一个宗教中心，伊玛目蕾扎（Reza）的妹妹马素梅·法她美（Masumeh Fatameh）去世后，沙阿巴斯为了纪念她而在库姆建造了一座神殿。

（1）原料：库姆是波斯真丝地毯最著名的产地，被誉为波斯真丝地毯之乡。除了真丝地毯之外，库姆的羊毛地毯也与伊斯法罕、娜因和塔伯利兹地毯共享盛誉。库姆地毯的基础几乎都是细丝光棉或真丝，而绒头一般为羊毛或真丝。在羊毛绒头地毯中真丝可以用来强调一些花卉图案，真丝也可以用作绒头。

（2）工艺：采用波斯结。

（3）纹样：库姆地毯没有传统纹样和图案。其实，在530年左右当卡山商人在库姆建立一些工厂后，即开始大规模地生产绒头地毯。库姆织工一般采用和改编其他地区的花纹。

大部分的库姆地毯采用曲线写实图案和有较复杂的树叶及蔓藤的精细花卉图案。还有一些地毯由花瓶（图4-1-45）、沙阿巴斯中心葵及角花（图4-1-46）、框式花园（图4-1-47）、狩猎、生命树、绘画，如著名的伊斯法罕楼特缶拉教长中心葵（图4-1-50）、满地佩兹利（一般为纵向排列，图4-1-51）、蔷薇花和礼拜图案（图4-1-52）组成。

（4）**色彩**：库姆地毯上所用的颜色很多。整个外观可以用淡色为背景色，边花为象牙色、香槟色、青绿色以及浅绿色，或者用深色如深蓝色和红色。图案的颜色通常为红色、蓝色、绿色。其他常用的颜色包括蘑菇色、粉红色、金色、土黄色以及橙色。在真丝库姆地毯上，有时用金黄色显示图案的轮廓。

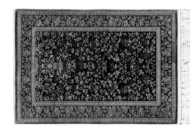

图4-1-45 蔷薇图案的花瓶库姆地毯

图4-1-46 库姆沙阿巴斯中心葵及角花真丝地毯

图4-1-47 框式图案的真丝库姆地毯

图4-1-48 框子里的花瓶图案

图4-1-49 框子里的绘画图案

图4-1-50 楼特缶拉教长中心葵真丝库姆地毯

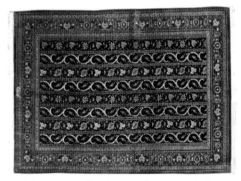

图4-1-51 满地佩兹利真丝库姆地毯

图4-1-52 库姆门礼拜毯

1.12 塔伯利兹地毯（Tabriz rugs）

伊朗西北部的高原都市塔伯利兹是伊朗的第二大城市，是阿塞拜疆（"火之地""land of fire"）省的省会，被誉为"波斯地毯之乡"。它是是波斯最早、最古老地毯的出产地，它的产量在整个波斯地毯产量中占比最大。

（1）原料：传统的塔伯利兹地毯使用棉作基础，薄而细致的地毯则使用真丝作基础，而采用羊毛作为绒头。

（2）工艺：大多数采用土耳其结，但轻薄型地毯也用波斯结。

（3）纹样：塔伯利兹地毯的纹样既有曲线形的，也有直线形的。花纹和图案通常由沙阿巴斯中心葵及角花、蔓藤中心葵及角花、可兰经中心葵及角花、框式花园（图 4-1-54）、Sheikh Safi 中心葵及角花（有 3 个像叶子的垂饰围绕着中心葵以及两盏灯与中心葵连接的花纹（图 4-1-55）、沙阿巴斯和蔓藤中心葵及角花（图 4-1-60）、花瓶、狩猎、绘画、以灯或支柱、动物、风景、树、满地佩兹利、满地蔷薇玫瑰花以及满地赫拉提组成，在中心葵里也能看见佩兹利、蔷薇玫瑰花及赫拉提图案（图 4-1-53）的布局。

（4）色彩：塔伯利兹地毯使用的颜色是多种多样的，没有像科尔曼或卡山地毯那样的传统颜色。根据市场需求，使用的颜色可以是鲜艳或者柔和。以沙阿巴斯或蔓藤中心葵及角花为例，它的背景色和边花色经常是粉红色、桃色、骆驼色、米色及象牙色。虽然这些图案可以用各种各样的颜色，如蓝色、绿色、黄色、橙色及淡紫色，但通常整个外观是淡色的。尽管经常用淡色，但这种花纹也有用深色的。

图 4-1-53 塔伯利兹赫拉提中心葵及角花地毯

图 4-1-54 多彩色框式花园地毯

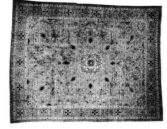
图 4-1-55 塔伯利兹萨菲教长中心葵地毯

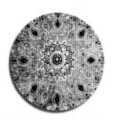
图 4-1-56 萨菲教长中心葵

图 4-1-58 彩色中心葵

图 4-1-57 灯型纹样

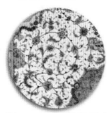
图 4-1-59 蔓藤图案

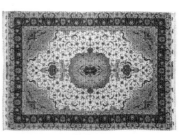
图 4-1-60 塔伯利兹沙阿巴斯和蔓藤中心葵及角花地毯

1.13 娜因地毯（Nain rugs）

娜因城位于伊斯法罕城东边6千米，虽然它并不是最古老的地毯编织城市，却同样是高品质地毯的产地之一，因为它吸收了邻居古城伊斯法罕大多数的地毯编织技巧，同时还融入了自身的编织特点。

（1）原料：娜因地毯通常是羊毛与真丝合织，用白色或象牙色真丝构织花纹的轮廓，是它的典型特征。丝毛的比例非常协调。地毯的基础可以是棉或者真丝，绒头大部分为羊毛，但也采用真丝作为绒头，如全真丝娜因地毯。

（2）工艺：娜因地毯一般使用波斯结。

（3）纹样：娜因地毯因其非常精细的曲线形图案而闻名世界。在纹样和织造上，它们很像伊斯法罕地毯。一个主要区别是娜因地毯的背景上使用的动物更多，尤其是鸟。与其他地毯不同的是，娜因地毯用蔓藤图案较多，如图4-1-64所示。常见的花纹由星形中心葵、沙阿巴斯和蔓藤中心葵及角花（图4-1-62、图4-1-63、图4-1-65）、满地沙阿巴斯、米娜卡尼以及通常成曲线形的框架组成。在这些框架中甚至在米娜卡尼框架中通常会有花卉（主要是沙阿巴斯）或动物（常常是鸟，图4-1-66）图案。沙阿巴斯图案是最常见的边花。在沙阿巴斯和蔓藤中心葵及角花花纹中，中心葵经常是圆的且被3个沙阿巴斯图案围绕着，这样中心葵就像一朵大花的中央，围绕着它的沙阿巴斯图案就是它的花瓣。中心葵上下面垂饰较大并且很明显。毯面以沙阿巴斯和蔓藤图案装饰，每个角花是中心葵的四分之一，而且边花以沙阿巴斯图案填充。

（4）色彩：娜因地毯的一个特征是它们有限而漂亮的颜色。娜因地毯所用的颜色倾向于柔和而不是明亮的。最常用的颜色有白色、象牙色、米色、浅黄色、浅灰色、浅蓝色、青绿色、海军色、浅棕色、骆驼色及暗红色，米色和海军色为主要背景色，有时也用红色和绿色但很少。

图4-1-61 蔓藤图案

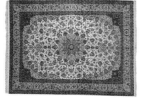
图4-1-62 娜因沙阿巴斯和蔓藤中心葵及角花地毯1

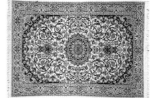
图4-1-63 娜因沙阿巴斯和蔓藤中心葵及角花地毯2

图4-1-64 圆形中心葵图案（16个沙阿巴斯花瓣）

图4-1-65 娜因沙阿巴斯和蔓藤中心葵及角花地毯

图4-1-66 菱形框架上有一只鸟

图4-1-67 框架里有动物（鸟）图案的娜因地毯

2 波斯南部风格的地毯艺术

2.1 阿福沙尔地毯（Afshar rugs）

阿福沙尔地毯由游牧民族和住在位于伊朗西南部的设拉子（Shiraz）、科尔曼（Kerman）、亚自德（Yazd）城市之间的乡村人织造的。像大多数游牧地毯一样，这些地毯通常较小。其大小为127毫米×178毫米（5英寸×7英尺），偶尔稍大些。在形式及颜色方面，阿福沙尔地毯类似于卡西安地毯（Caucasian rugs）。

（1）原料：基础通常是羊毛纤维，但近年来织造的地毯上也用棉纤维作基础。

（2）工艺：主要采用对称结（土耳其结），但有时也采用非对称结（波斯结）。

（3）纹样：图案通常为几何形状。一些常见的纹样有连在一起的多菱形中心葵，如图4-2-1所示，单个菱形、六边形或八边形中心葵，或者一个巨大的几乎覆盖全毯面的六边形中心葵。满地蔷薇（Gul farangi）、佩兹利（图4-2-2）。以及小鸡型的花纹也较普遍。

（4）色彩：常见的颜色包括深红、红棕色、棕色、深红蓝色、深蓝色、橙色、赭色及骆驼色，白色、象牙色及黄色用以形成对比。

（a）中心葵图案1　　　　　　　　　　　　（b）中心葵图案2

图4-2-1 阿福沙尔多菱形中心葵地毯

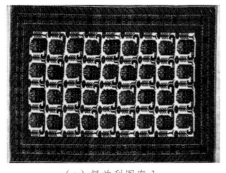
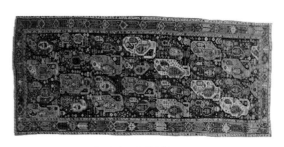

（a）佩兹利图案1　　　　　　　　　　　　（b）佩兹利图案2

图4-2-2 阿福沙尔满地佩兹利地毯

2.2 巴克提阿利地毯（Bakhtiari rugs）

巴克提阿利地毯是在伊朗西中部的察哈尔吗哈尔（Chahar Mahal）和巴克提阿利省织造的。这些地毯主要由乡村人织造，也有一些由当地的游牧民族织造。

（1）**原料**：以前用羊毛，现在用棉经纬纱，因为游牧民族的传统地毯受到城市影响。

（2）**工艺**：巴克提阿利地毯大多数以土耳其结织造；在察哈尔吗哈尔和巴克提阿利省的省会沙尔俄库尔德（Shahr-e-Kurd），织布工大部分使用波斯结。打结很细的巴克提阿利地毯有时叫作比比吧副斯（Bibibaffs），在波斯语中意思是"由一个女人织的"。

（3）**纹样**：巴克提阿利地毯的花纹大多数倾向于几何形，有时为半几何形，很少有曲线形。最常见的巴克提阿利花纹是由装有花卉图案像柳树、柏科树（图4-2-3）、矮树丛和葡萄藤（图4-2-4），插有花的花瓶或者树枝上有鸟的正方形、长方形、菱形或六边形组成的框式花园花纹（图4-2-5）。这些花园图案反映了人们向往一种有山有水的庭院生活，后来成为手工波斯地毯的经典图案之一。图案有时在若干框子中重复，有时只在一个框子里出现，每个框子与相邻的框子有不同的图案和颜色，图案可能是无框满地形式排列。除了有名的框子花纹，像赫利兹（Heriz）的大中心葵、花瓶以及满地佩兹利也出现于巴克提阿利地毯上。长条地毯则以小佩兹利的纵条纹最为常见。

（4）**色彩**：巴克提阿利地毯与其他地毯的不同之处是，前者的颜色很多而且很鲜艳，它们的图案也有拥挤的倾向。常用的颜色包括深红色、鲜蓝色、军蓝色、绿色、棕色、赭色及米色。

图4-2-3 柏科树　　　　　图4-2-4 葡萄藤　　　　图4-2-5 巴克提阿利框式花园地毯

2.3 科尔曼地毯（Kerman rugs）

科尔曼位于伊朗的东南部。由于它的地理隔离，因此很少受到外界干扰。科尔曼为波斯的主要地毯织造地区之一。科尔曼地毯在科尔曼市和周围的若干小城镇及乡村织造。

（1）**原料**：通常使用棉基础，绒头为羊毛。（科尔曼有波斯的最佳羊毛之一——软白色羊毛。可能是水质量的原因，羊毛染了以后颜色很亮。）

（2）**工艺**：采用波斯结，每一排结子后使用三根纬纱，其中一根很细，而且在较早期的地毯上绒头比较短。

（3）**纹样**：除了科尔曼绘画地毯（图4-2-6）以外，其他都是以曲线图案为主。科尔曼手织地毯多采用精美的花草图案（图4-2-7），尤其是形象化的玫瑰图案最常见。如果要选一个地毯纹样来代表最有名的波斯地毯花纹的话，很有可能是以花卉垂饰的科尔曼花卉中心葵图案及素色毯面，如图4-2-8、图4-2-9所示（科尔曼的中心葵很引人注目）。该科尔曼花纹通常有一些补充中心葵图案元素的花卉角花。角花花纹经常沿内部边界的长度移到毯面边缘的中心。

（4）**色彩**：在一张地毯上通常使用2～30种颜色。最早期和中早期地毯上最常用的两种颜色为鲜红色（很多伊朗织布工相信红色比其他颜色更耐脏）和红-蓝色，较新近的地毯则倾向于采用像酸橙绿色、粉红色、象牙色及灰蓝色的轻淡色，青绿色、橙色、香槟色及米色也是常用的颜色。

图4-2-6 科尔曼绘画地毯

图4-2-7 科尔曼奥布松地毯

图4-2-8 科尔曼沙阿巴斯中心葵角花地毯

图4-2-9 科尔曼可兰经中心葵及角花地毯

拉瓦尔（Ravar）这个名词用来描述两种地毯：一种是指位于科尔曼东南部的拉瓦尔城镇织造的地毯，如图4-2-10、图4-2-11和图4-2-12所示，其主要是科尔曼风格；另一种是指特殊的拉瓦尔纹样，叫作"一千朵花"（thousand flower），如图4-2-12所示。Ravar或Lavar也用来命名在科尔曼或科尔曼附近织的最高质量地毯，不管它是否在拉瓦尔城镇织的。

图4-2-10 科尔曼拉瓦尔地毯

图4-2-11 科尔曼拉瓦尔绘画地毯

图4-2-12 拉瓦尔一千朵花地毯

2.4 卡设海地毯（Qashghai rugs）

卡设海位于伊朗的西南部，在法尔斯省（Fars）。在法尔斯省有两个主要的部落民族，其中卡设海为最重要。卡设海人说的是一种像阿塞拜疆（Azerbaijan）的土耳其方言。卡设海是以一位萨法维领导人的名字而命名的，并且它来自一个土耳其动词卡车马克（qachmak），"跳跑"的意思。除了卡设海地毯以外，卡设海人也织基里姆地毯、袋子及马鞍袋。

（1）原料： 卡设海地毯采用棉或羊毛基础，绒头一般为羊毛。

（2）工艺： 由于卡设海人是土耳其血统，因此大部分地毯用土耳其结，但也有用波斯结的，尤其是更细致的地毯。有时纬纱染成红色，旮贝（Gabbeh）地毯的绒头剪得很高。

（3）纹样： 卡设海花纹很清晰和华美，大多是几何形状。卡设海的一些花纹有以满地布局的佩兹利、菱形骨架、钻石形或六边形状、花卉以及动物（通常是鸟）或者人物图案，而中心葵图案是最常见的，有的是钻石形，有的是六边形，或三个并排连在一起的钻石形图案（图4-2-13）。卡设海的中心葵有一个特征，即有时在中心葵里面有四个钩子围绕一个小钻石（图4-2-14）或正方形状。一种独特的卡设海图案叫作赫巴特路（hebatlu）（图4-2-15），它由一个中心装饰以及在地毯的每一角处一种与中心装饰同样大小或更小的相似形状组成。还有一种特殊的绘画花纹叫旮贝。旮贝地毯在毯面上以稀疏排列的小几何形漫画般动物、鸟及人物图案装饰（图4-2-16）。一种有名的旮贝花纹叫作狮子旮贝（图4-2-17），它由横向排列的一两只大狮子或者一些小狮子组成，狮子有时织在清地毯面上，有时织在一个有花卉或动物图案的毯面上。

（4）色彩： 占主导位置的颜色有深红色、蓝色、赭色、黄色、绿色以及白色，赫巴特路地毯的中心装饰及相似的形状通常采用白色。

图4-2-13 卡设海相连菱形中心葵地毯

图4-2-14 卡设海重叠菱形中心葵地毯

图4-2-15 卡设海赫巴特路图案地毯

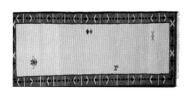

（a）旮贝图案1　　（b）旮贝图案2

图4-2-16 几何形人物图案卡设海旮贝地毯

图4-2-17 狮子旮贝地毯

3 波斯东北部风格的地毯艺术

3.1 俾路支地毯（Baluchi rugs）

俾路支部落是一个游牧民族，和其羊群一起生活在马什哈德（Mashad）周围的伊朗东部地区及东南部波斯湾地区。大多数俾路支手织地毯产自东南边境的西斯坦省（Sistan）和俾路支斯坦省（Baluchestan），也有许多俾路支地毯产自西北地区和阿富汗接壤的科洛桑省（Khorasan）。俾路支游牧民族的生活并不简单，所以他们织地毯的时候会把他们的愿望表现出在地毯上。

（1）原料：布边采用山羊毛；经纱大多数用棉，有时也用羊毛；绒头采用羊毛。

（2）工艺：一般采用波斯结。

（3）纹样：主要是几何形图案，如俾路支生命树礼拜地毯是最有名的俾路支纹样。它通常由一个长方形与一个正方形的头组合在一起，在波斯语中叫作米哈拉布（Mihrab）（图4-3-1），米哈拉布里面是一棵有很多树枝及树叶的树，边上通常有像钩子或土库曼（Turkoman）gul的小几何形图案。其他花纹有满地花卉图案、动物（如鸟）、人物。

（4）色彩：主要采用红色、深蓝色、骆驼色、米色和白色。

俾路支其他地区的地毯，如图4-3-2 图4-3-3所示

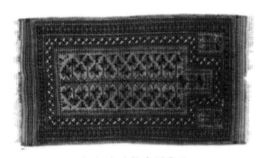

（a）米哈拉布图案1　　　　　　　　　　（b）米哈拉布图案2

图4-3-1 俾路支礼拜地毯

图4-3-2 俾路支米娜卡尼地毯　　　　　**图4-3-3 俾路支抽象动物地毯**

3.2 马什哈德地毯（Mashad rugs）

马什哈德是伊朗东北部科洛桑省（Khorasan）的省会，是科洛桑省和周边部落手织地毯的重要集散中心。这个圣城因第八个十叶伊玛目（Imam Reza）的圣殿而著名（马什哈德在波斯语中的意思是"烈士的埋葬处–place of the martyr"）。此外，因其地理位置，马什哈德不仅是一个地毯织造中心，而且是其周围乡村和伊朗的部落像俾路支、土库曼、土库曼斯坦、阿富汗及巴基斯坦的一个贸易中心。

（1）原料：采用棉经纬纱，绒头为羊毛。

（2）工艺：大多数马什哈德地毯采用波斯结。

（3）纹样：图案几乎都是曲线形的。最常见的马什哈德花纹是以大垂饰的沙阿巴斯中心葵及角花，该花纹有时与以钻石形中心葵和以沙阿巴斯图案为背景的卡山沙阿巴斯中心葵及角花相似（图4-3-4），有时与以一个更朴素的背景的科尔曼可兰经（Koran）中心葵及角花花纹相似，但其中心葵比科尔曼中心葵更圆一点（图4-3-5）。这可用于区分马什哈德地毯和卡山地毯，但不一定能与科尔曼地毯区别开来的独特特点是它们的拉长角花。马什哈德中心葵及角花布局的角花很长，使得它们几乎能在地毯每一边的中心相遇（图4-3-5）。其他图案包括赫拉提及佩兹利（图4-3-6）及绘画（图4-3-7）。

（4）色彩：马什哈德地毯与其他地毯的不同之处是织工喜欢使用深红色为背景和深蓝色为中心葵、角花以及边花，这使它们更像卡山地毯。此外，常见的形成满地赫拉提及佩兹利图案的颜色为米色、骆驼色以及棕色。

图4-3-4 类似于卡山地毯的沙阿巴斯中心葵及角花马什哈德地毯

图4-3-5 类似于科尔曼地毯的可兰经中心葵及角花马什哈德地毯

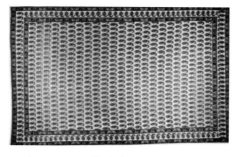

图4-3-6 马什哈德满地佩兹利地毯

图4-3-7 马什哈德绘画地毯

3.3 土库曼地毯（Turkoman rugs）

土库曼人集中在伊朗的东北部，是伊朗九个主要地毯织造部落族之一。他们是一个蒙古土耳其种族在 10 世纪时从蒙古西边移民的中亚奥谷子（Oghuz）土耳其人的后裔。有一种说法是 "Turkoman" 来源于波斯语 "Turkmanend" "like the Turks"，也有说是来自于 "Turk imam" "faithful Turk" "Turk man" "I am a Turk"。主要的土库曼织造部落族包括萨勒（Salor）、萨利克（Saryk）、特科（Tekke）、幽穆特（Youmut）、抽斗尔（Chodor）及尔萨利（Ersari）。土库曼地毯由土库曼斯坦、乌兹别克斯坦、阿富汗及伊朗东北部的科洛桑省的游牧织工织造。

（1）原料：基本的原料一般为羊毛或山羊毛，但抽斗尔地毯和稀有的地毯类型也采用棉纬纱。绒头通常也是羊毛，但一些地毯采用骆驼毛。偶尔可以看见真丝绒头土库曼地毯（通常是现代伊朗幽穆特产品），但一般较早期的萨勒、萨利克、特科地毯上有一小部分的绒头采用真丝。一些萨利克地毯也用棉作为白绒头，有时萨利克地毯也用被染成浅蓝色的棉作为绒头。

（2）工艺：除了幽穆特地毯（使用土耳其结最多）和萨利克地毯以外，其他土库曼地毯通常采用波斯结。经纱都在同一个水平上，只有萨勒和萨利克地毯采用双经。边缘和最终整理有多种，这是一个重要的鉴别特征。

（3）纹样：土库曼地毯主要用直线形图案。题材是八边形图案，波斯语称为 gul（蔷薇），如图 4-3-8 所示；布局一般为重复形式，由主蔷薇及排列在主蔷薇之间的次要图案如蔷薇或十字形/星形图案组成，如图 4-3-9 所示。土库曼的每个部落族有不同的蔷薇纹样，比如萨勒蔷薇、特科蔷薇、幽穆特蔷薇、杂波乐（Zabol）蔷薇（图 4-3-10）。还有一种少见的图案叫哈车利（hatchli），如图 4-3-11 所示，有一个大十字将毯面分四个部分，每个部分由同样的图案组成。土库曼地毯上的图案和花纹布局的对称性很强，不能随意分散在毯面上。

（4）色彩：背景色一般用红色或红棕色，白色、米色、黑色和蓝色用来作图案和边花的对比色。

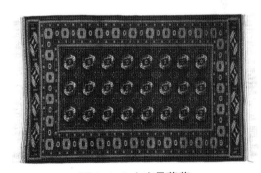

图 4-3-8 土库曼蔷薇

图 4-3-9 土库曼特科蔷薇地毯细节

图 4-3-10 杂波乐蔷薇地毯

图 4-3-11 土库曼哈车利

第二篇

古代土耳其染织工艺与纹样艺术

第一章 土耳其地毯的历史演变

1 土耳其的历史与文化

土耳其地跨亚、欧两洲，位于地中海和黑海之间。全国总面积 78.36 万平方千米，其中 97% 位于亚洲的小亚细亚半岛，3% 位于欧洲的巴尔干半岛。东界伊朗，东北邻格鲁吉亚、亚美尼亚和阿塞拜疆，东南与叙利亚、伊拉克接壤，西北和保加利亚、希腊毗连，北滨黑海，西与西南隔地中海与塞浦路斯相望。博斯普鲁斯海峡和达达尼尔海峡以及两海峡间的马尔马拉海，是沟通黑海和地中海的唯一水道，战略位置十分重要。海岸线长 7 200 千米，陆地边境线长 2 648 千米。

土耳其人史称突厥，公元 8 世纪时开始从阿尔泰山一带迁入小亚细亚，13 世纪末建立奥斯曼帝国。16 世纪达到鼎盛期，20 世纪初，土耳其沦为英、法、德等国的半殖民地。1919 年，凯末尔领导民族解放战争反抗侵略并取得胜利，1923 年 10 月 29 日建立土耳其共和国，凯末尔当选首任总统。

（1）**人口**：7 666 万人（2014 年）。其中，土耳其族占 80% 以上，库尔德族约占 15%；城市人口为 4 970 多万人，占总人口的 70.5%。土耳其语为其国语。99% 的居民信奉伊斯兰教，其中 85% 属逊尼派，其余为什叶派（阿拉维派）；少数人信仰基督教和犹太教。

（2）**首都**：安卡拉（Ankara），座落在安纳托利亚高原的西北部，是一座海拔 900 米左右的高原古城。

2 土耳其地毯的发展及演变

或许是赛尔兹克王朝把手工地毯的制作工艺带到了小亚细亚半岛。1283 年，当威尼斯商人马可波罗来到赛尔兹克王朝首都科尼亚市的时候，他在《马可波罗游记》中写到，他看到了世界上最美丽、最精致的地毯。

中世纪土耳其，奥斯曼帝国的君主苏丹非常喜欢地毯这种艺术，由于他的青睐，土耳其的地毯业也开始逐渐繁荣，在 14—17 世纪生产了大量名贵的皇宫地毯。直到今天，有许多当时的经典图案和编织工艺仍作为范本在使用，同一种花纹图案重复出现的叫作 Holbein 的地毯就是这个时期产生的。最好的典藏珍品出现在 16—18 世纪，产自于安纳托利亚西部的乌沙克地毯，在大红衬底上用金黄和深蓝两种颜色织成中央葵星图案，以及以植物类题材构成鸟形图案的"鸟毯"。随后的数世纪里,手工地毯成为土耳其享誉世界的传统出口工艺品,士麦那城俨然成为东方地毯的一个缩影。和其他地毯的起源地一样,在土耳其从游牧民族编织的地毯到安那托利亚农村农民的工艺品,以及以工厂和车间形式制造的顶级真丝地毯都应有尽有。

土耳其丝毯和祈祷毯以品质优异而著称,织毯的原料羊毛、丝、天然染料均来自国内,而且供应充足,但价格昂贵。位于东海岸的小城市赫里克(Hereke)是土尔其地毯的生产中心,产自班德尔马(Panderma)、伊斯坦堡(Istanbul)、开赛利(Kayseri)和锡瓦斯(Sivas)的地毯也都是闻名遐尔的传统工艺品。在乌沙克(Ushak)、库拉(Kula)、士麦那(Smyrna)、巴盖摩(Bergamo)、米拉斯(Milas)、高德其(Ghiordes)、科尼亚(Konya)和拉迪克(Ladik)等地的编织艺人可以不用图纸,凭自己的构思直接编织旧式地毯,这和许多世纪以前,安那托利亚的游牧民族编织的色彩丰富的 Yürük 地毯(Yürük 意思是"徘徊的牧羊者")都是这类地毯的总称。

2.1 土耳其地毯的主要品种

（1）安那托利亚库尔德地毯：这是由游牧民族生产的。在用色方面他们更喜欢深色和素色,典型的长绒头,这里的地毯主要用来抵御严寒。

（2）库拉地毯：库拉祈祷毯上的拱门一般不高,两边呈直线,神龛柱子两侧呈下垂的宽丝带形状,中间的花饰极为精细,有些是一排排的树和房子。

（3）拉迪克地毯：以高档地毯而著称,图案特点是在毯面上有 3 座尖塔,每座塔尖上栽有一枝郁金香,大边的纹样也有郁金香和大朵鲜花。

（4）米拉斯地毯：产于西南部,毯面上有指明通往圣地麦加道路的拱门,有两条直边,边下各有一个锯齿形三角。

（5）高加索地毯：多以土耳其结法编织,主要由几何图案组成,色彩对比强烈,大地有一系列传统的莲花,在其两边的锯齿形叶子中间有小酒杯形的纹样。高加索地毯的主要原料是产自当地的优质羊毛,光泽好而富有弹性,用手触摸这些地毯手感很好。从 8 到 13 世纪,阿拉伯的历史学家和探险家留下了许多关于高加索地毯的历史记录,这也印证了这种编织艺术在地势崎岖的高加索地区源远流长。这里有大约 350 个民族和 150 种方言,多种文化,多种民族相互交融,但他们的地毯工艺品却能保持着非常一致的风格,这是一个非常有趣的现象。

高加索山区的手工打结地毯又密又厚实,哈萨克 Kazakh 和 Karabagh 地区的地毯便是这样的,浓密、短绒、非常结实的打结地毯大部分产自 Dagestan 的 Leshgiars 地区。在濒临里海广袤的西伯利亚一带的大草原上,由于气候比较温暖,阳光明媚,因此这一地区的地毯绒毛短式样多且简洁明快,是非常好的品种。

2.2 土耳其地毯及贸易

土耳其地毯每年大量出口至欧洲和中东地区。沙特阿拉伯是土耳其地毯的最大出口目的地，2013 年占土耳其总地毯出口的 14.7%。美国是土耳其地毯出口的第二大目的地，2013 年土耳其向美国出口了价值 2.207 亿美元的地毯。另外向利比亚出口了 2.064 亿美元、伊拉克 1.879 亿美元、德国 1.089 亿美元的地毯。在种类上，出口份额最高的为机织地毯，2013 年出口额达到 20.550 亿美元。而手工地毯的出口份额不断减少，同比 2012 年下降了 5.1%，为 1.344 亿美元。2013 年，土耳其地毯出口总额为 21.960 亿美元，较 2012 年的 20.000 亿美元上升了 9.3%，出口总额在亚洲地区仅次于中国。土耳其地毯不仅做工优良，图案精致，而且其价格优势也为其在国际市场上争得了一席之地。伊斯坦布尔地毯出口协会（IHIB）主席 Ibrahim Yilmiz 说："全球约 40% 的机织地毯出自土耳其，巴拉圭和荷兰的地毯售价每平方米 13.5 ~ 18.00 欧元（约合每平方英尺为 150 ~ 200 欧元），而土耳其的地毯价格约在每平方米 0.45 ~ 1.35 美元（约合每平方英尺 5 ~ 15 美元），这也是土耳其地毯出口不断增加的原因。"除欧洲市场外，中东国家也是土耳其地毯出口的主要市场。此前，曾受叙利亚危机影响，土耳其地毯出口中东国家有所减少，但不久之后土耳其地毯的出口量便呈恢复趋势。根据伊斯坦布尔出口协会的统计数据，仅在 2014 年一季度，土耳其地毯出口 5.47 亿美元，同比增长 9.90%，占土耳其一季度商品总出口额的 1.42%。Ibrahim Yilmiz 表示："2014 年，土耳其的地毯出口额有望达到 24 亿美元。至 2023 年，土耳其的地毯出口将达到 55 亿美元的目标。"

第二章 土耳其地毯的纹样与题材

1 土耳其地毯的纹样分类

1.1 按几何线条分类

按线条曲直分，可分为两大类，即直线条几何图案和曲线写实图案。

（1）**直线条几何图案**：这类地毯的所有装饰纹样都是由垂直线、水平线和对角斜线组成并重复形成中心花纹，如图 2-1-1 所示。此类地毯大部分是在游牧部落和远离城镇的村庄编织的，所以纹样比较原始。

图 2-1-1 直线条几何图案

（2）**曲线写实图案**：也叫风景、花卉、动物图案，如图 2-1-2 所示。据国外有关东方地毯的书籍记载，这一类地毯图案是在 16 世纪初才在土耳其地毯图案中出现，并成为流行的图案流传到今天。在这类地毯中，有许多花纹是从中国传去的，因此，也有人认为这类地毯起源于中国，只是在土耳其设计师的手中经过精心的修改并加进了土耳其的色彩，从而成为具有中东风格的图案。然而，在土耳其地毯图案中，至今仍然保留着许多与中国地毯图案完全相同的花纹。

图 2-1-2 曲线写实图案

总之，无论是土耳其地毯的直线条几何图案还是曲线写实图案，最常见的元素有：宗教人物纹、花瓶花草纹、文字纹、树木动物纹、狩猎纹、庭园建筑纹。

1.2 按纹样在地毯中的位置分类

按纹样在地毯中的位置，可分为三种类型，即满地花式（图2-1-3）、中心葵式（图2-1-4）和直挂式（图2-1-5）。

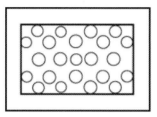
图2-1-3 满地花式

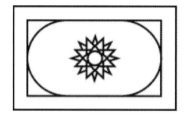
图2-1-4 中心葵式

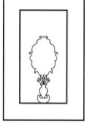
图2-1-5 直挂式

（1）满地花式：此图案没有中心葵圆，一个或一种纹样连续重复出现在大地中，如图2-1-6所示。

（a）满地花式1

（b）满地花式2

（c）满地花式3

图2-1-6 满地花式

（2）中心葵式：此种图案大地由一个突出的中心作为主图案，此中心叫作奖章或葵圆。葵圆可圆可方，也可为多边形、放射状或星形。此图案多为轴对称型，是最为常见的地毯图案，如图2-1-7所示。

（a）中心葵式1

（b）中心葵式2

（c）中心葵式3

图2-1-7 中心葵式

（3）直挂式：此类设计图案为不对称图形，包括人物、静物、风景等。因为只能单向看图案，所以多作为挂毯使用，如图2-1-8所示。

（a）直挂式1

（b）直挂式2

（c）直挂式3

图2-1-8 直挂式

在土耳其地毯图案中，常用的花纹虽然具有特定的名称和寓意，但伊斯兰的图案设计师们往往倾向于把原来具有表现象征性的纹样转化为越来越具有地方风格的、难以辨认的形式。因此，对同一个纹样，在各地方的解释也不太一致。

在研究土耳其地毯图案结构时，应该注意到，在土耳其图案中基本花纹的大小在不同尺寸的地毯中没有很大的变化。特别是边花纹填充装饰花纹的大小，一般是不改变尺寸的。也就是说，如果地毯尺寸增大，那么只增加基本花纹的个数，而不是放大基本花纹。这一点在几何形图案的主花纹中最为明显。

2 土耳其地毯的纹样题材

2.1 阿拉伯蔓藤（Arabesque）

最常出现于土耳其地毯的图案是阿拉伯蔓藤，"Arabesque"的土耳其文字为"Islimi"，很明显是与伊斯兰有关的。

以植物藤蔓为纽带，互相交错，并缀以叶子、花蕾，形式美观，富于装饰性，称为阿拉伯藤蔓花纹。其对植物进行观念性的抽象变化，融汇于涡卷图案式的几何纹样领域，蔓草形成很大的涡卷，让人感到一种错觉，好像在进行无休止的连续旋转运动，甚至可以直达上苍宇宙，又似乎向人们展示阿拉伯藤蔓花纹特有的几何式的、无机式的无限级数。也就是说，阿拉伯藤蔓图案在时间轴、空间轴上是无限世界的象征。

阿拉伯藤蔓图案排斥感情情愫，充满无生命力的冷峻神韵。伊斯兰教徒信奉安拉神为唯一信仰。禁止自己创造有生命的动物图案，所以，在阿拉伯藤蔓图案中，也尽量淡化其作为植物纹样所具有的生命感。植物的勃发生机在涡卷图案数字式的构成过程中，变成了伊斯兰信仰的观念产物，成为传达宇宙秩序的静谧性和神秘性图案。正如波特莱尔所说的，"在所有图案中，阿拉伯藤蔓纹样是最观念性的纹样"，明确表达了伊斯兰经典提倡的阿拉伯藤蔓花纹的抽象性及宇宙性。

2.2 佩兹利（paisley）

在土耳其语中叫 Boteh 的图案实际上就是被西方人广泛叫作佩兹利（paisley）或泪滴形状的图案。Boteh 的意思是"灌木"，而且这个图案的尖端可能代表着灌木在风中运动，象征永恒，如图 2-2-1 所示。

图 2-2-1 佩兹利图案

3 土耳其手工地毯的彩色艺术

地毯美观与否，很重要的因素在于颜色的搭配。土耳其地毯使用的染料绝大部分是天然颜料，多用植物的果皮、根等，如核桃皮、橡树皮、石榴皮。制造这些颜料虽较复杂、困难并且极花时间，但产品美观，色彩协调，永不褪色，具有地方色彩。

另外，还要注意到土耳其地毯的纬线一般染成驼色或与地毯大底色相同的颜色。染纬线的好处是在地毯后背露出的纬线不大明显，而且纬线颜色与地毯底色近似或相同，显得地毯后背平整。

地毯图案还与伊斯兰文化紧密相关，双手叉腰的人代表好运，生命之树象征着精神，飞鸟表示乡愁……图案设计非常独特。土耳其花样典雅、夸张、浪漫、立体感强，每款都不同。土耳其地毯一直保持着古典色彩，它以花纹繁复、图案华丽、充满了异域风情著称，古朴中流露出典雅、高贵的气息。

古董土耳其地毯主要作为收藏品被收藏家们所关注。它们做工精细、色彩艳丽，不含任何化学成分的染色，纯天然的原材料和纯手工的传统技艺，具有极高的收藏价值，是现代地毯所不能比拟的。

第三章 土耳其地毯的艺术风格

1 土耳其经典地毯的染织

1.1 考斯罗的春天毯（Khosrow "spring" carpet）

属古波斯地毯，是为萨珊国王考斯罗一世（531—579 年在位）的泰西封宫（Ctesiphon）制作的，亦称考斯罗之冬地毯（winter of khosrow carpet），传说中最大的东方手织地毯。

在公元 531 年到公元 579 年，波斯帝国打败罗马军队，占领了阿拉伯南部地区。为了庆祝这一胜利，波斯国王考斯罗一世下令生产一张巨大的地毯，史称"考斯罗的春天毯"。

该毯用羊毛和真丝织成，并镶嵌有金、银、贵重金属和宝石，象征百花盛开的春天。该毯又称为冬天的地毯，是因为它用于无法观赏真实花园景色的恶劣天气，象征国王有令大地回春之力。图案为具体化的天堂，有小溪、曲径、长方形花坛、繁花满枝的树木。水是用水晶石做的，土是用黄金做的，花果用宝石制成。

该毯长为 121.92 米（400 英尺），宽为 30.48 米（100 英尺），是一张巨大的地毯。这张地毯采用经典的花园图案设计，表现出在沙漠地区少见的绿色植物、流水与花鸟景象。这张光彩异常的大型地毯具有重要的政治意义，象征着国王的权力和经济实力。

公元 651 年，阿拉伯人打败了波斯人，占领了塞锡封。这张神话般的地毯被当作战利品掠走，并最终被分割成小块分给打了胜仗的战士们。尽管如此，这张富丽堂皇的地毯在后来的几个世纪仍鼓舞了波斯人民的信心，更激发了波斯民族在以后创造出辉煌的历史、诗歌和艺术。这张地毯也成为后世波斯地毯图案设计的灵感源泉。

1.2 阿德比尔地毯（The Ardabil Carpet）

现今，波斯萨法维王朝以前所生产的手织地毯完整保存的仅存有一块，就是目前存放在英国伦敦维多利亚阿尔伯特美术馆的"阿德比尔地毯"（图 3-1-1）。这是早期古典波斯工艺品中最出名的两块波斯地毯之一。较大的一块长 15.59 米（38 英尺）、宽 5.49 米（18 英尺）。两块地毯皆有丝经和羊毛栽绒，结子密

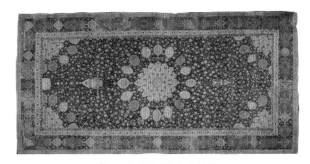

图 3-1-1 阿德比尔地毯

度为 46.5 ~ 54.3 结 / 厘米 ^{2}（300 ~ 350 结 / 英寸 ^{2}）。该地毯完成于 1539—1540 年，时当萨非（Safavid）王朝沙 - 塔赫马斯普一世（Shah Tahmasp I，1524—1576 年在位）统治期间，原铺于伊朗的亚塞拜然省阿德比尔清真寺内。两块地毯的设计都十分丰富、高贵、精细且并然有序，大地靛蓝，上面布满雅致而细腻的花饰和浅黄色葵心，两头是带有杏核状的 16 座尖塔。

这两块阿德比尔地毯均带有题记："世界上唯有在您的大门内我才能得到庇护，我的头颅只在此处柱廊里方能受到保护；圣地奴隶卡尚的麦克苏德作于 946 年（即公元 1539—1540 年）"。两块地毯在 19 世纪晚期均受到破坏，传说 1893 年一位不知名的英国人从伊朗带回，较小的一块（现藏于美国洛杉矶县立艺术馆 Los Angeles County Museum of Art）部分用来修补较大的一块（现藏于英国伦敦维多利亚和艾伯特博物馆 Victoria and Albert Museum in London）。

1.3 切尔西地毯（The Chelsea Carpet）

切尔西地毯（图 3-1-2）是 16 世纪早期伊朗萨法维（Safavid）王朝时期的打结地毯。羊毛结、真丝的经纬线，现存于伦敦维多利亚和艾伯特博物馆。

图 3-1-2 切尔西地毯

1.4 天使地毯

天使地毯（图 3-1-3）是弗雷德里克·普拉蒂的兄弟赫伯特·普拉蒂为纪念他的妻子佛罗伦萨·吉布·普拉蒂而特制的。"天使"或"天堂女神"指生活在天堂里的人。天使地毯以幽雅而著称，它们是从早期的萨非王朝大团花地毯上剪下来的。虽然地毯的由来可能有争议，但精美的细节设计和在真丝衬底上编织的熠熠生辉的羊毛反映了萨非王朝时期地毯编织的最高技巧。

（a）天使地毯碎片 1

1.5 花瓶地毯

花瓶地毯是在阿巴斯王朝时期用来进贡的一种地毯，其特征是整个设计都是朝向一边的。每个花格子有三个几何平面，一面由象牙色的螺旋形葡萄藤蔓组成，其他面是深红色或蓝色的茎须，这些茎须上面挂满了大大小小的花卉、浪花和树叶等图案。古土耳其地毯中还有一大种类是没有团花的花瓶地毯，这种地毯的特点是当中有颜色艳丽的花散开来，像中国的瓷花瓶。

（b）天使地毯碎片 2

图 3-1-3 天使地毯碎片

1.6 基里姆地毯

萨法维王朝的工匠们还制作出了气度非凡的平织地毯（基里姆地毯，图3-1-4），以16世纪的一块狩猎地毯为例，这块地毯尺寸为219厘米×148厘米（86英寸×58英寸），是基里姆地毯中传统的绒面式样。矩形的地毯上有几道边，毯身的真丝有白、黄、绿、红、浅蓝、深蓝、棕和黑色好几种颜色，都织在象牙色的丝面背景上，人们运用精湛的技艺把图案从纸上誊画到了织物上。

图 3-1-4 基里姆地毯

1.7 朝拜毯

在土耳其地毯中，有一种特殊的地毯，即伊斯兰教徒在清真寺祈祷用的朝拜毯（图3-1-5）。古土耳其和现代的伊朗都以伊斯兰教为国教，因而朝拜毯在伊斯兰文化里有着特殊的意义。早期的朝拜毯是真丝的，以蓝色或红色为单色背景边，边上有纷繁复杂的大型装饰图案，如棕榈叶、玫瑰花、风信子、康乃馨、锯齿状树叶和缠绕的葡萄藤等，让人回忆起16世纪宫廷出品的古典朝拜毯。有的朝拜毯受到土耳其地毯的影响，边上还有郁金香花图案的装饰。这些祈祷地毯的特殊魅力在于它们使用了伊斯兰传统的装饰图案，比如清真寺的圣灯、圣花、圣柱和圣水罐等，以唤起祈祷者对真主阿拉、天堂和祈祷仪式的想象。

图 3-1-5 科布司清真寺地毯

目前世界上最大的朝拜毯出自伊朗，面积为4293.45平方米，长70.50米，宽60.90米，共28种颜色，由伊朗地毯公司在1997—2000年设计制作，现存于阿曼首都马斯喀特的大苏丹科布司清真寺。科布司清真寺的苏丹宾·赛德旧心曾在2001年5月5日举行清真寺的开幕仪式上与数千名穆斯林同时在这块地毯上祈祷。图3-1-5为科布司清真寺地毯。

（a）朝拜毯图案1（b）朝拜毯图案2

图 3-1-6 朝拜毯

2 基里姆花毯

2.1 地毯贸易市场

从中亚到欧洲，土耳其地毯有着非常深厚和广泛的影响。从15世纪中期开始，土耳其地毯就出口到欧洲，并且很受欢迎，它们在欧洲的社会生活中扮演着重要的角色。这些地毯受当时的绘画影响很大。这样一直延续到 16—17 世纪，尤其是在文艺复兴时期，至少有一块或更多安那托利亚地毯表现的是贵族肖像画、贵族人物或其他内容。安那托利亚地毯和基里姆花毯以它们生动的色彩、主题、图案和精致等得到了广泛的赞誉。2005 年出口手工地毯和基里姆花毯的全部价值约为 1.24 亿美元。土耳其的手工地毯和花毯出口到世界各地，主要出口市场有美国、德国、日本、伊朗、意大利、沙特阿拉伯、法国、西班牙、英国和瑞士。另外，土耳其手工地毯和基里姆花毯生产商喜欢向外国游客出售地毯。几乎每个外国人去土耳其都想买基里姆花毯，并且大多买一块或多块。

2.2 基里姆花毯

垫子是平的、不打结的手编织物，用在地上或墙上。在这一篇中，打结的织物叫做地毯或机织地毯。基里姆一词来源于土耳其，通常用于土耳其日常使用平织的垫子。但事实上，它只表示那些用一种基里姆罕见的技术平织的垫子。换句话说，由于其编织技术且又在土耳其，这种垫子就被叫做基里姆、icim、sumak、zili、或者叫做 sili、palaz 和其他名字。垫子不像地毯，它是在织布机上编织的，使用经纱和纬纱把纱线编织到一起，就像一些手工面料的织法。通常经纱（基里姆的长度）用羊毛，纬纱（基里姆的宽度）用羊毛或棉，完全用彩色线织进去，像篮子一样，是可逆的。尽管正反面不一样，但差异很小，两面都可以用。

地毯样式和土耳其的基里姆花毯的名字有各种各样的来源，有的因其原产地而得名，有的则根据它的生产工艺来命名，也有的得名于其装饰图案的特征，还有的根据它的版式设计或者色彩设计来命名。安纳托利亚地区有着十分深厚的编织文化，那里的每一个城市、每一个乡镇、每一个村庄，都是编织业的中心。只有对这些中心进行详细的调查研究，才可能理解土耳其地毯和平纹编织。安纳托利亚是土耳其的亚洲部分的代名词，传统上被称作"小亚细亚"。在所有被说成是安纳托利亚产的地毯上，都采用土耳其结法或 Grdes 结法。

贝尔加玛是最为著名的古老的地毯编织中心之一。贝尔加玛的地毯中，黑色、红色、绿色、蓝色、黄色以及粉红色是最为常用的颜色。而其材质则与安纳托利亚地毯一样，是羊毛。剪毛和纺毛纱都是采用传统的方法。贝尔加玛地毯的主题图案通常都具有草本植物的特征。

Anakkle 地毯：在 Anakkle、Ezine、Ayvac1k 和 Bayrami 周边的小镇和村庄，地毯制造业十分普遍，这一地区的地毯生产历史非常悠久。anakkle 地毯的主要原材料是羊毛，绝大多数地毯的含毛量都是 100%，并且所有地毯都采用传统的尺寸。绿色、红色、蓝色和黄色是其主要用色。由于来自高加索地区移民的缘故，anakkle 地毯与高加索地毯有着很多相似之处。

2.3 机织地毯

土耳其不仅在传统的手工地毯方面，而且在机织地毯方面都占有强有力的地位。机织地毯的生产主要在 Gaziantep、Kayseri 和伊斯坦布尔。机织地毯在车间生产，生产原料来自土耳其本国，也有国外供应。住宅和商业用的地毯和垫子有羊毛的和丙纶的。

土耳其的机织地毯生产总量大约为 1.8 亿平方米。2005 年机织地毯的总出口价值约 5.44 亿美元，主要出口市场为沙特阿拉伯、美国、哈沙克斯坦、伊拉克、俄罗斯、乌克兰、罗马尼亚、德国和希腊。今天，土耳其以其在质量、技术和产量方面的强劲竞争力，成为世界上最重要的机织地毯生产国和出口国。土耳其机织地毯生产商继续引领新的趋势，把大量不同种类的地毯、新设计、色彩引入世界市场。土耳其机织地毯产业中，地毯的耐用度、色牢度、抗污处理和易洗性是关键的质量特性。

第四章 土耳其地毯的染织工艺

1 织造原理

手工裁绒地毯又称手工编织地毯，简称手工地毯。它使用绒纱固定的方法，形成裁绒织物，如图 4-1-1 所示。

手工裁绒地毯的织造方法是在织造中使前后两批经线呈开口平行状态的情况下进行打裁绒结，并在不变经线的情况下打粗纬，然后拉下绞，使原来的后批经线提到前批经线的前面来，呈交叉状态，再从交叉点上过细纬，如图 4-1-2 所示。编织的工序：上梁—经线—绒纱—下梁。

（a）编织图 1

（b）编织图 2

图 4-1-1 手工编织地毯

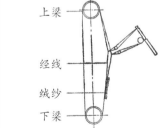
上梁

经线

绒纱

下梁

图 4-1-2 手工地毯的织造

2 织造方法

（1）将经线连续绕在框上，以经线长度为地毯的长度，而经线根数为地毯的宽度；

（2）使用两根杆子，每根分别系到每隔经线上；

（3）在地毯下端或开头将纬线横向地穿过经线以形成一两英寸宽的带子；

（4）按照纹样的颜色将相应的彩色纤维束一个一个地在经线上打结，在地毯表面形成绒头；

（5）每一排结子后引入一两根纬线。引入纬线时要靠这两根杆子的升降运动，轮流地将每隔经线抬起或下落以便纬线易一沉一浮地沿地毯宽度穿过经线所形成的梭口；

（6）用一把梳子将每一排结子与接下来的纬线往下面均匀地打紧；

（7）重复步骤（4）、（5）、（6），直到所需要的地毯长度；

（8）在地毯上端形成另一个织入纬线的带子；

（9）地毯的布边是以包围纬线或另一种方法而形成的；

（10）延伸地毯两端的机织带子的经线被解开，以形成地毯的流苏；随着织造的进行将绒头均匀地剪掉。

2.1 土耳其地毯的组成部分

地毯由毯身、衬边和穗头三部分组成。

（1）毯身

毯身是指地毯的裁绒部分，是由毯基和裁绒层两部分组成的。

毯基俗称纬板，包括经纬网及裁绒结的根基部分，是地毯的骨骼。它的双层经线既起着纵向连结纬线的作用，又是土耳其结裁绒的基础。纬线分为粗纬线和细纬线两种，粗纬线贯穿于前后两批经线之中，起横向连结经线和填充毯基的作用，细纬线主要起连锁经线的作用。毯基就是由这种双层经线夹粗纬、细纬迂回连锁每根经线形成的网状组织，空隙部分为裁绒结的根基。

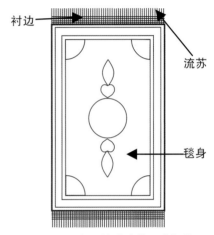

图 4-1-3 土耳其地毯的组成部分

裁绒层是由裁绒结伸出毯基外的毛纱组成的绒层部分。裁绒层部分的毛纱紧密地排列在一起，由每根毛纱的横断面组成平整的绒面。裁绒层的毛纱密度越大，弹性越大，反之则越小。它的厚度根据要求而定，一般有 7.5、10.0 和 12.5 毫米等几种。

（2）衬边

衬边俗称底子。底子是在方毯的上下两头和圆毯的周围，利用经线为经以细纬为纬，按照规定的宽度编织衬边。并在底子的外缘用纬线横向编织，按经头（每两根）往返变成人字辫。衬边具有双重作用，一方面是牢固毯边，另一方面是美化毯型。

（3）流苏

穗头俗称底穗，是在衬边（底子）的外缘，利用经线按照规定的长度留出的经线头，并以四根为一组紧贴衬边外缘的人字辫打罗绞结，用以牢固衬边和美化毯型。

2.2 手工地毯的打结方式

手工地毯的打结方式分为绒头地毯打结方式及无绒头地毯打结方式。

2.2.1 绒头打结方式

织毯的主要工艺是编织、打结。土耳其地毯是很讲究打结的，地毯的质地和价值很大程度度上取决于其原料、细密程度以及结的多少。打结越多，地毯的花纹越精致细密，地毯平面越光滑、细腻、结实。地毯质量好坏的主要标准是看单位面积毛纱结数量的多少，结多可织出精致细密的图案。打结一般有两种方法。

（1）土耳其结（Turkish or Ghiordes）织法。土耳其结为最早的编织方法。绒线置于两根相邻的经线之上，其两端环绕这两根经线向内绕上一个圈，然后竖立形成地毯绒面，组成漂亮图案，如图 4-2-1 所示。土耳其结法是对称的，而且对土耳其地毯的影响强烈而持久，直到今天人们仍在使用。这种打结方法分布在伊朗西北部、东北部，如大不里士（Tabriz）、比哈尔（Bihar）、麦什特（Meshed）等地。

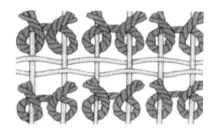

图 4-2-1 土耳其结

（2）波斯结（Persian or Sinneh）织法。绒线在一根经线绕上一圈，然后穿过相邻的另一根经线下面，两端绒头竖立形成地毯绒面，组成漂亮的图案，如图 4-2-2 所示。波斯结法是非对称的，波斯结容易产生流动形的图案，波斯东部、中亚、印度、巴基斯坦和中国使用波斯结。主要在伊斯法汗（Isfahan）、卡山（Kashan）地区。

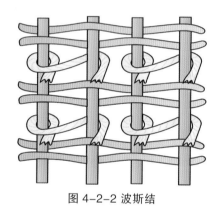

图 4-2-2 波斯结

2.3 手工土耳其地毯的生产工艺

手工土耳其地毯的生产过程包括纹样选定、材料准备、织造成型和美化处理等工序。

2.3.1 纹样选定和标注

纹样是各种图案上具体景物形象的通称。选定纹样必须根据地毯用在什么地方、作什么装饰来定，如庄严的、豪华的、朴实的、美丽的等，纹样根据不同的要求而定。图案的风格特点主要是通过各种纹样的特征反映出来的，所以具体纹样的造型艺术直接关系着整个图案的艺术效果。

地毯图案上的各种纹样都是由各种颜色的色毛纱裁绒结组成的，每个裁绒结仅是构成纹样的一个色点，各种色点又是根据纹样线所规定的形状来安排的。

要在地毯上呈现出美丽逼真的纹样，首先要勾绘出地毯的图样。地毯图样通称为样子，它是根据特定图案的色稿和图片，按照尺寸要求和上机经线、纬线的道数、长宽等工艺指标放大或复制的工作图。

地毯图样的线形比较简单，所有线条都用实线。因为地毯是平面织物，所以图案纹样都是平面图。地毯图样的标注方法目前尚无统一标准，一般要求：便于指导制作，保证产品质量和符合使用上的习惯，用文字或线条的形式把图样的编号、顺序号、尺寸、毯形、全部纹样的具体色彩和织做方法等标注在相应部位上。

2.3.2 材料准备

纱线准备——地毯中的纱线包括经线、纬线以及绒头。

（1）经线：经线是由垂直纵向的丝线组成的，它从地毯的底部一直到地毯的顶部。经线非常重要，因为绒头要在经线上打结才能形成，另外纬线也要穿过经线，如果经线不平或没有张紧，那么地毯将会起皱。

（2）纬线：纬线是由横向平行的丝线组成的。当一行绒线打结编织完成以后，便穿过一根纬线，这样可以防止绒头松开或脱掉。一般经线和纬线使用同一种类型的线，在手织地毯中常用棉线、羊毛线及真丝线。棉线的价格最低，羊毛线也非常普遍，真丝虽然很贵，但还是经常用来做经纬线，因为它非常结实耐用，而且织出的地毯非常细腻精致。

（3）绒头：绒头是打结在经线上，被染成不同颜色的绒线。花纹和图案是由绒头组成的，地毯编织好以后我们看到的一面是由无数个绒头组成的，看到的图案就是绒头打结后丝线的尾部。

2.3.3 手工打结地毯的原料

手工地毯常用的材料有羊毛、真丝和棉花。有时为了制作廉价产品，也使用合成纤维（人造丝、尼龙等）。纯天然纤维编织的地毯往往呈现出细腻动人的质感，非常舒适、名贵、高雅。羊毛地毯非常耐用，易于清理；真丝地毯既豪华又漂亮，但是不适合用于经常走动的区域。

（1）羊毛

羊毛是人类编织地毯时使用的最早最古老的纤维。羊毛编织的地毯不仅豪华美观，而且很温暖，质量轻，柔软且不起皱。但是羊毛易脏易污染，在天气潮湿的地区也不宜使用羊毛地毯，因为它容易吸潮，与合成纤维相比，羊毛地毯较昂贵，但是它没有真丝地毯那样贵。

羊毛可分为多个等级。通常来自高纬度地区的羊毛比较好，羊脖子和腰周围的羊毛比较好，幼羔及健壮羊的羊毛比较好。羊毛多为村落与游牧民族所使用。采自于寒冷地区的羊毛通常优于温暖地区的羊毛。采羊毛分为春秋两季，中亚地区的民族多在春天采集品质较好的羊毛作地毯，秋天采集的羊毛多制成毛毡。质量好的羊毛来自受到良好的照料、生长在自然环境没有被污染的寒冷地带、被放牧的高原绵羊，其特点是弹性好、起毛力强、耐用。同时羊毛的部位也决定了羊毛的质量，以肩部和胸部的羊毛为最好，纤维也最长。最高档次的羊毛称作科尔克羊毛，科尔克羊毛是春天八个月大的伊朗西部高原绵羊羔的胸部与肩部的毛，这种生长在高山地区的绵羊毛手感像结实的天鹅绒，平滑如丝，并富有弹性。由于科尔克羊毛昂贵而稀少，所以多用于伊斯法罕等高档地毯。科尔克羊毛经常与真丝经线搭配编织地毯毯面，以丝线勾画图案的细节。

刚采下的羊毛因为含有过多的脂肪和脏污，必须用苏打水进行浸泡，反复清洗，晾干后才可经过挑选，捻成毛线，用于制作地毯。

编织地毯所需的羊毛线，需要将一根根的羊毛纤维纺在一起才能形成。如将一根羊毛纤维放在放大镜下，你会看到像玫瑰花杆上一样坚硬的锯齿，当羊毛纤维被捻在一起时，这些锯齿会相互扣住，使捻好的毛线具有极大的强度。羊毛纱有两种捻法：顺时针捻成 Z 形毛线，逆时针捻成 S 形毛线。西亚与中亚地区一般多采用 S 形捻法。

羊毛是我们所知最古老的编织纤维之一，羊毛独特的特性经历了时间的检验。在今天人造纤维的时代，科学技术还不能人工生产出任何一种具备羊毛特有天然属性的纤维。使用适当羊毛不仅比其他任何纤维更能维持色泽不变，而且对纺织品常见的磨损、腐烂、发霉等天敌具有非比寻常的抵抗性。

（2）真丝

真丝是编织手工地毯所用到的最昂贵的天然纤维。丝取自于蚕茧，中国是最早发明养蚕、抽丝的国家，直到今天中国仍然是最好的真丝地毯生产地之一。编织地毯时，真丝可以单独使用或者与羊毛、棉花一起混合使用。真丝非常轻，非常平滑，上等的真丝地毯非常华丽，它们经常用在地板或墙壁上作为高档的装饰品。由于真丝地毯价格昂贵，所以在室内摆放的时候一定要注意给它找一个合适的悬挂位置，要离开走道。

自古以来，真丝多被用于城市或宫廷的手织地毯作坊，高级奢侈的手织地毯多采用真丝作为经纬线。伊朗中部的库姆地区，气候适合养蚕，其丝线品质富有光泽，细滑柔软，韧性强，成为土耳其手织丝毯的代表地区。中国作为历史上的产丝大国，近半个世纪以来开始成规模生产质地优良、图案精美的手织真丝地毯。

（3）棉花

常常用在地毯的大地上，或用作地毯的经线和纬线。棉线的缺点是易脏、易吸收湿气，优点是制作成本较低。

（4）人造丝

人造丝的每一项指标和真丝都很接近，但它不是来自蚕茧。最常见的是黏胶纤维，或者是由纯粹的纤维素组成的合成材料。使用人造丝最大的优点是可以降低地毯的成本，缺点是不易上色。

2.3.4 手工编织土耳其地毯所需工具

编织地毯时需要使用一些常用的工具，按照各个环节中所起的作用不同，最常使用的工具为：图纸、机梁、小刀。

（1）图纸——构思理念

卡设海中心葵地毯，有钩子围绕中心葵八边形的图案。

图 4-2-3 方格纸上的手绘图纸

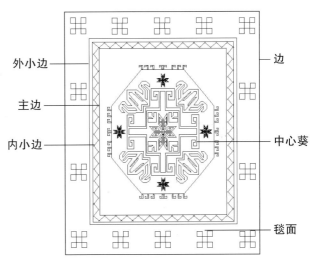

外小边
主边
内小边

边
中心葵
毯面

图 4-2-4 电脑绘制图纸

在编织地毯之前，首先需要一张设计好的地毯图纸，织工依据图纸才可以编织出彩色的图案和花纹。而编织者在编织过程中必须严格按照图纸上所标注的各种符号一针一针地编织。

（2）机梁

编织地毯时必须在由几根横杠所组成的机梁上进行，所以，必须用粗而长的木头或者钢管架起一个垂直的机梁以足够承受一定的拉力。然后将经线一根一根地按照固定的距离绕在机梁上，以进行下一步的编织。

一个完整的机梁必须具备四根呈直角的棒，两根是水平的，一根在上面，一根在下面，另两根呈垂直装在两边。

（3）小刀

在编织地毯时需要不停地剪断一根根的丝线，所以就需要编织者左手拿线、右手拿刀，随时割断剩余的纱线。

图 4-2-5 机梁

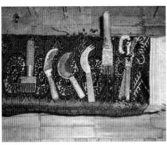

图 4-2-6 工具

如图 4-2-7 所示，包含：21 支 21 股棉线（用作经纱）；1 支 9 股棉线（用作纬纱）；毛线（用作绒头）；直尺（用于地毯绒头长度的测量）；剪刀（用于剪绒头）；卷尺用于测量地毯宽度、经纱长度等柔性纤维长度；梳子（用于打紧纬纱）；梭子（用于穿梭）。

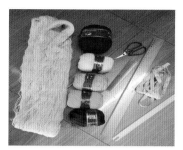

图 4-2-7 编结地毯工具及材料

2.3.5 手工地毯织造工艺流程

手工地毯织造工艺流程：

挂经→打底→拴头、线结→过纬及打纬→剪浮毛→下机→后整理。

（1）挂经：将织毯需要的经线按照长、宽、密度的规格要求绕在机梁上，作为地毯的经向组织基础。挂经时要求尺寸符合规格，松紧一致，密度准确，排列均匀。

图 4-2-8 打底

（2）打底：以经线为经、一根细纬线为纬，编结在地毯的两端，如图 4-2-8 所示。它既可以美化地毯外观，又起到控制地毯宽度和经头均匀度的作用。打底时必须做到经线均匀，纬线松紧适度，布面平整一致。穿入五根纬线。

（3）拴头、线结：按照纹样所标注的色相要求，将各种染色毛纱在经线上自左而右地打结，然后用刀将连接着的毛纱按照规定长度砍断。地毯的在机厚度（即绒高）要比各种相应成品的标准厚度增加 0.6 ~ 1.2 毫米的余量。

图 4-2-9 土耳其结步骤一：取两根经纱

图 4-2-10 土耳其结步骤二：在当中插入绒头毛线

图 4-2-11 土耳其结步骤三：打结，完成土耳其结

（4）过纬及打纬：纬线与经线相交的浮点是交错开的，一上一下，使地毯具有一定的尺寸稳定性和形态稳定性。过纬时要求紧度适当，均匀一致，长度符合标准。可用梳子和剪刀打纬，见图 4-2-12。

图 4-2-12 梳子打纬

（5）**剪浮毛**：用剪刀把裁绒结标准长度外的余量（浮毛）剪掉，如图 4-2-13 所示。要求做到同一道内或道与道之间剪得一致，确保地毯成品的厚度规格。

（6）**下机**：即毯坯下机，是指织完一块地毯后，将地毯从机梁上剪下，直到交验的全部操作和处理过程。

地毯编织步骤如图 4-2-14 所示。

图 4-2-13 剪浮毛

图 4-2-14 地毯编织步骤

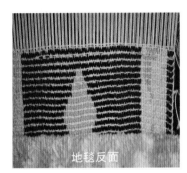

图 4-2-15 地毯正面

图 4-2-16 锁边

完成编织后的地毯见图 4-2-15。

（7）**后整理**：编织后整理有锁边整理和制作流苏两部分。锁边整理是在织好的地毯的长度方向两边用针穿入红色毛线进行锁边，见图 4-2-16。

制作流苏是将地毯上下两端的经线以 10 根为一个单位打结，制成流苏，见图 4-2-17。

（8）**地毯规格**：地毯规格包括以下几个参数。

原料：经线 21s/9 棉线，纬线 21s/9 棉线；

地毯大小：长 42 厘米，宽 29 厘米；

经纬根数：经纱 162 根，纬纱根；

密度：经向 37 结 /10 厘米，纬向 13 结 /10 厘米。

图 4-2-17 流苏制作

第三篇

其他西亚国家的染织与服饰艺术

第一章 沙特阿拉伯

1 绪论

沙特阿拉伯王国通称沙特阿拉伯，简称沙特。沙特位于亚洲西南部的阿拉伯半岛，东濒波斯湾，西临红海，与约旦、伊拉克、科威特、阿曼、也门等国接壤。沙特是著名的"石油王国"，石油储量和产量居世界首位，使其成为世界上最富裕的国家之一。沙特是最大的海水淡化生产国，其海水淡化量占世界总量的 21% 左右。麦加是伊斯兰教创建人穆罕默德的诞生地，是穆斯林的朝觐圣地。

自古至今，阿拉伯国家上至国家元首、下至平民百姓包括孩童，一年四季都习惯穿长袍，它是阿拉伯民族的传统服饰。阿拉伯长袍的最佳品种是真丝绢纺男长袍。阿拉伯妇女的长袍与男长袍差不多，也是肥袖腰宽、长垂到地。外层穿的黑袍是用真丝绸缎做成的，里边再穿一件真丝印花绸或薄纱长袍，显得雍容华贵、典雅大方，被视为阿拉伯女子最高贵得意的服饰。阿拉伯人男子穿着长袍时必须配上缠头巾，女子穿着长袍时必须佩戴面纱。

1.1 沙特阿拉伯纺织文化背景

沙特阿拉伯的文化背景是阿拉伯和伊斯兰教，社会本身普遍具有浓厚的宗教、保守、传统和家庭观念。源自阿拉伯文明的许多传统都有数百年之久。然而，它的文化也受到了快速变化的影响。在 20 世纪 70 年代，沙特阿拉伯从一个贫穷的游牧国家变成了一个富裕的商品生产国。沙特阿拉伯国王萨勒曼·阿尔沙特阿拉伯的宗教和习俗不仅是男人和女人的保守装束，而且是中东大部分地区独特的服饰，如图 1-1-1 所示。

所有的女人都要穿长长的黑色衣袍，遮住身体的所有部分，但在公共场合要露出手和脸。在伊斯兰教中，女性必须穿着朴素的衣服。

沙特妇女通常也戴上面纱，比如 Niqāb。女人的衣服通常由部落图案、硬币、亮片、金属线和贴花装饰。外国女性被要求穿长袍，但不需要遮住她们的头发。

沙特成年男人和男孩，不管他们的工作

图 1-1-1 沙特阿拉伯男人传统服饰

或社会地位如何，都穿一种叫作叟（thobe 或 thawb）的传统服装，这被称为"阿拉伯服饰"。在温暖和炎热的天气里，沙特男人和男孩都佩戴白色的胸花；在凉爽的天气里，他们穿着羊绒面料的服装。人们在特殊时期通常会穿比什特或米什拉的衣服，披着长长的白色、棕色或黑色镶着金色的披风。男人的头饰由三部分组成（图1-1-2）：塔塔尼亚，一种可以防止古特拉从头上滑落的白色小帽子；一块大的布——古特拉；Igal，一种将古特拉固定在一起的双黑线。若衣服不戴着 Igal，人们会认为它是虔诚的象征。古特拉通常用棉花做成，传统上要么是白色的，要么是红白格子的。在佩戴时，古特拉被折叠成一个以头部为中心的三角形。

图 1-1-2 19 世纪的工作室照片，沙特阿拉伯居民服饰

Ghutrah 是阿拉伯半岛男人戴的传统头巾。它是由一块通常较薄的方形棉布（"围巾"），以不同的风格（通常是三角形）折叠并包裹在头部。在气候干燥的地区，人们通常会戴上这种头巾，这样可以防止阳光直接照射，还能保护嘴巴和眼睛免受风沙和沙尘的侵袭。毛绳头箍是由绳子制作的阿拉伯头饰，它将头巾系住以将其固定在特定位置。Thawb 由羊毛或棉花编织而成，其长度可以达到脚踝，通常有类似长袍的长袖。Bisht 是一种传统的阿拉伯长袍，有白色、棕色和黑色。男人在穿着时，要在上面镶金，通常只在特殊场合才穿戴，比如婚礼或大型聚会。

黑长袍是阿拉伯妇女的传统着装，做工简单，式样和花色因地而异。从 2000 年左右开始，女性穿着的长袍颜色越来越多，款式也越来越新颖。而在年轻人中，尤其是在东部省份，西式服装，特别是 T 恤和牛仔裤已经成为一种很常见的休闲服饰。

1.2 阿拉伯半岛的棉花种植和纺织品生产

20 世纪 70 年代，阿拉伯人开始发现他们全新获得财富的力量，这种力量给了他们一种与日俱增的自信和成就感。因此，如果 20 世纪 70 年代可以被描述为他们多年的意识，那么 80 年代很可能是他们的 10 年行动。10 年来，阿拉伯人面临着选择和采取行动的艰巨任务，这些行动可能有助于他们的物质和精神进步，也可能是人类的进步。阿拉伯行政人员在这一进程中的作用至关重要，因为他们有能力影响选择和领导行动。

1.2.1 阿拉伯半岛的棉花生产

公元前 6 世纪至 4 世纪中叶，人们在阿契曼尼阶的棉花中发现了种子和纺织品。在巴林和沙特阿拉伯萨罗的 Mada 地区，阿拉伯半岛作为一个纺织生产中心在基督教纪元开始的几个世纪和之后的几个世纪里发挥了重要作用。这两个地点都位于重要的贸易路线上，分布于沿海（Qal'at al- 巴林）和陆路（Salih 的 Mada'in Salih），而且阿拉伯地区棉花生产少部分很可能用于贸易，且与现代中东地区的其他进口棉织品竞争。在阿拉伯半岛的干旱气候中，棉花与棕榈园的灌溉日期相关，棕榈园中种植了大量的其他作物，这些作物的养分有利于棉花的种植和生产。

在大型的坟墓中发现了大量的从公元 1 到 3 世纪的干燥纺织品，但是由于它们保存得很糟糕，材料表面破损，很难确定它们的功能。据专家推测，它们很可能是衣物和裹尸布的碎片，其外观形状如图 1-1-3 所示。这些纺织品大部分都是亚麻的，其余是羊毛的，还有一些是棉的。它们的形状各不相同，除了一块以外，所有的碎片都是长方形状的，有些带边缘，有时带条纹，其中有一块被染成黄色。

1.2.2 阿拉伯半岛物质贸易

在伊斯兰教的黄金时代，供水的改善加强了农业帝国的建立。沙特阿拉伯的贸易路线（如图 1-1-4 所示）延伸到阿拉伯半岛后，促进了古代文明的商品和思想流动，增进了阿拉伯内部与外部世界的联系。

船、香料和布料来自印度，丝绸来自中国，还有非洲的黄金、象牙和鸵鸟羽毛，以及来自内陆沙漠的枣子和杏仁。但是，从萨巴运来的一些最有价值的商品都是在阿拉伯种植的，例如乳香、没药和其他芳香化合物。在 Abbasid 王朝时代，富有的女人佩戴奢华的珠宝、珍珠，穿着丝绸和带有刺绣的服装，她们家里摆满了精致的地毯和靠垫，十分雍容华贵。

1.3 服装与现代纺织业

伊斯兰教服饰观倡导人们在穿戴上追求中正之美的原则。对男子着装的要求是，服装打扮尽量体现男人的气质、气概和风度，并要求完全遮掩肚脐至膝盖间的身体。女子则严禁穿稀薄、透明的服装，更不允许穿三点式或其他泳装，以免暴露肉体。

服饰改善到 21 世纪，国际服装舞台上开始再度流行伊斯兰风格。Harem Pants，译为哈伦裤，起源于伊斯兰教后宫女子的穿着，所以又名"伊斯兰教后宫裤"。其具有伊斯兰风格，有宽松感和悬垂感，从臀部开始到脚踝处逐渐成喇叭形，在脚踝处扎起。2003 年的秋冬时装发布会上，"糅合了 Harem 元素的 new style"又滚滚而来。整个顶尖时尚对哈伦裤的偏爱，更具代表性的品牌与款式为 GUCCI 以九分绑脚束口裤为主，融合了跆拳道道服绑带的设计。现在阿拉伯人所设计的服饰款式简单，有立体感，面料具有蚕丝般的柔和及光泽，优良的回弹性、耐磨性和高强度，披挂着柔软的如丝如雾般的纤维，构成了高贵、活泼而又粗犷的现代风格，塑造出一种低调浪漫的情绪。

图 1-1-3 在撒里的 Mada 地区发现的棉织品碎片

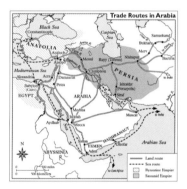

图 1-1-4 沙特阿拉伯贸易路线图

沙特阿拉伯的纺织品、服装生产规模不大，技术水平和产品质量与进口产品存在很大差距，但是近几年沙特阿拉伯进口量逐步扩大，特别是男女传统服装的面料进口量增多，中高档纺织产品需求量扩大，而低档面料进口量有所下降，市场需求相对比较旺盛。

图 1-2-1 妇女传统服饰

2 传统面料与服装

在沙特阿拉伯地区有一些传统的服装面料，由天然纤维（棉、丝、羊毛）制成。Alchalka 织物由天然羊毛制成，以装饰性和罗德色彩的形式印染，并使用了 Almukta 和 Alkurtah。在王国的某些地区使用同样的布料。普通厚度的玫瑰面料被用于制作 Almukta、Altoob 和 Alkurtah 女装，它是一种黏胶与棉混纺的面料，有多种颜色，并印有铭文。KhtAlbuldh（系在棉织物上）被用于制作内裤，它是用棉纱织成的，用白色的纱线染色，以产生效果。

在 Alzaboon、Alsayeh 和 Aljubbah 的制作中使用 Velor 或天鹅绒织物。纹理和柏丽的棉织品供富人们使用。图 1-2-1 是阿拉伯传统女性服饰，头纱包裹住头部和脸颊，在极薄的长袍上，编织着不同形状的图案，折着优雅的褶痕，在穿着时具有动态悬垂美感。图 1-2-2 是当地传统新粮服饰，用金银丝织造而成，颜色鲜艳，佩戴各种珠宝首饰，衬托出新娘姣好的面容。

图 1-2-2 新娘服饰

2.1 Kiswah 织物

Kiswat al- ka' ba（Kiswah）织物主要分布在沙特阿拉伯麦加的克尔白地区。随着时代的变迁，Kiswah 织物的图案和设计也发生着变化，如图 1-2-3 所示。这一次次的改变就像一次次精准的手术一样，赋予 Kiswah 织物不同的风格、手感和外观。过去，Himyar 国王图巴穿着 Kiswah 织物所制成的服装访问也门，穆罕默德（P.B.U.H）在 Jurhum 部落的统治时期也披着白色的 Kiswah 织物制成的服饰。

图 1-2-3 不同时期的 Kiswah 织物

每年，旧的 Kiswah 碎片被移走，切割成小块作为礼物或纪念品赠送。通常情况下，只有特定的人才会得到这些东西，所以如果你不是属于宗教机构、国际机构或国外沙特大使馆的高级客人或官员，那你就得不到这些礼物。早些时候，伊斯兰教的哈里发哈里发的第二任哈里发奥马尔·本·阿尔哈塔布（Umar bin al-khattab）将 Kiswah 织物切割成碎片，并将其分发给那些将其用作避难所的朝圣者。

Kiswah 织物表面有 99 个阿拉、kalima at tawhid 和 tasbihat 刺绣式样，如图 1-2-4 所示。在覆盖的前三分之一部分有一段 47 米长的带子，其中与《古兰经》经文有关，那些诗句是用浸在金水里的银线织成的。对伊斯兰教来说，《古兰经》是最主要也是最重要的经典，是最根本和最有权威的立法依据。《古兰经》中对于伊斯兰年终着装的要求是，服装打扮尽量体现男子的气概和风度，要求遮掩的范围是在肚脐至膝盖间；女子则禁止穿着稀薄、透明的衣服，以免暴露肉体。《古兰经》的经文是用金线和银线缝合在面料上的。一块 kiswah 消耗大约 670 千克天然丝、150 千克金和银线，总面积为 658 平方米。在克尔白的每一个角落都放置了四幅织有《古兰经》的织物，在克尔白的四个角落里也放置了上面刻着《古兰经》经文的不同形状的灯。

图 1-2-4 带有《古兰经》经文的 Kiswah

目前制作 Kiswah 的费用极其昂贵，它由德国进口机器（如图 1-2-5 所示）制作完成。它由 670 千克丝绸制成，每一幅长 14 米，宽 1.01

图 1-2-5 制作 Kiswah 织物的机器

米，表面积为 658 平方米。用于织造刺绣的金线约为 150 千克。Kiswah 被放置在克尔白附近，用铜环固定在它的底座上。现在，阿拉伯人正在慢慢地借助计算机代替手工设计将《古兰经》经文绣在服装面料上。

2.2 Maqtaa 或 Thob

儿童，无论男女，都要穿 Maqtaa 或 Thob，如图 1-2-6 所示。它是一种长而宽的服装，其剪裁和颜色与成年马卡塔人的衣服相似。在冬季，或者是杜布林、特罗或萨赫利，男孩穿白色的 Maqtaa，由羊毛、棉花、红沙沙或特雅尔（Terjal）制成。而女孩则穿由五颜六色和印花面料制成的 Maqtaa。白色的棉织品（称为白加布）或被染成黑色或棕色（Adham）的原棉用于制作 Maqtaa 或 Thob。随着时间的推移，颜色和装饰变得更加多样化，这取决于市场上的面料。

Al – Maqtaa 由几个部分组成，即衣身、袖子、侧面、Tekhrasah Khashtak。衣身为长方形，横跨肩膀的宽度，从前面一直延伸到后背的高度。袖子与衣身相连，中间有一个圆状颈部开口，头部可以穿过。Tekhrasah 是一个侧边夹着的方形小块，从正面和背面夹在每个袖子和侧面之间。它发展成一个半矩形的部分，上端附在袖子上，下端附在侧片上，称为 "Khashtaq"。这一段的下半部分被命名为 "沙勒尔 – 阿特布"。

图 1-2-6 来自沙特阿拉伯东部的女裙（Thob）

2.3 Al-Merwaden 或 Al-Mukammam 或 Al-Raden

Al-Merwaden 是 Najd 贝都因人在 Maqtaa 或 Thob 没有穿过的情况下大部分儿童的主要外袍。这种外袍很长，下端垂在地面上，袖子为三角形。Al-Merwaden 由巴丹、巴纳耶和卡什塔克组成。它的领口部位有一个半圆形的开口，用纽扣、布料和线圈闭合而成。前面有一个隐藏的口袋 "Mekhbat"。这个描述对应的 "Al-Thob Al-Merwaden" 或 "Bordone"，闻名于 Najd 城市和村庄，被称为 Raden Thob Subaie 支派。而 Qahtan 部落的人称其为 "Muthawlaq"，它是由棉织品、原布或混纺制成的。Subaie 部落的人将面粉袋洗干净，用来给孩子们做 Radenthobs，以防布料短缺。

3 沙特阿拉伯的贝都因纺织品

贝都因人的织物在西方市场并不常见，这种类型的织物很少见不是因为它是古董，而是因为它在西方不为人所知。这些纺织品主要是为了在世界上的某个地方的个人或家庭使用，传统上对旅行者不热情，不习惯进行工艺品出口贸易。很少有非常古老的东西存在，因为它们的质量不好，而且在磨损和撕破后会被丢弃在沙漠中。如果编织物仍然可用，它们可以在贝都因市场、古董店或旧货商店出售。在沙特阿拉伯，开古董店是一个相对较新的现象。外国工匠把一些织带到沙特阿拉伯，但是由于旅游业不发达，海外销售不景气。

图 1-3-1 Bedouin Weavings 用于提供布道的 Mimbar

3.1 贝都因人编织的定义

我们不能仅用地毯来说明贝都因人的织造，因为传统上许多不同的物品都是被织成的，如图 1-3-1 所示。他们的帐篷或"头发之屋"、北蒂斯沙（Beitissha' ar）由妇女们用长长的黑色、棕色和白色羊毛线或山羊毛线编织成条状，并把它们缝在一起，形成天花板、侧面和背板。在许多颜色和图案中，华丽的内部分隔帘也被做成条状，然后缝在一起，用来划分帐篷的男人室和女人室，在帐篷中布置地毯、靠垫等。

沙特阿拉伯的贝都因织物大部分都是用手工制作的，用手工编织木轴织成的平纹编织物，如图1-3-2所示。羊毛是最常见的纤维，有许多天然的颜色。山羊毛的强度最大，也是最好的帐篷织物原料，有时也可以用在其他地方。与其他纤维相比，骆驼毛的强力较低，所以很少被使用。当骆驼毛用于紧密纺纱时，其结构十分结实。通常编织者会将多种颜色编织在一起。棉花具有极好的白度，采用手工纺锤纺制棉纱。有时妇女在纺纱过程中，只是简单地将白色棉线缠绕起来。分隔帘的底条和其他布条一样，通常是由厚重的白色棉布做成。

图1-3-2 贝都因织造工具

3.2 贝都因人编织的特点

最常见的编织是经线平纹，使用竖条纹、横条纹和各种组合的格子，如图1-3-3所示。这是制作和形成帐篷、储物袋、鞍袋和地毯的最快捷、最简单的方法。一种互补的经纱图案，也称为经面平纹

图1-3-3 沙特阿拉伯编织物

织物，用经纱单独代替或多种组合在一起纬线交织是常见的，有时用作加强末端边线，经常作为一种主要装饰元素，或较少作为整体的基础。整件作品都以挂毯的方式缠绕在一起，随着颜色和设计不断变化。加捻是在织物一侧的几组经纱被加上捻回，形成一个表面类似挂毯的图案。加捻通常会在另一种完全扭曲的织物上加上一层纬纱，以减轻颜色和方向性的单调性。三种互补的经纱使编织者有机会展示技能和花样的多样性。在"weirjan"和"mithkar"模式中产生了Apebbly效应，这两种模式的组合将单根纱线和双根纱线结合到一起，它们被用来制造三角形和菱形图案的变化。这种技术是很常见的，因为它使得编织的模式变化很容易和快速，同时有较少组合选择。

一种更简单但不常用的技术叫做咬合模式、druse ilkhail，这种技术不允许任何设计变化。这设计是由一个平纹编织和下一个小平纹编织而成的。一名优秀的贝都因编织者能掌握最困难和多用途的互补经编技术是shajarah（tree）或saha（Wall）模式。saha这个术语在阿拉

图 1-3-4 沙特阿拉伯编织物

伯北部和约旦使用，在沙特阿拉伯和科威特的其他地方都是使用"shajarah"这个词。对于这一点，纱线在黑暗和明亮的交叉部位被交织，有时三根纱被编织。设计线性或立体几何图形，简单的代表性图案也可能被编织出来，如图 1-3-4 所示。最平滑、均匀的设计都是在对角线上进行编织的，因为这是编织的自然结构。这些提花图案通常都是在裁剪样品上，毫无疑问，一定程度上是为了避免长纱线浮在织物的背面，在那里，每一对未被编织的纱线都在准备状态。一名织工可以通过写上名字、日期、引用《古兰经》的语录，以及其部落和亚部落的骆驼牌或 wasm 来表达自己。她可以使用传统的模式，也可以利用日常生活中的主题模式来创建自己的模式。

精加工技术进一步提高了织物的强度和美感，赋予它们神韵、动感和炫目。各种各样手工编织的绳索、小滚、引线和流苏梗都被应用于功能和装饰用纺织品中。平纹织物用于经纱尾端，各种大小的流苏被用于储存袋、鞍袋、动物和包装袋饰品中，流苏可以小也可以大，是在织物核心的基础上形成的，也可以是把两组纱线缠在一起，然后经纱缠绕在头端，将它们固定在一起。色彩和纱线的组织往往是杂乱无章的，故意随机的，赋予其各种各样碎片性东西。连接和边缘缝线遵循标准模式，并为碎片的强度和装饰做出贡献。两件拼接起来的边沿通常是用纬线缝合的，它们有时用在麻袋、储物袋和地毯上。更多的装饰性、粗壮和耗时的制作方法是将裁剪样品的不同颜色用于同一类型的连接中。当两个厚度大小不同的碎片被连接在一起时，就像鞍囊或垫子的边缘一样，它们通常被绣成 V 形，在 X 方向上反复缝合，这也是不同的裁剪样品。在一个储存袋、鞍袋或其他边缘上的经纱被绣在一种叫做 thras 的复杂缝中，它类似于毛毯缝，一块裁剪样品有两种颜色。有时末端用布或皮革捆住。在以前，各种颜色、图案和技术的结合使它们很容易被部落辨认。现在，这其中的大部分都在悄悄消失，但是游牧生活方式依然是不可或缺的一部分。

3.3 编织、纺纱、染色工艺

直到最近，在沙特阿拉伯的贝都因市场上，还存在着各种各样的纱线，现在它正逐渐被合成材料所取代。人们仍然可以买到各种各样的自然颜色、混合的和纯天然颜色的羊毛。纱线可以单独购买，缠绕在毛线球上，可以用于缝合，或紧紧地排列在一起，准备用作经纱。绵羊毛有白色、黑色和少量的其他颜色，规格由中等到粗变化不等。粉末状的商业染料主要来自印度，有红、橙、黄、蓝、绿以及其他颜色。

3.3.1 纺纱

以前人们可以买到各种各样颜色和粗细的山羊毛，羊毛纱线更细，颜色也更微妙，但现在却不常见了。在沙特阿拉伯很难根据其纱线的纺纱方式来确定一件东西来自哪里。贝都因人在纺纱方面有其独特的思维，他们的生活方式和其他阿拉伯人一样。纤维的制备过程也有很大的不同，从没有做任何准备直到羊毛或其他毛发在纺纱设备上纺纱，将这些纱线精细地清洗，然后制成成捆的粗纱，其工艺制作过程如图1-3-5所示。

有些女性使用梳理机，有些则使用卷线杆去梳理羊毛。卷线杆通常是手工制作的，用于纺纱，通常被夹在左腋下，在纺纱时由左臂支撑着。卷线杆一般长为 12～18 厘米，商业用纱锭在其顶部有两个粗的十字和一个弯的钉子。手工纱锭是临时拼凑的，包括木制的架子、塑料碎片和金属板，一般手工制作的都有一个螺纹。同样的纱锭在纺纱时起固定作用。为了充分利用加捻作用，两团纱线被缠绕在一起，并通过将纱锭的主轴与手心一起转动，自由地将两根纱线从毛球中引导出来。

图 1-3-5 羊毛纺纱

3.3.2 染色

染色的量比较小，通常是全毛纱线染色。贝都因没有染色和纺纱行业。有些女人将纱线染色后，一部分为自己所用，一部分在市场销售。图 1-3-6 是贝都因手工纺纱以及人工将其进行染色加工。贝都因还有一些天然的染料，如姜黄、库尔库姆、干酸橙、路易米、指甲花、马德和石榴皮，Gurshromman，明矾用作媒染剂，可批量使用。在中年人的记忆中，一个叫做 Burnoog 或 Urjoon 的毒菌在中北部地区被用作染料和媒染剂。

1-3-6 染纱

媒染剂使自然的颜色都变暗了。吉吉·克罗克提到了在过去的几年里，阿曼使用的 Murex 外壳都被染成深红色和紫色。在沙特阿拉伯西部，这些颜色很常见，可能是用 Murex 制造的。I4 靛蓝的自然形态现在不被人所使用或知道。

现代作品中的 I5 染料质量很差，因为染料使用了大量的粉末状染料和少量的水，而且没有冲洗的习惯。这无疑是由于早期水的缺乏所造成的。颜色在阳光的照射下会保持良好的质地，但是如果衣服被弄湿了，颜色就会褪去。

3.3.3 刺绣和针织

内盖夫贝都因妇女的手工作品是基于刺绣和编织的传承技巧，产生了各种各样的图案，

图 1-3-7 刺绣和针织纺织品

展示了在平面和空间上的一种特殊的变换和运动方式。图 1-3-7 为一些来自沙特阿拉伯的绣花头巾和带有刺绣元素的沙特贝都因头饰。Frieze 或墙纸对称群以数学世界为标识，它们在这些不同的主题中都具有特色。

3.3.4 织造

地面织机非常简单，易于组装和拆卸，适合游牧或非游牧者。它由两根木头或金属制成，用作前、后横梁，还有一根杆子，用来堆在砖头、罐头、石头或木桩上。横梁被地面上的四根桩子拉紧，在它们之间经纱被紧紧地绷住编织。织机框架是在织造过程中产生的，并由交叉杆和木梭组成。这样可以使织造保持顺畅，使梭口分开。综框和综页去支持几组经纱，随着织造的进行，保持在原地，但是随着编织的不断进行也需要它向前移动。地面织机不是在织造过程中被提升的。织布工坐在成品布上，交替地更换梭口，将经纱放在综框后面的横条上。这是一项艰苦的工作，如同用木剑打在纬线上一样，两端都受力。在这一点上，编织者选择她想要织造方式，编织出她想要的图案。

不想要的经纱在打纬时被织机推到下面，并出现在编织的背面。纬纱是用一根细长的梭子插入到经纱所形成的开口中，然后将其移走，梭口会上下变化。打纬器再次被使用，因为它的剩余部分在开放的梭口的侧面。经纱按一定规律分成上下两层，供引纬器将纬纱引入通道——梭口，待纬纱引入梭口，两层经纱根据织物组织要求再上下交替，形成新的梭口。纱线会被紧密交织，形成平整光滑的织物。当不需要的时候，织布匠会把织布机收起来并储存，直到准备好下一次织布。

随着越来越多的织工定居下来，他们适应了越来越多的室内生活，因此能够在四季和

图 1-3-8 沙特阿拉伯编织产品

各种不同天气中织布。由于现有的贝都因人很少，所以很难从现在的情况来讨论这种模式的起源。织工本身并不知道比现在更古老的纺织技术或传统，其设计名称因部落、地区而异。妇女从她们接触的教师和纺织品中复制她们的模式。当然，有些图案，比如三角形，在当代中东艺术中随处可见；在古代，如建筑的锯齿、绘画的边界、珠宝的设计元素以及刺绣等都很常见，如图 1-3-8 所示。如前所述，可以在设计的织带和工件的纬纱部分创建图案。后者往往局限于三角形、菱形、矩形或方形，很少或没有代表性材料。

4 总结

随着社会的发展，阿拉伯国家受到西方文化的冲击，但是传统服装白大袍并没有受到冷落，至今仍相当流行。阿拉伯大袍历经千载而不衰，是它对生活在炎热少雨的阿拉伯人有无法取代的优越性。生活实践证明，大袍比其他样式的服装更具抗热护身的优点，使人在炎热的天气感到十分凉爽。本章介绍了阿拉伯传统服饰的历史发展过程及其分类，介绍了阿拉伯初期棉花种植以及纺织品贸易路线。接着介绍了阿拉伯不同地域的服装，分析了它们的特点和不同之处。其中谈到贝都因人制作帐篷及编织、纺纱、染色、刺绣等纺织过程，详细介绍了阿拉伯传统纺纱和织造工艺。

阿拉伯名族拥有悠久历史、灿烂文化和传统风俗，随着社会的前进、科学技术的发展、东西方文化的渗透和交流，阿拉伯人的传统服饰和习俗也在演变，他们的审美观、穿戴既蕴含传统色彩又带有现代气息。中国提出建设"丝绸之路经济带"和"21世纪海上丝绸之路"——一带一路，借助中国传统产业之一——纺织业为阿拉伯等中东国家带来新的发展。沙特阿拉伯人用其独特眼光和智慧来继承和发展其传统服饰，并不断融入新的元素，为世界上越来越多的人所熟知。

第二章 塞浦路斯

1 绪论

塞浦路斯即塞浦路斯共和国，地处地中海东部，是地中海地区第三大的岛国，人口数排名第三。它位于土耳其南部，叙利亚和黎巴嫩的西部，以色列的西北部，埃及的北部和希腊的东南部。塞浦路斯绝非只有慵懒的度假村，这个岛屿与其历史一样丰富多彩。这里有引人入胜的文化、生活方式和美景，以及热情好客的人们。

历史上，塞浦路斯在绝大多时间里为他国所统治，塞浦路斯的人口也因统治者的政策、经济发展状况及自然条件等因素而有较大变化。塞浦路斯是亚洲国家中为数不多的没有人口压力的国家，人口增长率相对较低。

1.1 欧洲和中东的博物馆——塞浦路斯

塞浦路斯气候舒适，景色宜人，岛民友好，且物价低廉，教育医疗水平高，是欧盟的后花园、最佳人居国度。塞浦路斯拥有欧盟最低税率，是企业进入欧洲、非洲和中东的跳板。塞浦路斯是经济发达、交通便利，是全球十大海运中心和世界公认的发达国家。此外，塞浦路斯爱神维纳斯的故乡，拥有上万年的历史和深厚的文化底蕴，这也成为吸引中国投资人去旅游考察的重要因素之一。

图 2-1-1 塞浦路斯博物馆

塞浦路斯是整个中东和欧洲的历史博物馆，其瑰丽的文化遗产令欧美、中东的游客为之着迷。岛民们自豪地说："塞岛有着得天独厚的地理位置，古代文明的物质遗产几乎每一方面都记录这个世界上第一个城市群诞生地千百年来的发展历程。"在岛上游览，每到一处都可以看到历史的遗迹：古代村落、城镇、庙宇、剧场、运动场、宫殿、墓穴、圆柱、堡垒和围城。

乔伊鲁科蒂亚是地中海地区最重要的史前遗址之一，展示了从公元前7000年到公元前4000年整个新石器时代居民的社会生活情况：防御性的城墙、圆形的建筑物以及坟墓。这里的出土文物证明此地区在人类社会发展中占有重要地位。

公元前9世纪因腓尼基人和埃及人的进攻遭到破坏，后来又经过火灾、地震等自然灾害的侵袭，最后留下5个神庙的遗址和石头城墙。在拉纳卡博物馆，收藏了很多基蒂翁出土文物和罗马时代、新石器时代的遗物。

库里翁是古塞浦路斯的重要城邦之一，在罗马时期是文化重镇。库里翁古罗马露天剧场（图2-1-2）始建于公元前2世纪，3世纪时这里成为斗兽场，特罗多斯地区拥有塞浦路斯最大的拜占庭式教堂和修道院建筑群。所有的九个建筑物上全部绘有大量的壁画装饰，表现了塞浦路斯的拜占庭式和后拜占庭式绘画的惊人之

图 2-1-2 古罗马露天剧场

处，其中具有田园建筑风格的小教堂和圣约翰·拉姆帕迪斯提斯修道院的精美装饰形成鲜明的对比。

遗址首次发现于1873年，20世纪30年代中期开始系统发掘。每年夏天，这里都要进行古希腊剧、莎翁剧及现代戏剧的演出。

圣纳帕最初是个小渔村，现在成为塞浦路斯著名的度假胜地。圣纳帕车站北面，就是圣纳帕修道院。传说16世纪时，一个猎人经过这里的山洞，发现里面藏有圣母玛利亚的画像，于是就修建了一座修道院。当时，这里周围都是森林，于是就起名为"林中贵妇"。

1.2 阿依纳帕博物馆

阿依纳帕博物馆（图2-1-3）以海洋为主题。其展品涵盖了从苍白的本体论到史前时期再到现在的时间跨度，包括古典时期（公元前400年）凯里尼亚古船的复制品，中石器时代（公元前9200年）的纸莎草复制品船只，19世纪的传统塞浦路斯船（被称为"帕萨拉"），塞浦路斯文物，塞浦路斯（8000年）特有的侏儒河马和大象的骨头和头骨，以及海胆、珊瑚等化石展品。此外，游客还可以欣赏在岛内各处可见的毛绒玩具、哺乳动物、海龟和海洋生物如贝类、藤壶、珊瑚、海胆、海星、螃蟹、龙虾、海绵、海洋植物等。

图2-1-3 阿依纳帕博物馆

图2-1-4 塞浦路斯传统装饰

1.3 傣里尼亚民间艺术博物馆

傣里尼亚民间艺术博物馆（图2-1-5）坐落在一座古老的传统住宅内，陈列着过去传统农耕家庭使用的日常农具和设备。露天传统民间艺术博物馆对面是传统的展览室，包括家具和鞋匠、木匠、裁缝、铁匠、建筑师、理发师、雕塑家、渔民和农民等，还举办展览以及民俗婚礼和其他文化活动。

图2-1-5 民间艺术博物馆一角

1.4 篮子编织博物馆——伊尼亚村庄

篮子编织博物馆位于伊尼亚村，在这里可欣赏到阿卡马斯半岛的壮丽景色。此博物馆收藏了一系列传统的编织品（图2-1-6)），包括托盘、墙饰、容器和鱼类收集器。由于其壮丽的自然风光，村庄以散步、拍摄和绘画而闻名。

图2-1-6 篮子编织

1.5 菲蒂织造博物馆

菲蒂村自中世纪以来就以其独特的编织风格而闻名于世。村里制作的纺织品被称为"Fythkiotika",因其设计多样、色彩丰富而脱颖而出。这种纺织品的样品在博物馆展出(图 2-1-7),人们也可以观看它们是如何制造的。织布博物馆位于帕福斯区的菲蒂村。

图 2-1-7 菲蒂村织品

1.6 塞浦路斯的纺织品历史

在这个岛上最早的人类活动要追溯到公元前 1 万年。从这一时期的考古遗存包括保存完好的新石器时代村落,都说明塞浦路斯是世界上一些最古老水井的所在地。公元前 2000 年有两波迈锡尼希腊人安居在塞浦路斯。

塞浦路斯这个岛国位于地中海。对于东西方的帝国来说,这个岛是一个理想的地方。纵观历史,这个岛曾被许多伟大的文明古国包括古埃及、波斯、古希腊和罗马帝国瓜分占领,从公元 364 年开始,塞浦路斯被拜占庭帝国殖民统治了 800 年。

从 12 世纪开始,这个岛经多次易手,直到 16 世纪初被奥斯曼帝国控制。1878 年这个岛被英国接收并在 1925 年成为了英国的殖民地。

塞浦路斯在 1960 年从英国获得独立。然而这个国家的不同派系却相处不好。从 1974 年开始,塞浦路斯被分成两部分:一部分由政府控制,另一部分为土族塞人。希腊人在南方,土族塞人在北方,在两边之间有一个缓冲地带,在这里驻有联合国维持和平部队。尽管这个地域很奇怪,但是塞浦路斯在 2004 年成为欧盟的一员。

1.7 塞浦路斯纺织服装业的著名人物

尼古拉斯·佩特鲁:尼古拉斯·佩特鲁是一位美国裔塞浦路斯时装设计师,纽约市的一位服装设计师。他出生在塞浦路斯的首都尼科西亚,高中毕业后搬到了英国伦敦,在那里他完成了哈罗学院的艺术和设计基础学习。之后,他在伦敦中央圣马丁学院修读了时装设计专业研究生课程,他于 1992 年毕业于圣马丁学院,获得文学硕士学位。

佩特鲁在 1993 年搬到了美国纽约,开始为几家时装公司设计服装,他的设计作品收到好评。1995 年,《纽约时报》称赞尼古拉斯·佩特鲁及其当时的设计合伙人迈克尔·隆德为新人才,他的作品集在时尚和其他著名出版物上展示,包括 WWD 封面、纽约时报 T 杂志、茫然迷茫、第七人、V-MAN、Vogue、Elle、Bazaar、Numero、W、Interview、Metal 和纽约时报。此外,佩特鲁还为许多名流设计服饰,如 Lady Gaga 和碧昂丝。2011 年,他在时尚书《不是玩具:阿托波斯和瓦西利斯的时尚和服装激进角色设计》中作为一个专题被介绍。

佩特鲁于 2006 年在纽约麦迪逊大街的一家商店推出了自己的私人品牌彼得鲁，这家店以高端女装系列为特色。

2009 年，他推出了以佩特鲁男士为名的高端男装系列，并在美国和中国香港地区销售。高端男装系列提供了"男士衣橱的新鲜风格"。Dazed Digital 公司首次推出的运动装解构设计，采用了蒙版皮肤，包括星星图案、色彩斑斓的图案。他的第二个系列"灵感来自游牧民族的生活，并将他们的旅行应用于他的运动装的混合体系中，通过织物和印花的结合创造出丰富、不同寻常的质地"。他的 2011 年春季系列主要使用米色和海军色、混合部落和民族风格的印花、精致的彩色鸟、蝴蝶和铁皮玩具的头饰。佩特鲁在接受采访时说，这个系列是西方风格的太平洋岛民和非洲影响的混合体。

佩特鲁于 2013 年 3 月推出了他的分拆商标，被彼得鲁男士称为观众的一个扩散线。首次系列获得好评，其中一件被收录在纽约时报 T 杂志"2014 年秋冬季十大单品"中。受到抽象绘画的启发，佩特鲁在棉和羊毛的混合纹理上尝试了扎染和酸洗技术，以创造独特的轮廓。

尼古拉斯·佩特鲁与史蒂芬·山布鲁克和 Veronika Georgieva 等许多艺术家以及 Henrik Vibsko 合作为 Daced & Confused 的封面，封面是由 Kacper Kasprzyk 拍摄并由 Robbie Spencer 设计。他还为纽约舞蹈公司 Chamecki Lerner 设计了服装。他也是纽约市场的创始人和创意总监之一。

图 2-1-8 侯赛因·卡拉扬

候塞因·卡拉扬：候塞因·卡拉扬（图 2-1-8）1970 年 8 月 8 日出生于塞浦路斯，土耳其时装设计师。他曾两度获得英国设计师奖（1999 和 2000 年），并于 2006 年获得 MBE 奖。

穆沙法·阿斯兰特：穆沙法·阿斯兰特（图 2-1-9）出生于塞浦路斯，土耳其裔塞浦路斯时装设计师，目前居住在英国伦敦。阿斯兰特于 2005 年毕业于伦敦时装学院，之前曾在塞浦路斯学习室内建筑。他在 2007/2008 秋冬季的时装设计有非常显著的影响。

艾乐娜·皮塞拉：艾乐娜·皮塞拉是设在塞浦路斯的 elPSARA VIP 手工泳装的设计师。elPSARA 为男性和女性定制服装，以及泳装、比基尼健身衣和内衣。她的设计已经出现在塞浦路斯各地的各种表演中和出版物上。

图 2-1-9 穆沙法·阿斯兰特

2 塞浦路斯织造工艺

在现代以前，一个好的塞浦路斯家庭主妇需要掌握织造技术和织造原料的加工，女孩从小就学会了这些苛刻的过程。佩特鲁的电影《塞浦路斯的织女》（2008 年）显示，大约半个世纪前，编织是塞浦路斯女性主要消遣时间的方式之一，所以织布机作为塞浦路斯家庭不可或缺的一部分。

现在情况已经改变，只剩下很少的织工和织机了。编织的图案是在当地创造的，因此，塞浦路斯的不同地区有自己的当地传统编织设计。然而，织布工将自己的想法加入传统模式是很常见的。菲蒂的村庄以其最著名的塞浦路斯的名字菲斯卡特卡而得名，其特征是凸起的多色几何图案，被编织成自然色织物。典型的有蓝色、红色、绿色、橙色和黄色纱线，这些放置在垂直织物的线之间的彩色线通过织机织造到织物上。图 2-2-1 所示为塞浦路斯女织工。

图 2-2-1 塞浦路斯女织工

这幅来自《国家地理》杂志上文章的题目为《阿芙罗狄蒂岛》的塞浦路斯女织工的照片是 1920 年买来的。在 2013 年，这个岛国的经济失败已经成为头条新闻。在谈判敲定欧洲联盟救助计划时，最终 100 亿欧元贷款使所有银行都关闭了，公民们在 ATM 机前排队，而这些 ATM 机有严格的取款限制，以防止使银行发生可能的灾难性运行。

塞浦路斯并不是第一次面临财政压力。十字军东征期间执政的圣殿武士就曾征收重税，把人民的钱投入到精心制作的昂贵的教堂和城堡中。在奥斯曼帝国从 1571 年到 1878 年统治塞浦路斯时，也征收了重税。英国于 1914 年吞并了该国，并继续以高税率向公民征税。1960 年 8 月 16 日，塞浦路斯成为独立的共和国。

今天，这个国家在占人口近 80% 的希腊民族和以塞浦路斯北部为中心的土耳其族中分裂。德国考古学家在 20 世纪 10 年代拍摄的这张照片突出了编织曾经在岛屿文化中发挥的关键作用。

尽管不再广泛流行，织布是当时塞浦路斯妇女赚钱的一个重要途径，也是塞浦路斯家庭不可分割的一部分。妇女编织床单、手帕、衣服甚至内衣。

复杂编织物的出口价格相当可观，像这样的城市的丝绸产品往往被认为是国外的艺术品。这些色彩缤纷的设计让女人们深入到白色纱绕的织造工艺中。

3 塞浦路斯的传统服装

过去，塞浦路斯纺织行业主要属于女性的工作领域。在现代以前，传统迫使女孩们在10岁时就开始准备嫁妆。妇女在传统塞浦路斯社会中的作用非常有限，已婚妇女被限制在家中。除了要求较高的家务劳动外，她们还得抽出时间为家庭制作纺织品，并为家庭赚取额外的收入。因此，纺织品制造也是女性和女性社会的必需品。由于塞浦路斯妇女今天有更多的选择，许多人不选择参与纺织工艺。但是，这些传统的纺织工艺品仍是塞浦路斯文化遗产的重要组成部分。传统的纺织技术，莱夫卡瑞特卡和编织被视为塞浦路斯纺织品文化遗产的关键。

3.1 莱夫卡瑞特卡

塞浦路斯南部的莱夫卡拉村的妇女已经用几个世纪的时间织造花边，被称为莱夫卡瑞特卡，是一种几何图案的特殊白色刺绣。根据莱夫卡瑞特卡的工作受威尼斯式花边作品的影响，在威尼斯统治期间（1489—1571）被带到了塞浦路斯。15和16世纪，当塞浦路斯成为重要的纺织品生产和贸易中心时，莱夫卡拉绣花纺织品被出口。1900至1930年期

图 2-3-1 莱夫卡瑞特卡服饰产品

间，国际销售为莱夫卡拉村带来了比塞浦路斯其他地区更多的财富，并改变了村庄的经济和社会结构。当时蕾丝制造是莱夫卡拉妇女的主要收入，并促进了她们在社会中的作用。莱夫卡瑞特卡一直保持着名声，现在莱夫卡拉村还有几家销售莱夫卡瑞特卡产品的商店，以及联合国教科文化组织。莱夫卡瑞特卡技术包含手工艺、缝制的线迹和不同的针脚路径。现在它主要是在白色或浅棕色的亚麻桌布上制作的，颜色为白色、亚麻色和棕色。虽然只需要几个工具——精细的缝纫针、小型剪刀、卷尺、顶针和特殊的枕头，但生产过程中需要大量的劳动力。现代莱夫卡瑞特卡在每件作品的刺绣量和每个设计的细节方面已经大大简化。鉴于其审美、社会经济和传统价值观，教科文组织已将莱夫卡瑞特卡列入其"人类非物质文化遗产代表名单"（2009年）。今天，游客购买大多数莱夫卡瑞特卡产品。然而，即使在莱夫卡拉的乡村商店，也有一部分被来自中国生产的较便宜的复制品所取代。为了保证手工制作的蕾丝花边的独创性，一些店铺只销售具有欧盟认可标签的产品。

3.2 菲斯卡特卡和菲沃丽特

自中世纪以来，菲蒂就因为奇特的机织物风格而被广泛认知。在这个城市手工纺织品

非常出名，拥有多样的设计和丰富多彩的颜色。这类纺织品在博物馆里有展示，而且你可以在里面看到这些织物是怎么做出来的。

2016年塞浦路斯非物质文化遗产添加了几项新项目，新增项目包括来自尼科西亚郊区的传统红土陶器、帕福斯的影子剧院、卡拉福斯村的蕾丝、塞浦路斯传统婚礼、拉皮斯村的陶瓷和帕福斯菲蒂村著名的手织纺织品。

图2-3-2 菲蒂机织博物馆

图2-3-3 蕾丝"菲沃丽特"

图2-3-4 菲蒂村著名的手工纺织品

3.3 塞亚

所谓的"塞亚"是一件在前面和两侧都有开口的服装，而且直到19世纪，女人都穿着它；裙子里还穿了一件衬衫。女性穿着长长的内衣，覆盖双腿到鞋底。显然由于严格保守的生活方式，过去的妇女要掩盖整个身体。她们会在内衣的边缘刺绣（在小腿直到脚踝部位）。

直到19世纪，在塞浦路斯的大部分城市和农村地区，"塞亚"前方和侧方开放都是很正常的。在20世纪初期，卡帕西亚和帕福斯的更为遥远的地区仍然保留着当地的特色。

"塞亚"是用锦缎或丝线织成的高级织物制成的。她们还使用了来自叙利亚的丝绸织物，由当地的织布工复制被称为"山姆"。"塞亚"在各个地方稍有不同。"塞亚"在东塞浦路斯地区被称为"卡拉皮斯特卡"。

"塞亚"服装是一件带有腰部或褶皱的服装，在塞浦路斯的农村地区，特别是在平原和山区的妇女穿着它。她们习惯穿的这种衣服根据地区和使用情况略有变化。例如，在山上，她们穿深色，而在平原上，她们穿着更生动的自然色彩。母乳喂养所

图2-3-5 19世纪末的"塞亚"和20世纪初的"福斯坦尼"

图2-3-6 19世纪末卡帕斯亚的服装"塞亚"

图2-3-7 19世纪末塞卡

需的乳沟刺绣也是多种多样的。

妇女们习惯穿着裙子并戴有绣花围裙，但是她们更喜欢戴日常衣服的简单围裙。

尼科西亚的服装是在 19 世纪下半叶穿的。它包括一条宽的丝绸短裙，一件有袖紧身短上衣，一件衬衫和一件菲斯或披肩。

图 2-3-8　卡帕斯刺绣

3.4　塞浦路斯传统的男女服装

塞浦路斯人的传统服装在婚礼上和节日里穿着。男性穿宽松的黑色短至膝盖的裤子，明亮设计的黑色背心，高大的黑色靴子。

塞浦路斯人的衣服让那些穿着它的人感觉到舒适、美丽和优雅。用于生产传统塞族服装的材料是当地生产的棉布和丝绸。用于服装外部的特定布被称为"埃拉特扎"（由棉制成），通常具有白色底部和传统颜色，深红色、蓝色、黄色、橙色和绿色的细垂直或交叉条纹。对于休闲 / 日常男士衬衫和女装，"埃拉特扎"通常是蓝色的白色条纹。

3.4.1　女性服装

女性服饰基本分为三种类型："塞亚"、头饰方巾和尼科西亚城市服装。

塞浦路斯女性服装基本上由外衣、衬裙和围绕脚踝的独特长裙裤组成。

直到 19 世纪，在塞浦路斯的大多数城市和农村地区，"塞亚"是一种在前方和侧面开放的工装。在 20 世纪初期，卡帕西亚和帕福斯的更为遥远的地区仍然保留着当地的特色。

"福斯坦尼"是一件连身的褶皱连衣裙，是塞浦路斯农村地区，尤其是平原和山区女性穿着的上衣，在 20 世纪 50 年代，这 10 年是农村现代化的转折点。节日里妇女穿着福斯坦尼并戴上一条绣花围裙。在帕福斯，"塞亚"被排在福斯坦尼的后面，因为福斯坦尼穿着比较容易。塞亚和福斯坦尼这两种衣服在前面有一个大的椭圆形开口，有助于母乳喂养。

不仅在农村，而且在城市，世界盛行的女性头饰是不同颜色的细棉方巾，深红色、深绿色适合年轻女性，棕色适合老年人。最好的方巾是用钩编、皮皮拉、各种图案装饰，以基本图案命名。方巾对角折叠，三角形后面，两个松散的端部转回来，绑在一边高，以便显示它们的花边边缘。

从 19 世纪下半叶开始，在尼科西亚和其他城镇，例如希腊城市地区，所谓的阿马利亚服装的变化体流行起来，这种类型的服装也扩散到塞浦路斯广泛的农村定居点。它包括一条宽的丝绸裙子、一件短袖的衣服、萨卡、一块非斯和头巾。

年轻女孩将头巾戴得很高，露出额头。因为据一付塞韵的对联，头饰戴得很低的人，被辱称为 chamiloskoufomenes。头发在中间分开，编成两条长长的辫子。老年妇女、寡妇和哀悼者戴黑色头巾，其上还有另一块黑色的头巾，像发网一样覆盖着头发、额头和耳朵，被称为司库福马。

加盖印花的方巾取代了早期的用彩色丝线和金属丝刺绣的方巾。根据一位19世纪塞浦路斯游客，当时尼科西亚上层妇女与其他城镇妇女戴的亮蓝色、黄色和棕色围巾不同，戴的是透明的白色丝绸面纱。

富有的资产阶级女士们戴着被称为口拉尼特卡的奇异多色丝巾。这些用植物着色剂染色的红巾有鲜明的色彩，主要是朱红色、克拉缇、金色和绿色。这项技术专属于口拉尼村，这些非常珍贵的方巾主要出口到卡斯特洛里佐岛。

在特罗多斯山区的村庄里，妇女们头戴毛巾。在节日头巾的一角绣花，新娘头巾上绣的是一只鸟，一般是孔雀或一朵花，可以在后面的三角上形看到。

19世纪的乡村妇女穿着靴子和淡黄色的皮革拖鞋，到了20世纪，黑色女鞋则变得时髦起来。在农村地区，特别是在山区，妇女们穿着和制作流行的男士靴子或者坡蒂尼斯一样的工匠制作的靴子。

在卡帕西亚和平原的其他农村地区，夏天在田野里劳动的妇女挽起衣服，把它们放在腰间。有些只穿着衬衫和戴着领结，用一条斜着折叠的黑色头巾临时作为腰带系在腰部，头巾尖头在身后。与秦码类似的是富塔斯，一块长方形的布料，斜对着并绑在前面。它像一条宽腰带一样系在腰上，覆盖下面的衬裙。在城镇里，妇女在浴室里使用富塔斯。帕纳也是一种服装，塞浦路斯的山区妇女穿着，作为节日服装的一部分。一些新娘服装还包括一条用金属线绣制的天鹅绒腰带并用银扣扣紧。城镇妇女系的宽阔腰带的两端有丝绸刺绣，前面有两个大的金属扣。塞浦路斯首饰由尼科西亚的当地金匠制作，并饰有金银丝刺穿，经锤打和铸造装饰制成的。

塞浦路斯女性服饰的两大类别可以区分为城市和乡村。前者显示出更多的欧洲影响力保留了更多真实的当地文化特征。最具代表性的农村服装是卡帕西亚（卡帕斯亚）和帕福斯、梅萨里蒂基和奥里尼服装。

直到20世纪初，城镇和乡村妇女才开始穿着萨迦。这种衣服很长，在前面开口，露出衬裙和脚踝长裤。城镇妇女穿着的是奢华织物制作的萨迦，如锦缎或金绣丝绸，因此塞浦路斯在中世纪尤其出名，特别是在吕西尼昂国王统治时期。来自叙利亚的条纹丝绸材料埃拉特扎也被使用，据说这是由当地的织工模仿从朝圣者带回到耶路撒冷圣墓的材料而制作的。

从19世纪起，萨迦逐渐被短上衣和裙子所取代。泛希腊阿马利亚服装的塞浦路斯版本的特点是来自尼科西亚织物的艳丽丝绸裙子福斯坦尼，它是用黄色、橙色、绿色和大地色调的植物进行染色的。

裙子外面穿着一件短而合身的叫做萨卡的夹克，其胸前有一个大开口，并且有长袖子。最好的衬衣是在尼科西亚生产的，因此那里的裁缝享有很高的声誉。这些裁缝在塞浦路斯全国各地缝制和绣制精美的服饰、女式夹克、男式背心和短夹克。为了得到"最好的服装"

而使用当地的布，即使是黑毛呢毡或者天鹅绒也会用作面料。刺绣是用缝制的金属丝线或真丝线进行的。

在萨尔卡，穿着的豪华纯丝绸衬衫可以看到胸前和袖子。它的正面开口大，迪基和长的玛尼卡特或袖口点缀着精致的丝绸钩针花边、皮皮拉花边。

深红色的菲斯经常装饰着一串钩针花，带有丰富的黑色丝绸流苏。为了展示皮皮拉花边，并用特殊的装饰销钉或一朵鲜花固定的印花头巾依然被保存下来，富有的新娘用珍贵的珍珠和假花装饰头饰。

在岛上的大村庄，这种城市服装的变化被节日装或婚纱采用。20 世纪末，一位英国女士游览了拉皮斯镇，她描述了当地妇女在盛会上所穿的"最好的"服装："农民的衣服风景如画，当然也变得更年轻人，黄色或深红色的鞋子，白色的短袜，系在脚踝上的宽松的白色长裤，明亮的棉质裙子和布满刺绣的紧身胸衣（一般用天鹅绒制成），胸部上方的低方块上有一块透明的材料，手臂上戴着无数玻璃手镯。她们系上了一条丝绸手帕，并把两根长长的辫子收起来。一束杰西敏和甜香的天竺葵叶子紧紧地系在一边，是精纺丝花的半花环，效果非常古朴、漂亮，适合大多数农民所具有的经典特征和明亮的黑眼睛。少数有一些彩绘线条，所有婴儿的被子上都有黑线。据说，这样可以让眼睛保持凉爽，并保护它们免受苍蝇的袭击。（史蒂文森夫人，《我们在塞浦路斯的家》，伦敦，第 56 页。）

与经常成为社会阶层标准的城市服装相比，农村地区相对统一。节日礼服通常也是新娘服饰，一些配饰和特色猩红色头巾，一些地区婚姻的第一年穿戴，是新娘与其他女性客人区分的唯一特征。新娘还在她们的头发上辫上长长的电线，这些电线就像隐藏在脸上的面纱一样垂下来。在一些地区，如卡帕斯亚和莫尔地区，有一个特殊的新娘头饰，社区中只有少数妇女知道如何安排。

卡帕西亚偏远地区的女性服装是所有塞浦路斯乡村服饰中最富有，也是最为单一的，其中较早的装饰品类型和技术也得以存续。在这里，在 20 世纪的前几十年里，塞亚作为基本的过渡服装摇摆不定。

图 2-3-9 帕卡斯亚女性服装

卡帕斯亚塞亚的特点是在一边开有允许容易移动的大的狭缝，刻板的直剪。一个方形的流苏围巾设计，在对角线折叠，三角形放在后面。通常情况下，裙子会比裤子略短一点，这样裙子下摆处的刺绣品就会露出来。

由它的用途决定的那种变化的外观是通过缝制的材料和装饰的方式来实现的。节日和新娘的塞亚是由骆驼色棉布埃拉特扎与五彩水平条纹布制成的，它是领口、袖口和侧面开口处镶有金属或多彩的粗棉线和毡片的贴花编织物。早期类型的白色丝绸和棉布背面有颜色的条纹这种装饰特别令人印象深刻。袖口的棉内衬印有树枝图案。白色织物的另一种是棉布，用白色的贴花刺绣和彩色的珠子做成，后面还有一条白色的绣布。卡帕斯亚的女性以她们所说的技巧而著称，正如一位英国女士访客告诉我们的那样："女性以刺绣著称，而且确实可以非常漂亮地装饰这些衣服，我选择了一块白色的布，用淡蓝色、黄色和粉红色的丝线，以及与针迹交替缝制的相同微妙色调的小珠子，我还选择了另一块也是本土制造的条纹的东西，绣有黑色和深红色图案的布，用金银线缝合起来。（斯科特·史蒂文森夫人，同上，第262页）。

与在塞浦路斯其他地方穿戴的那些没有绣制的服饰对比，那些穿着卡帕斯亚节日服装的人，她们穿着的丝绸和花边所有的部分上装饰着彩色珠子，这些部分显示在萨加（dickey、侧开衩、袖子）之下以及下缝。在"最好的"棉质裤子的底部，在衬衫下面可以看到一束浓密的织布绣。这个点缀的简单版本是用水平条纹的茧丝实现的。卡帕斯亚其余的布料和装饰品种类繁多，受到该地区丰富的编织和刺绣传统的影响。

达埔来娓是当地一种特殊的服装，一条白色的褶皱裙子，站立的领子，实际上是用白色的珠子刺绣的裙子腰带。这条裙子和萨卡一起穿，而且是新娘服装的一部分。

卡帕斯亚最受欢迎的新娘服装是阿马利亚都市服装的本地版本。它由多色褶皱的棉裙组成，染成深红色，搭配穿着短夹克塞卡。当地罕见的塞卡样本已经从卡帕斯亚中幸存下来。这些都是由白色棉织物制成的，装饰有豪华的贴花和彩色珠子。

整个胸口都被珠宝覆盖着，如珊瑚、项链、凯泰尼和其他的十字架。腰间的腰带用银扣固定。头饰特别引人注目，猩红色的头巾，额头上有三个并排的带红色、黄色和绿色的头饰。头饰上附有一个银饰品、一条链子、硬币和彩色珠子，挂在新娘脸的两侧。

直到不久之前，帕福斯地区的人才穿上"噶玛西亚语"。它是由条纹棉埃拉特扎平纹织物和简单的绣花装饰周围的迪基和袖口。帕福斯萨那的裁剪有所不同，在侧开衩，宽松的裙子，而卡帕斯亚塞亚有更长的侧面开衩，使妇女的腿可以跨出。下面的长裤底部有丰富的刺绣。腰带是一条方形头巾，四角都有刺绣或白棉布刺绣，对角折叠成三角形。

帕福斯地区妇女穿着的腰部褶皱连衣裙福斯坦尼也类似于"塞亚"。它的圆形或方形假衬衫用多色捻线装饰。生活中必不可少的围裙上绣有十字绣。在以迈萨奥里亚平原为中心的城市丽赛斯、阿夏和莱夫卡特斯卡的大村庄中穿着的泛塞浦路斯乡村服装福斯坦尼，在材料的选择、剪裁甚至头饰上都有所不同。年轻女孩的福斯坦尼通常是鲜艳的条纹和格子花纹的埃拉特扎，有很多种用褶皱和辅料装饰的假衬衫，既可以由女孩自己绣制，也可以用花边和缎带装饰。

丽赛斯的女性仍然穿着现代版本的褶皱女装。老妇人和寡妇穿着买来的深蓝色或黑色的棉布制作的服装，年轻女性的服装则是黑色的胭脂红或威尼斯红。

节日头饰由两条方巾组成，内部的头巾覆盖前额和耳朵的一半，外面则是五颜六色的装饰。乌拉是彩色花边条，贴在两条辫子的头发的黑丝带上。在新娘头饰的长巾上有一根金属丝线，上面挂着几条不同颜色的方巾，一条接一条地露出钩针绣边。

头饰被三只银针固定在眉骨以上，而另外一些销子、链子和硬币悬挂在头上。整个装饰被猩红的头巾斯凯皮覆盖，一旦仪式结束，它就会被拿走。新娘双手捧住的绣花围裙是新娘服装的必备配件。

在冬季，梅索里亚妇女穿上家纺羊毛的针织披肩，被称为马林匹灵。

在特罗多斯山脉的山村，尤其是比奇利亚山谷，帕纳被称为最早的服装。根据描述，这是一种裙子，由两块布料包裹在腰间，并用扣子扣在前面。在它里面穿着一件长衬衫，帕纳前面的开口处被一条围裙盖住。长长的棉质内裤的刺绣底部装饰有小珠和亮片、绒毛。熟悉的泛塞浦路斯塞亚的棉织物埃拉特扎有时会取代帕纳。

在塞浦路斯的山区，人们穿着阴沉色彩的和通常是双色条纹的埃拉特扎福斯坦尼作为日常或者节日服装，取决于在当地的装饰。

这个地区新娘服装的特色是刺绣的羊毛头巾（长毛、长毛的金属丝、特丽雅被附着在上面），在这上面是著名的猩红色斯卡皮，它几乎覆盖了新娘的脸。其中最早提到的新娘头巾就是爱丽，它是一种透明丝绸面纱。

Alokoto：她们在头上戴着一个带有丰富的"Alokoto"的菲斯或侧面有个蝴蝶结的披肩。

Pipilla：她们过去常常在头上绑着一条披肩，它包着她们的头发，鞠躬的时候会到一边，这样就可以用一种花边材料"Pipilla"来展示。

Vroulia：年轻女性头发中间分开，梳成两条长辫子。（"Vroulia"）就婚纱而言，在塞浦路斯的大村庄中，她们穿着城市的服装，而在农村地区，她们穿戴珠宝和红色围巾，使新娘与其他女性客人区分开来。在卡帕斯亚，婚纱是由棕色埃拉特扎制成的。在金线上也有丰富的贴花刺绣，在"塞亚"下露出一件彩色毛毡和一件丝绸衬衫。

内衣：到达腿部的内衣是用织布机或手工制作的，并有刺绣。

妇女的首饰：塞浦路斯所有地方的庆祝服装都用珠宝来装饰，包括链子、十字架、项链、金耳环、手镯和戒指。最富有的都市女性服装的必备配件是各种各样的黄金首饰，表明她们的社会地位和经济地位。然而，大多数妇女穿着银饰和镀金装饰的节日服装，而村庄里的妇女往往穿着银色的和青铜装饰品的服装。最常见的是钉在头巾或胸前的钉子，胸前挂着一串串的链子，上面可以挂上小小的土耳其硬币、Paraoudkia、珊瑚或玻璃宝石、项链-Kertanedes和 Skalettes、各种十字架，如带有细丝球的珊瑚、耳环、手镯和戒指。

3.4.2 男性服装

Vraka（传统长裤）：它是由厚厚的手工制作的"Thimito"布制成的。他们缝制和使用足够的部分，以便它看起来簇管状。传统的塞浦路斯歌曲《Sarantapişimthimito ekaman mou mia vraka》中提及了使用的布料，强调了裤子的丰富性。他们用来制作裤子的布料一直是白色的，而专门的染色师则将它们染成黑色。上部有一条长长的蕾丝用来系裤子，这条花边通常是由灯芯绒制作的，被称为"Vrakozoni"。

衬衫：衬衫通常是用深色的丝绸面料由裁缝缝制而成的。他们还使用其他更便宜的面

图 2-3-10 男子服装

料制作衬衫。在过去，衬衫没有领子，但现在逐渐开始增加衣领。

津巴布尼（背心）：背心或"Zimbouni"就像整件衣服的外套一样，被制成像女性的不同种类的外衣"埃拉特扎"。它绣有五颜六色的图案，而日常的背心是深色和简单的。都市人穿的背心由黑色羊毛织物制成，甚至由天鹅绒制成，并用金属丝绣制。婚礼背心通常由深色天鹅绒制成，背面有丰富多彩的鸟和狮子刺绣。他们平时每天都穿棉质衬衫，而在星期天他们选择穿由丝绸制成的衬衫。

菲斯：男人头上戴着一顶菲斯，有时他们加了一条披肩绑在一边。

图 2-3-11 菲斯

Zostra：腰带或"Zostra"。这是一种羊毛腰带，通常有黑色和红色相间的条纹，宽约 20 厘米，长 244 ~ 305 厘米（8 ~ 10 英寸），边缘有梭织流苏。腰带被戴在腰部以覆盖表面并获得良好的外观。在腰带上，除了佩带匕首之外，他们还习惯于绑上一个编织钱包或者隐藏一个他们购买的单独的钱包。

Klatses：袜子或"Klatses"。大多数男人只在冬天穿袜子，只有少数人一年四季都穿袜子。他们的袜子是黑色的，而且长度达到了膝盖。有些人穿着羊毛制成的袜子，特别是妇女，使用羊羔羊毛制作袜子。

内衣：内衣像传统的塞浦路斯长裤（Vraka），但它是白色的，由法兰绒、棉花或木棉制成。内衣长度达到膝盖，并在其周围的边缘用带子系紧。如果内衣暴露在外面，那么就要比传统的裤子"Vraka"长 1 ~ 2 厘米。

靴子：牧羊人和许多农民曾经常常穿鞋匠制作的靴子，这些靴子下面有厚厚的钉子，而且很重。其他人曾经常穿"Skarpes"，一种无鞋带的厚鞋。富有的和地位较高的人都穿着所谓的"Frangopodines"，它们是由皮革制成的，可以染色。也有舞蹈演员在演出期间穿的靴子。

卡普托（大衣或外套）：以前的外套很沉重，由英国出口到塞浦路斯。他们过去称这些大衣为"卡普托"。

Kasketo（帽子）：有些男人曾经常戴一种帽子叫"Kasketo"，这些帽子是由羊绒制成的，里面有衬里。在村庄里，男人穿着一条黑色的披肩，但也有些人习惯戴草帽。有少数男人戴着一个头盔或"Rempoublica"。

男士珠宝：完成男装装饰的首饰是手表、链条和戒指，大部分都是由那些买得起的人戴的。

4 塞中关系与"一带一路"

"一带一路"是由中国国家主席习近平提出的"丝绸之路经济带"（从中国到欧洲的道路）和"21世纪的海上丝绸之路"（贯穿整个亚太地区的航道）的合作倡议（OBOR）。目标是建立连接亚洲、欧洲和非洲的贸易和基础设施网络。"一带一路"倡议侧重于加强"一带一路"沿线国家间的经济合作与联通。据中国驻塞浦路斯大使黄兴源介绍，由于其地理位置优越（欧亚非战略要地），航运业发达，塞浦路斯可以在推动"一带一路"建设中发挥非常重要的作用。

2017年5月14—15日在中国北京举办的"一带一路"国际合作论坛（BRF）上，塞浦路斯是由教育部长科斯塔斯·卡迪斯代表布鲁斯基金会出席，与中国签署了"高等教育共同承认协议书"，为塞浦路斯对中国"一带一路"倡议的支持提供了保证。有关中塞两国商业关系仍有很大的改进空间，塞浦路斯有许多产品（例如葡萄酒和奶酪）可以出口到中国，中国企业家在塞浦路斯也有很多投资机会，并且中国可以提供先进的生产可再生能源和太阳能电池板的系统。以上种种都可以增加中塞两国之间的贸易额。

"一带一路"合作可以加强两国人民之间的友好交往，增进了解，加深友谊，实现互利合作的发展。为了进一步增进两国人民之间的了解，促进中塞关系再上新台阶，中国驻塞浦路斯大使馆2017年4月份举办了"心连心"文化活动，中塞友好协会成立30周年之际，组织诸多文化活动，为了将中国和塞浦路斯同胞汇集在一起，加深感情。

第三章 黎巴嫩

1 绪论

黎巴嫩共和国（the Lebanese Republic）简称黎巴嫩，是西亚的主权国家。位于亚洲西南部地中海东岸，东部和北部与叙利亚接壤，南部与以色列（边界未划定）为邻，西濒地中海与塞浦路斯隔海相望，习惯上称为中东国家。黎巴嫩位于地中海盆地与阿拉伯腹地的交汇处，优越的地理位置促成了其丰富的历史，形成了宗教和种族多样性的文化特征。黎巴嫩共和国面积只有10452平方千米（4036平方英里），是公认的整个亚洲大陆上最小的国家。

1863年，黎巴嫩成为奥斯曼帝国的一部分。其目前的领土分为半自治的的贝鲁特区和黎巴嫩山区，由土耳其人任命的地方州长统治。它还包括大马士革省的一部分。该地区的经济主要依靠农业，尽管贝鲁特开始从通过港口的货物过境运输中获得可观的财富。当时移民到美洲的浪潮已经开始，特别是在基督教马龙派教徒中，这种移民浪潮受到了1860年德鲁兹教派起义以及随后该地区不稳定状态的极大鼓动。黎巴嫩始建于1761年，当时只是一个城镇，并于当年晚些时候定居。它位于康涅狄格河和马斯科马河的交汇处，使其成为运输资源的首选地点，为炼钢厂提供了基础的能源资源。黎巴嫩在纺织加工制造方面有着悠久的历史，近40年来依然严重依赖纺织业。铁路沿河流到波士顿的发展帮助巩固了黎巴嫩在纺织业的成绩。

随着纺织工业受到国外进口等经济变化的冲击，工厂关闭，黎巴嫩工业发生了变化。黎巴嫩开始招募和吸引清洁的高科技产业来取代失败的钢厂和铁路。因此，黎巴嫩现在是软件公司、高科技制造商和达特茅斯－希契科克医疗中心的所在地。黎巴嫩还拥有世界上技术最先进的等离子切割技术公司。黎巴嫩的纺织行业最近有所回升，也增加了其就业机会份额，成衣和纺纱厂为黎巴嫩的工业提供了大量帮助。

巴黎第三届捐助会议为黎巴嫩提供了超过75亿美元的发展项目。但是，黎巴嫩经济增长的方式是有条件的。因此，经济上有许多政策工具可以调节，使它对财政和政治上的变幻莫测具有免疫力，这也促进了从以色列－黎巴嫩真主党战争以来的持续增长。

1.1 14世纪的黎波里

的黎波里是黎巴嫩北部最大的城市，也是该国第二大城市。它位于首都贝鲁特以北85千米（53英里）处，是北部省和的黎波里区的首府。的黎波里俯瞰地中海东边，是黎巴嫩最北端的海港。它拥有四个离岸小岛屿，也是黎巴嫩仅有的岛屿。棕榈岛被宣布为保护区，因为它是濒临灭绝的赤蠵龟、稀有僧海豹和候鸟的天堂。的黎波里成为叙利亚的主要贸易港口，向欧洲供应糖果、面包和糖粉，特别是在14世纪后半叶。农业和小型产业的主要产品包括柑橘类水果、橄榄油、肥皂和纺织品，还包括棉花和丝绸，特别是天鹅绒。

1.2 18世纪的故事

1.2.1 沙欣家族的历史

阿尔弗雷德·沙欣作为成功的服装设计师和制作人，以及他的家族在美国纺织业的历史可以追溯到1888年，是阿拉伯裔美国人生产和销售纺织品悠久历史的一个方面。19世纪到20世纪早期，阿拉伯裔美国人在美国纺织业中的角色本身就是在大叙利亚大规模生产丝绸的痕迹，这些产品雇佣了许多最早的移民。

1882年，阿尔弗雷德·沙欣的祖父阿西·沙欣从黎巴嫩抵达美国，并于1888年开设了他的纺织品店。10年后，阿西·沙欣的儿子小阿西和乔治（阿尔弗雷德的父亲）从黎巴嫩来到这里，帮助他们的父亲扩大家族生意，在曼哈顿下城的"叙利亚区"有一家制造工厂和服装店。并在1917年在新泽西州克兰福德建造一家丝绸工厂，生意兴隆。1920年，阿西·沙欣和儿子们在纽约服装区的中心地带建立了一家大型制造工厂，和当时大多数的阿拉伯移民纺织公司一样，沙欣家族主要生产女装。根据卡米尔·沙欣撰写的家族史，乔治最终在新泽西州的蒂内克开设了自己的服装制造公司，在那里，阿尔弗雷德的母亲是家族纺织品生产的重要力量。

沙欣家族的纺织业历史以及整个阿拉伯裔美国人社区的历史都始于20世纪初的纽约市。在此将概述早期的阿拉伯裔美国人在纺织业中的作用，另外还关注女性在纺织品生产和销售中的作用。

1.2.2 早期的阿拉伯移民纺织工业

历史学家一直很重视早期从大叙利亚移民的职业。但在纺织业，丝绸、蕾丝、毛纺和成衣生产的工作，无论是在服装厂、丝绸厂还是毛纺厂，还是在家里制作一件丝绸衣服，都比当小贩更受欢迎，尽管可能不那么浪漫。19世纪晚期和20世纪早期的纺织工人、小贩，很可能是来自大叙利亚的基督徒，现在的黎巴嫩、巴勒斯坦和叙利亚。

叙利亚移民，无论男女，都很适合做纺织工人，因为他们家乡的丝绸传统。到了19世纪80年代，在黎巴嫩，最早的移民开始大规模地离开大叙利亚，"丝绸从一种辅助产品变成了黎巴嫩农民赖以生存的重要经济产品"。美国的丝绸工业，由于丝绸生产的历史悠久，在19世纪和20世纪早期，在大叙利亚的黎巴嫩地区，是阿拉伯移民纺织生产中最受欢迎和最突出的地区之一。

在《国土安全》和《移民之地》，以及当时出版的《叙利亚人的商业本能》中，丝绸生产的经验是分散丝绸厂、纺织厂和服装批发店的所有权。虽然这种类型的言论，比如"叙利亚人的商业本能"引起人尽皆知的刻板印象，即闪米特人对金钱很在行，甚至到了贪婪和"小气"的地步。证据表明，叙利亚移民擅长建筑，拥有和经营成功的纺织工厂的人比比皆是。一位历史学家认为，除了技术之外，成功还需要良好的"时机"，在20世纪之初第一次阿拉伯移民潮的时候写到，"奢侈品成为中上层阶级日益增长的必需品"，这对丝绸和蕾丝行业产生了积极影响。根据《时代》杂志的社论以及后来的历史学家伊芙琳·沙克尔、阿克兰·卡特和阿黛尔·尤尼斯的观点，阿拉伯移民想要迅速从移民阶层转移到崛起的美国中产阶级，而企业所有权则是通往成功的捷径。

在19世纪末和20世纪初，美国新泽西州被认为是丝绸之都。该州的工厂数量以及与曼哈顿和布鲁克林的大型叙利亚社区的距离非常近，以吸引许多大叙利亚移民到工业中心新泽西州帕特森和西霍博肯市。新泽西州帕特森又称"丝绸之城"。到20世纪20年代，在帕特森和西霍博肯拥有至少25家丝绸工厂，80%的叙利亚移民在这些城市当丝绸织工。不仅仅是新泽西，在罗德岛、康涅狄格、马萨诸塞、缅因和其他东海岸各州的纺织厂也吸引了在纺织厂附近定居的叙利亚移民。1910年，在罗德岛的黑石河谷地区，91%的叙利亚移民在纺织厂工作。在缅因州拥有阿拉伯移民人数最多，几乎全部来自大叙利亚的沃特维尔，

20世纪初一半的移民在该镇的两家纺织厂工作。到1930年，在沃特维尔怀恩多特毛纺厂的劳动力中有10%来自阿拉伯或阿拉伯裔美国人，其中大多是纺织工。从原材料的加工到成品的销售，整个纺织工业对于定居在纽约和波士顿等工业中心的阿拉伯移民来说，至关重要。尽管20世纪头几十年，美国东部沿海地区的纺织品生产商数量最多，但移民和第二代阿拉伯裔美国人最终还是在西部开店。例如1937年的《太平洋叙利亚裔美国人指南》中有很多广告都是关于"洗衣服""连衣裙"以及整个加州的内衣制造商，主要是在洛杉矶地区和太平洋西北地区。

马萨诸塞州、罗德岛州和新泽西州的工厂对整个美国经济都很重要，但在20世纪初，纽约是阿拉伯移民及阿拉伯裔美国人的经济中心，尤其是纺织业。1930年的叙利亚商业名录中列出了86个叙利亚移民拥有内衣公司，55个拥有服装企业，还有仅在纽约市的40家绣花手帕公司。社会学家卢修斯·霍普金斯·米勒也发现，在1904年，兜售是最受欢迎的职业，虽然只有微薄的利润，但越来越受欢迎。他调查了纽约的叙利亚社区，在曼哈顿和布鲁克林，发现30%的移民是商贩。但是工厂工作紧随其后，以26.8%位居第二，而在家工作生产丝绸和衣服的妇女则占了"工薪族"总数的12.5%。考虑到大多数工厂都参与了纺织生产，在纽约参与纺织工业的早期移民人数可能超过了贩卖的人数。更不用说米勒的数据显示，几乎有24%的移民工人在商店工作或拥有一家商店，其中许多商店专门经营成衣、面料、辅料以及蕾丝。成衣尤其是女性内衣，面料主要是丝绸和亚麻织品。其他历史学家写到，1915年的兜售已经"失去了主导地位"，并被零售业的工作和"针线活的职业"取代。

图3-1-1 1873年的三名黎巴嫩女性

1.2.3 19世纪女性与纺织品生产

女性在阿拉伯移民纺织生产历史上的作用至关重要。在大多数情况下，妇女在纺织生产所做的工作是在大叙利亚的丝绸作坊工作的延续。大多数未婚的妇女被派往工厂工作，为黎巴嫩农业经济衰退中挣扎的家庭提供急需的收入。阿克拉姆·哈特说："到了1880年代初，有一万二千名未婚女性和女孩在村庄外的工厂里工作，而只有一千名男性作为工厂监督员工作"。他断言，"平均每五个家庭中就有一个有女儿在这些工厂工作"。阿克拉姆·哈特认为，黎巴嫩的法国工厂老板雇佣女性是因为她们可以得到更少的薪水，而且被认为能够更自然地适应法国工厂的等级和家长制的环境。

2 黎巴嫩服饰文化

几千年来，黎巴嫩和黎巴嫩人民的文化从各种文明中涌现出来。它是腓尼基人的家园，后来被亚述人、希腊人、罗马人、波斯人、阿拉伯人、十字军、奥斯曼土耳其人和法国人占领。这种变化体现在黎巴嫩多元化的人口中，由不同的宗教团体组成，在这个国家的节日、音乐风格、文学、烹饪和建筑中都有体现。黎巴嫩著名的旅游业受到以黎冲突的影响，在这期间中断。

贝鲁特国际马拉松赛每年秋季举行，吸引来自世界各地的顶尖运动员。其间有为青少年和活泼的参与者举办的比赛，这种比赛成为有趣的家庭活动，许多人穿着奇装异服参加变成一种传统。

几千年来，黎巴嫩一直是几种文明交汇的家园，包括腓尼基人、希腊人、罗马人和奥斯曼人。目前，它是阿拉伯国家中在种族和宗教方面最多样化的国家之一。黎巴嫩首都贝鲁特曾经是中东的小巴黎。黎巴嫩最著名的传统服装是居住在山上的德鲁兹人的服装，他们的塔布帽是用毛毡做的，用金币装饰。在塔布帽之前，黎巴嫩德鲁兹人和马龙派女性都戴着用银或铜制成的圆锥形帽子，以示婚姻状况。

图 3-2-1 传统舞蹈表演

2.1 黎巴嫩女性的传统服饰

在黎巴嫩，城乡的服饰传统颇为不同，特别是女性的服饰。尽管如此，黎巴嫩传统女性服饰，不管城市和乡村都有一个特点。她们都试图覆盖大部分身体，包括头部。都市女性在离开房屋时穿着长长的黑色外衣。她们还用面纱遮住脸。当附近没有男性时，有时会脱掉头巾。尽管如此，头巾可以很快

图 3-2-2 黎巴嫩传统服饰

图 3-2-3 黎巴嫩现代新娘服饰

地戴好。来自农村的妇女戴较少的饰品，穿的衣服更简单。黎巴嫩的传统女装有一个特点：她们的长袖可以根据需要装上或拆下。这样的袖子有非常丰富的绣花和点缀。许多女性穿着这样的袖子，使平时每天穿的衣服更加美丽。即使在今天，五颜六色的绣花袖子也是与服装分开销售的。在晚餐或其他活动中，女性通常会将袖子系在背后，以保持袖子的清洁，并让其在跳舞时摆动。

黎巴嫩女性使用扎染的面料做衣服。手工扎染的布料有简单的圆点和圆圈图案，这项技术非常古老，但即使在今天，也被当地妇女使用，而且制作更加简单快捷。任何阶级妇女的传统服装，包括一件通常是长袖的长裙子，一件由缎子、丝绸或棉制成的短上衣，细微的刺绣和贴花，一件斗篷或一条围巾用来遮盖头部和身体，一条宽松的裤子。

在德鲁兹城市穿着传统服装已经不那么普遍了，但偏远的居民仍然这样穿。根据女性头饰也能区分其穿着者。例如，在贝鲁特看到的库尔德农村妇女头上挂着一条由折叠的羊毛围巾制成的大头巾，下面盖着一条白色的围巾；贝都因女性戴着黑色的丝绸面纱，覆盖了其头部和喉咙的两侧，她们用一根折叠的带子把它固定在前额上；德鲁兹的女人将白雪皑皑的白色面纱直接戴在头顶上，或者戴着一枚银色的大奖章装饰的王冠；黎巴嫩的穆斯林妇女蒙着面纱时，通常会戴上黑色的丝绸面纱。

黎巴嫩妇女穿的传统服装包括：一件长衬衫（kamis）、外套（kumbaz）、宽松的马裤（shintyan）、宽袖分体式背心（damir）、面纱（futa 或 shambar）、皮带（hizam）、裙子（tannura）。

2.1.1 Shatweh 头饰

耶路撒冷附近城镇拉马拉的妇女戴着与其衣服相同材料的帽子，帽子有一个狭窄、圆润的边缘，用一排坚硬的硬币缝制而成，从耳朵到脸。相比之下，伯利恒的妇女戴的是沙特，这是一种直立的帽子，由一块加了绗缝衬里的柏柏木制成，并披上一层白色的大面纱。

图 3-2-4 Shatweh 头饰

图 3-2-5 硬币缝制的 Shatweh 头饰

2.1.2 黑丝带

精致的传统发型曾经在黎凡特常见。今天在叙利亚库尔德人的村庄里，女人们编着17世纪的辫子发型，头发编成几根辫子，用黑色丝带加长，使它们几乎拖到地板上。在辫子的末端系上银或金的环，在头顶的头发上缠绕金链和鲜花。有时一串串硬币从耳朵到前额被固定。杰贝尔德鲁兹妇女也以相同的方式装饰她们的头发，用眼影来涂黑眼睫毛，手上和脚上都采用了非常古老的美化方式。

2.1.3 阿巴亚斗篷

在黎巴嫩，文化服装并不像巴勒斯坦等其他国家那样重要。许多穆斯林妇女的穿着像芭比娃娃，或者穿着长袍，也有的穿美丽的长礼服，有装饰品或缀着珠子。许多黎巴嫩人倾向于遵循西方的着装模式，穿着现代服装也有现代人。

阿巴亚斗篷很实用。早在16世纪，人们就已经知道阿巴亚斗篷的存在了。山地或沙漠居民可能会穿骆驼毛斗篷，它既能防热又能防冷，还透湿，它可在极端天气下披过头顶或者悬挂在肩膀上。温暖的天气可以穿由细毛编织成的多孔阿巴亚斗篷。有钱男人穿着白色或奶油色的阿巴亚斗篷，用金线在领子上镶边。一些阿拉伯国家的穆斯林妇女所穿的阿巴亚斗篷是由轻质黑色布料制成的。

现代黎巴嫩是一个非常时尚的国家，是整个阿拉伯世界最时尚的国家之一。但是今天大多数黎巴嫩人穿着西式服装，而不是自己的传统服装。在农村人们依然穿着黎巴嫩的民族服饰，传统保持得更加透彻。但是这个国家的传统服装和黎巴嫩的民族构成一样多样化。在历史上，这个国家被罗马、波斯、希腊、阿拉伯、奥斯曼帝国和法国统治过，都对黎巴嫩的生活和传统服饰留下了痕迹，这使得黎巴嫩的传统服装更加有趣。

2.1.4 腰带

城市妇女传统上戴着精美的大皮带，点缀着五彩缤纷的玻璃、宝石、玛瑙、珍珠等，皮带扣大而华丽。最漂亮和昂贵的腰带被用来搭配婚纱。另外，黎巴嫩妇女喜欢珠宝，她们穿戴很多的金银项链、戒指、耳环、手镯、发箍等。传统上珠宝的数量是财富的象征，也表示丈夫对妻子的爱。

图3-2-6 华丽的卡布鞋

2.1.5 卡布鞋

卡布鞋是一种非常寻常形状的木鞋，自14世纪以来，这种木鞋出现在黎巴嫩。富有的女性穿着华丽的卡布鞋（图3-2-6），饰以珍珠、精致的图案和雕刻，鞋子的上半部分是由皮革、天鹅绒或丝绸制成的。卡布鞋是全球十大最不同寻常的传统鞋子之一。

黎巴嫩和叙利亚的乡下男子穿着山羊皮手工制作的靴子，该地区 19 世纪的版画中出现过同样的设计，这些靴子有许多染成纯红色或黄色。此外黑色的拖鞋以及脚跟下部后背耐用的皮革凉鞋，也是该地区特色风格的鞋子。现在那里西方的鞋子也很常见。

图 3-2-7 卡布鞋

由于各种各样的原因，真正原始的历史服饰很难找到，它们十分稀少。许多人已经从老上流阶层的习俗中消失了，当衣服显示出任何仆人服饰痕迹时，往往被富人完全抛弃。

黎巴嫩妇女所穿的最典型和持久的鞋子之一是卡布鞋（图 3-2-7）。如今，在黎巴嫩的每一个地方都可以看到，尽管这是一种更简单的木鞋，而不是因为它是富人的花哨的礼服鞋。早在 16 世纪，黎巴嫩人就穿这种鞋，最初是一双木鞋。年轻的新娘们穿着 6 至 8 英寸高的卡布鞋，鞋上精致地镶嵌着珍珠。女性穿着这种鞋和她们的丈夫一样高。这种高跷似的卡布鞋是一种室内鞋，但今天的卡布鞋是一种室内和室外都可穿的凉鞋。它已经变成了简单的木屐，可以用华丽的颜色来装饰。阿勒坡的卡布鞋特别具有装饰性，许多现代女性把它们当作沙滩凉鞋或运动鞋。

在 1300 年的中东，木制高跷鞋装饰着贝壳和象牙，穿在公共浴室里，以防止受热和潮湿的地板。当人们走进来的时候，地板发出了像鼓掌一样的声音，所以这种鞋被称为卡布鞋。

2.1.6 面纱

现代黎巴嫩的面纱已经改变，不是多年前妇女戴的那种。妇女习惯于遮掩头顶，但是不管她们脸上是否披上了面纱，都取决于她们的宗教信仰和人生立场。乡村妇女戴着一种简单的小头巾，这些女性中的很多人用欧洲地中海国家常见的黑色蕾丝方巾。一些严格的宗教信仰者妇女用黑色的面纱遮住头部和脸部。德鲁兹妇女戴着白色的面纱，把面纱拉过脸，只剩下右眼。贝都因女孩头顶上戴着颜色鲜艳的头巾，边缘镶着蓝色珠子，象征着好运。

头巾不是黎巴嫩文化的主要组成部分。今天的女孩也戴着伊斯兰头巾。现代女性重视她们的黎巴嫩文化，并强调她们的孩子也重视。穆斯林妇女通常戴头巾，但在黎巴嫩的基督徒妇女也披着斗篷，围巾和面纱掩盖她们的身体。

图 3-2-8 戴着头巾的阿拉伯妇女

2.1.7 Tantour 头饰

一种经典的黎巴嫩头饰被称为 Tantour（图 3-2-9）。它是一个非常高的锥体，在其顶部附有一块长布，通常是丝绸或丝织物，布料在头饰后部。传统上，这是已婚妇女的潮流。这种头饰的起源尚不清楚，尽管 13 世纪的蒙古和一些中世纪的欧洲国家也采用了类似的头饰。

图 3-2-9 黎巴嫩传统的 Tantour 头饰

另一方面，来自黎巴嫩卡尔塔巴的希腊罗马浮雕的证据显示，在黎巴嫩，比十字军时期还早的时候，有人戴着一种带面纱的圆锥头饰。在 19 世纪初，这个潮流最受欢迎。1850 年以后很少见到，其高度和构成与其所有者的财富成正比。最辉煌的是黄金制作的，高达 76.2 厘米（30 英寸），它们镶嵌着钻石、珍珠和其他珍贵的珠宝。一些 Tantour 头饰是用银制成的。为了把这个笨重的头饰固定住，在底部穿孔，以便用缎带戴在头部。一条丝巾缠绕在头饰的底部，白色的面纱从头顶飘下。

这种头饰是山区已婚妇女的潮流。年轻女孩很少戴，除非出身高贵。丈夫在婚礼当天，按习俗向新娘赠送这种头饰作礼物。因为这是一个尊贵的头饰，据说它很少被摘下，即使是睡觉。

在所有黎巴嫩头饰中，最精致的部分就是由已婚贵族妇女戴着的银色圆锥 Tantour 头饰（图 3-2-10）。现在这种头饰已经过时了，但是人们可以在博物馆里了解到是如何戴的。从 18

图 3-2-10 戴着 Tantour 头饰的新娘

世纪末起这种头饰就已经出现了，但是它的历史可以追溯到更早的时候。人们认为它可能与《一千零一夜》中描述的一样。此外，在 15 世纪十字军东征时期，黎巴嫩妇女头饰与欧洲女性的圆锥形头饰很相似，导致了可能是十字军在黎巴嫩引入这一潮流的假说。另一方面，来自黎巴嫩卡尔塔巴的希腊罗马浮雕显示，比十字军时期还早的时候，黎巴嫩妇女就戴着这种带面纱的圆锥头饰。

2.2 黎巴嫩男性和女性的传统服饰

2.2.1 库布兰

在黎巴嫩传统服饰中，有一种已经消失了的服装就是库布兰。100 年前，库布兰是一种长袖波雷罗外套，而今天它仍然作为一件短背心的日常服装。这种短背心被认为起源于巴尔干，在 19 世纪初期被马美鲁克斯人穿着，直到 1850 年，市民也主要穿着这种服装。之后也被登山者采用。库布兰一直是一种装饰性服装，传统上是用金线、银线或锦缎绣的天鹅绒制作，接缝通常用编织方法。今天看到的库布兰通常是锦缎背心，在前面有一排结实的编织纽扣。库布兰是男人和女人都穿的传统服装。

2.2.2 Jubbe

Jubbe 是一种典型的外袍，主要由贝都因人在白天穿，但偶尔也会出现在山区农民身上。贝都因人的 Jubbe 是一种没有衣领和纽扣的到臀部的长夹克。袖子套在自然肩线以下。它可以在侧面解开，通常其前后装饰系用编织的形式。贝都因人的 Jubbe 由黑色或蓝色羊毛制成。18 世纪时，Jubbe 也指一种长斗篷。

2.2.3 甘巴茨

除了贝都因人和摩苏尔人之外，黎凡特和库尔德妇女的传统外袍被称为甘巴兹。这是一种装饰性服装，传统上奢华的面料如天鹅绒、锦缎和丝绸是首选。由于胸部被认为是母性的象征，所以在已婚妇女中，甘巴兹的领口通常较低。一段时间的甘巴兹有宽阔的袖子，但今天袖子通常穿在手臂上。裙子的廓形比较宽松，或者在侧面分开，以露出里面的另一件衣服。

今天的甘巴兹更为人所知是男性的服装而不是女性。它是村民和贝都因人的日常长外套，大马士革的大多数男人都穿这种服装的。甘巴兹有时是用普通的彩色棉花或羊毛制成的，但是传统的面料是条纹布，并且是专门为此而编织的。这种衣服是长袖的，衣身也很长，一直到达脚踝。

黎巴嫩的服饰文化融入人们生活的每个方面，随着地区、食物、文字、方言和服饰的变化，不同的宗教和地区的服装和生活方式都略有不同。但它们似乎都融合在一起创造了这种文化遗产，使得这个国家不仅如此多样，而且文化如此丰富。

2.2.4 低裆裤

传统服饰中最重要的一种是低裆裤如（图 3-2-11）所示，这是一种宽松的裤子。低裆裤是村民和山区居民中流行和实用的服装。穿着者越富有，其低裆裤越宽，腰部越丰满。精良的低裆裤由细羊毛制成。

低裆裤（sherwal）一词源于波斯语。严格来说，这是一种外穿的裤子。把这种裤子当内裤穿时，它被称为 libas。有些人认为，公元前 6 世纪波斯人可能就把低裆裤带到了黎巴嫩。在罗马时期，低裆裤被称为帕尔米拉的时尚，显示了当时的流行程度。

图 3-2-11 低裆裤

2.3 黎巴嫩男性的传统服饰

黎巴嫩男性的民族服饰通常由宽松的裤子、衬衫、背心、夹克或斗篷、腰带、头饰和鞋子组成，通常是多层的。尽管喜庆时服装的颜色更加明亮，但暗色仍占主导地位。条纹布也常常用来制作男装。

日常传统服饰由黑色或蓝色宽松裤子、白色衬衫、黑色背心、黑色或红色环绕带、鞋子和头饰组成，这样的服饰在农村还是可以看到的。因为传统男性服装在当地的气候条件下非常舒适，所以黎巴嫩男人不急于摆脱传统的服装。在节日里黎巴嫩的男性服装很明亮并有一些装饰，夹克和背心上点缀刺绣、阿特拉斯缎带和金属装饰，不同之处在于面料，而不是在服装的裁剪方面。

黎巴嫩男子的传统服装是穿着较短的衬衫以及织物腰带和外套，他们也可能还穿戴以下服饰：背心（jubbe）、无袖背心（sidriyye）、宽斗篷（abba）、冬季用毛皮大衣（farwa）、小帽子（takiyye）、头布（kufiyye 或 hatta）、头绳（agal）、头巾（laffe）。

2.3.1 Labbade 帽

北黎巴嫩的基督徒登山运动员戴一种高的 Labbade 帽，这是骆驼毛制作的锥形帽。Labbade 帽是乡下人的一件非常古老的头饰。学者们认为它可能早在腓尼基时代就已经有了。在黎巴嫩挖掘出的小腓尼基雕像上有同样的锥形帽，而阿勒颇城堡的浮雕也描绘了戴着帽子的男人。

2.3.2 塔布什帽或非斯帽

在黎凡特的所有男性头饰中，西方人最熟悉的是塔布什帽，其他地方叫作非斯帽。虽然它的形式在不同的时期稍有改变，但它的基本形状始终是相同的，而且总是红色的。阿拉伯语中早在 16 世纪就有这个帽子了，它的起源可追溯到奥斯曼人掌权小亚细亚地区，黎巴嫩、叙利亚和约旦受到奥斯曼帝国入侵的影响，在入侵之后，塔布什帽逐渐取代了当地的小便帽，即"塔奇亚"。

在现代的黎巴嫩，村民可能戴一顶红色的塔布什帽，而不是 labbade 帽。

图 3-2-12 Labbade 帽

图 3-2-13 塔布什帽

2.3.3 阿巴

阿巴是另一种外衣。这个名称是几件外套的总称，但在中东地区，通常被认为是一件短袖的长度到膝盖的外套，尤其是德鲁兹人穿的外套。德鲁兹人可能会穿着黑白条纹的阿巴（阿拉伯语词汇中被称为 khalwatiye），也可能会穿红白条纹的衣服。有一种阿巴用线条刺绣装饰，这种有缀饰的阿巴又被称为 shabablikiye，这是一种青年服装。哈斯拜亚是德鲁兹地区许多用手工织机织造阿巴衣服面料的村庄之一。

2.3.4 阿加尔

贝都因人戴的一种头饰叫阿加尔，是一种毛绳头箍。通常是白色、黑白相间或红白相间的头箍，以合适的角度戴在头部。（图 3-2-14）

图 3-2-14 阿加尔

今天在阿拉伯国家可以看到许多可爱的服装，这里并没有提及所有的服饰，因为在此强调的是黎巴嫩和叙利亚的服饰。对流行服饰的密切关注，会发现不同教派的服饰和以前服装的痕迹之间有许多相似之处。

拜特·埃德迪内博物馆收藏了这些历史悠久的服装，这些都是由对阿拉伯国家民俗和文化感兴趣的学生收集记录的，还有许多有趣的服装配件。

黎巴嫩穆斯林对服装的态度一般比其他大多数中东国家更为自由。例如，年轻的穆斯林妇女的服饰不同于传统的阿巴亚人，她们穿着用拼接、珠子和亮片装饰的长袖礼服，或者穿牛仔裤和长袖上衣等现代服装。

许多居住在城市的基督徒和大多数穆斯林都穿着欧洲风格的服装。在农村，女性有时穿着传统的彩色裙子，男性则穿着传统的宽松裤子。在较贫穷的穆斯林城镇和主要城市的一些穆斯林地区，人们仍然可以找到传统穆斯林女性的面纱。黎巴嫩的服饰文化历史源于奥斯曼帝国，但仍然只是作为民间文化的一部分，今天几乎所有的黎巴嫩人都穿西式服装。

2.4 黎巴嫩时装业

黎巴嫩时装业的著名品牌包括 Elie Saab、Zuhair Murad、Reem Acra 和 Rabih Kayrouz。

2.4.1 Elie Saab

艾莉·萨博（Elie Saab）（图 3-2-15）是黎巴嫩时装设计师，他的主要工作室在黎巴嫩，在米兰和巴黎还有另外的工作室。他在 20 世纪 80 年代初就开始了自己的生意，专门从事新娘时装的设计和制作，他运用丝绸闪缎、珠光面料、带有独特花纹的雪纺、银丝流苏、精细的刺绣等，风格华丽。

1981 年，萨博到巴黎学习时装，后来他放弃了学业回到贝鲁特，创立了自己的时尚品牌。1982 年，18 岁的他有一个 15 名员工的团队。起初，他的工作室专门从事新娘服装的制作，使用昂贵的面料、花边、细节刺绣、珍珠、水晶和丝线制作婚纱和礼服。在贝鲁特，他的名气从身边的女性身上向外传播，同时他的设计很快被上流社会女性所接受。

图 3-2-15 艾莉·萨博

1997年，萨博成为意大利时装协会的成员，是第一位非意大利设计师，并于1997年在罗马的黎巴嫩城外展出他的第一部作品。1998年，他在米兰推出了他的成衣系列以及配饰系列产品。当年晚些时候，萨博与法国香水公司BPI签订了香水和化妆品的合同。同年，萨博与摩纳哥斯蒂芬妮公主在摩纳哥举行了一场时装秀。

1999年，他的一件装饰有祖母绿和钻石的礼服以240万美元的价格出售。

2002年萨博在成为第一位为奥斯卡得主哈莉·贝瑞设计礼服的黎巴嫩设计师之后，在美国更为知名。2003年5月，巴黎高级定制服协会邀请他成为会员，并于2003年7月在巴黎首次展示了他的高级时装系列。2003年，他与普洛诺维斯合作创建了Elie Saab品牌婚纱。

巴黎高级定制服协会于2006年将他引荐给记者。他在巴黎的第一个成衣系列是2006春夏系列。萨博、蒂娜·诺尔斯、德里恩、乔治·阿玛尼、范思哲、赫尔维·莱格尔都是2007年碧昂斯体验之旅的设计师。2010年，参赛时共有102位名流。2011年，杜莎夫人蜡像馆展示了凯特·温丝莱特在第63届艾美奖颁奖典礼上穿的Elie Saab礼服的蜡像。2011年，艾莉·萨博推出了他的第一款香水Le Parfum。

2012年，萨博他与黎巴嫩美国大学和伦敦时装学院合作，推出了时装设计专业的学士学位课程。截至2013年，Elie Saab品牌在贝鲁特、迪拜、多哈、巴黎、伦敦、日内瓦、香港、莫斯科、纽约和墨西哥设有精品店，总共有100个零售店。萨博的儿子Elie Saab Jr.于2013年成为品牌总监。在2015年到2017年之间，Elie Saab品牌在伦敦梅费尔和纽约曼哈顿开设了二家巴黎精品店。在2016年10月开业的曼哈顿商店是他在美国的第一家店。截至2017年3月，他的时装系列在巴黎、伦敦和贝鲁特都有售，而他的成衣服装则分布在160家零售商和他自己的精品店。

图3-2-16　哈莉·贝瑞穿着由萨博设计的裙子

他曾为约旦王后拉尼娅、瑞典王储维多利亚和卢森堡世袭公爵夫人史蒂芬妮设计服装。1999年，约旦王后拉尼娅穿着Elie Saab礼服登基。公爵夫人史蒂芬妮和世袭公爵大卫在2012年的婚礼上，新娘穿着由萨博设计的婚纱。

2002年的奥斯卡金像奖颁奖典礼上，哈莉·贝瑞获得最佳女主角奖，当时她穿着由艾莉·萨博设计的酒红袍（图3-2-16）。在《每日电讯报》发表的德本汉姆的一项民意调查中，这件礼服被评选为有史以来第八大红地毯礼服。《COSMOPOLITAN》杂志将这件礼服列为有史以来最好的奥斯卡礼服之一。在2003年的奥斯卡颁奖典礼上，贝瑞身穿由萨博设计的另一件礼服。

其他著名的萨博客户包括伊娃·格林、尤利娅·阿利波娃、妮琪·米娜、艾西瓦娅·瑞、安娜·肯德里克、克里斯蒂娜·阿奎莱拉、凯瑟琳·泽塔·琼斯、安吉丽娜·朱莉、席琳·迪翁、埃琳娜·阿娜亚、泰勒·斯威夫特（图3-2-17）。

Elie Saab 的风格是西方和东方文化的独特融合。他擅长运用丝绸闪缎、珠光面料、带有独特花纹的雪纺、银丝流苏、精细的刺绣。

2.4.2 Rabih Kayrouz

拉比·卡弗鲁兹（Rabih Kayrouz）是一位生于 1973 年的黎巴嫩时装设计师（图 3-2-18），2008 年在巴黎建立的时装品牌 Maison Rabih Kayrouz 的创始人。

1995 年，在迪奥和香奈儿的设计工作室进行了几个月的培训之后，卡弗鲁兹回到了贝鲁特，在那里他以设计晚礼服和婚纱闻名。

2008 年，卡弗鲁兹来到巴黎，在拉斯帕尔大道 38 号开设自己的设计室。自 2009 年以来，卡弗鲁兹一直是巴黎高级定制服协会的客座设计师，其作品常在一年一度的巴黎高级定制时装表演季节被收藏。2011 年，卡弗鲁兹被著名的法国《ELLE》杂志选为"新兴设计师"之一。2012 年，他放弃了"高定"的称呼，专注于成衣。同年，他为乐都特（法国邮购品牌）创造了一个胶囊系列。

卡弗鲁兹的设计标签被描述为务实，但大胆使用高级时装风格。他因其创造成衣系列作为城市生活方式相辅相成而受到赞扬。卡弗鲁兹于 2008 年参与创建了一个名为"淀粉基金会"的非营利组织，帮助年轻的黎巴嫩设计师推出并推广他们的首次时装系列。

图 3-2-17 泰勒·斯威夫特穿着 Elie Saab 礼服

图 3-2-18 拉比·卡弗鲁兹

2.4.3 Zuhair Murad

祖海·穆拉德（Zuhair Murad）出生在贝鲁特的一个天主教家庭。高中毕业后不久，穆拉来到了巴黎，在那里他获得了时尚学位。

1999 年，慕拉首次在罗马的时装秀上露面，他的作品广受好评，这使得他参与了意大利的时装周。1995 年，穆拉德在贝鲁特开设了他的第三家店，丰富的品牌系列包括高级时装、成衣和配饰，扩大时装系列的计划正在进行之中，包括美容产品、香水、泳装和内衣以及家具。他已经开设了两家精品店（包括陈列室）；第一家在贝鲁特的查尔斯·赫鲁大道，第二家在巴黎的弗朗索瓦一世。他在米兰的 Via Borgogna 也有一个展示中心。

佩丽冉卡·曹帕拉 2016 年在奥斯卡颁奖典礼上穿了穆拉德的白色点缀露肩礼服，麦莉·赛勒斯在奥斯卡金像奖颁奖典礼上也穿了他的一件作品，克里斯蒂娜·阿奎莱拉和珍妮弗·洛佩兹在 2011 年金球奖颁奖典礼上都穿着他的作品。慕拉德还设计了法国克洛伊 2009 年环球小姐服装，为 2010 年法国小姐的决赛设计了 5 件礼服。在英国的颁奖典礼上，人们看到弗洛伦斯·韦尔奇穿着穆拉德的一件作品，这是一件银色丝质连衣裙，镶有金银珠饰。

妮娜·杜波夫、克里斯蒂娜·阿奎莱拉、旺达·赛克斯以及歌手朱厄尔在 2010 年艾美奖颁奖典礼上穿着 Zuhair Murad 设计的礼服，凯瑞·华盛顿在 2011 年艾美奖颁奖典礼上也穿了一件他设计的礼服。谢丽尔·科尔在《The X Factor》杂志上穿着他设计的一个作品，菲姬也穿过他设计的服装。当沙特阿拉伯公主艾尔－塔维尔出席英国威廉王子和凯特的婚礼时穿的礼服也是慕拉德设计的。

布莱克·莱弗利在韦斯特伍德村的《野蛮人》电影全球首映上，穿着 Zuhair Murad 的 2012 年春季系列礼服，她曾在《绯闻女孩》第四季中以 Zuhair Murad 礼服的名字命名为"朱丽叶不再住在这里了"。克里斯汀·斯图尔特在 2012 年多伦多电影节上为其电影《在路上》领奖，还有在她的电影《暮光之城 2：破晓》洛杉矶首映式上都穿着 Zuhair Murad 设计的礼服。

法国女演员玛丽昂·歌迪亚在 2013 年度评论家选择奖颁奖典礼上，穿着 Zuhair Muradr 的 2012 年秋季系列的花卉礼服。

图 3-2-19 Zuhair Murad 婚纱

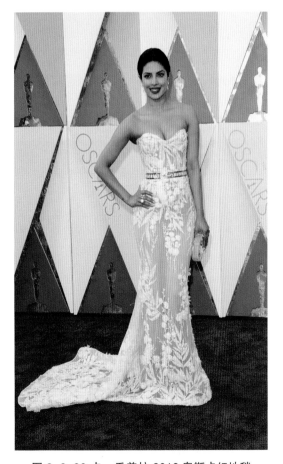

图 3-2-20 卡·乔普拉 2016 奥斯卡红地毯

3 黎巴嫩和中国"一带一路"倡议

2013 年，中华人民共和国与黎巴嫩共和国的关系在各个领域稳步发展，务实合作也不断向前迈进。2013 年 11 月，全国政协副主席罗富和出席了黎巴嫩第 70 个独立日的招待会。中央国际部一个工作组和中国国家新闻出版广电总局代表团先后访问了黎巴嫩。黎巴嫩主要政党也派代表团到中国，一些黎巴嫩政党派出主要成员到中国参加培训或研讨会。

图 3-3-1 黎巴嫩总统米歇尔·奥恩（右）2017 年 6 月 23 日在黎巴嫩首都贝鲁特与中国外交部长王毅（左二）举行会谈

2013 年今年 4 月，习近平主席接受了新任黎巴嫩驻华大使法里德·阿布德的信件，两国在经贸、文化、教育、新闻等领域的合作进展顺利。2013 年，双边贸易从 2012 年水平稳步上升，中国成为黎巴嫩的最大贸易伙伴，双方在文化、教育、新闻、文艺、军事领域的合作取得了新进展，丰富了两国的友好交往。黎巴嫩孔子学院顺利运作，成为黎巴嫩汉语教学和传播中华文化的重要平台。文化活动"春节快乐"在黎巴嫩成功举办。

中黎两国在共同关心的国际和地区问题上保持良好沟通与合作，在包括联合国在内的多边机构选举中相互协调。

图 3-3-2 2015 年 5 月 26 日全国政协副主席王正伟与黎巴嫩总理塔玛姆·萨拉姆（第一任）黎巴嫩会谈在第二回合贝鲁特阿拉伯商人大会第六次会议上

图 3-2-3 李晓林出席"黎巴嫩一带一路：北京至贝鲁特"开幕式

第四章 卡塔尔

1 绪论

卡塔尔是位于西亚的主权国家，占据在阿拉伯半岛东北海岸的卡塔尔半岛。它唯一的陆地边界是南部与沙特阿拉伯接壤的地方，其余的领土都被波斯湾所包围。波斯湾的一个海峡将卡塔尔与附近的巴林岛国分开，并与阿联酋和伊朗共享海上边界。

卡塔尔拥有相当丰富的石油和天然气资源，天然气的总储量为全世界第三，人均国内生产总值排名世界第一。卡塔尔是一个绝对君主制的酋长国，自 19 世纪中叶开始便由"阿勒萨尼家族"领导，日后在英国的保护下发现了石油和天然气，取代了原有的采珠业而成为国家最重要的收入来源。

阿拉伯地毯有着悠久的历史。早在 2000 多年前，阿拉伯半岛上的贝都因人就开始编织和使用适于逐水草而居的地毯。早期阿拉伯人制造地毯就非常讲究，他们以上等羊毛作原料，在自制的机架上手工织毯。地毯的图案服从于他们的装饰和审美需要，多取材于阿拉伯人喜欢的玫瑰花、郁金香、波斯梨等花果，颜色多为红色、绿色和蓝色。用金丝金线织成的地毯非常昂贵，一块长 1.5 米、宽 1 米的地毯价值往往高达 10 万美元。

金线刺绣是卡塔尔一种精美的民间艺术，它在当地和海湾其他阿拉伯国家中都很流行。用金丝线刺绣的布料可以缝制妇女们喜欢的漂亮的服装和男女用的无袖斗篷。

图 4-1-1 阿拉伯地毯花色

图 4-1-2 市场上的阿拉伯地毯

1.1 卡塔尔早期对外出口——10 世纪的羊毛出口

公元 750 年，位于大马士革的倭马伊王朝被阿拔斯王朝推翻，首都迁往巴格达。这对海湾地区具有深远的政治和经济影响，贸易不可避免地受益于阿巴斯帝国的财富和复杂性。

这是海湾地区贸易的黄金时代，一直持续到10世纪。与印度、中国和东非以及阿曼苏哈尔港口贸易使贸易商变得重要起来，商船海员冒险期间引发了水手辛巴德的故事。巴勒斯坦阿巴斯对珍珠的需求无疑使卡塔尔的珍珠渔民和商人富裕起来，然而，这个时期卡塔尔的命运几乎没有。1229年去世的地理学家雅库特·哈马维（Yaqut al Hamawi）提到从卡塔尔出口粗糙的红色羊毛斗篷，并评论说，卡塔尔的马匹和骆驼市场是著名的。

1.2 卡塔尔博物馆

1.2.1 伊斯兰艺术博物馆

伊斯兰艺术博物馆位于卡塔尔首都多哈海岸线之外的人工岛上，占地4.5万平方米，是迄今为止最全面的以伊斯兰艺术为主题的博物馆。博物馆外墙用白色石灰石堆叠而成，折射在蔚蓝的海面上形成一种慑人的宏伟力量。再看建筑的细部，典型的伊斯兰风格几何图案和阿拉伯传统拱形窗，为这座庞然大物增添了几分柔和，稍稍中和了它的英武之气。博物馆中庭偌大的银色穹顶之下，45.72米高的玻璃幕墙装饰四壁，人们可以透过它望见碧海金沙。博物馆设计出自建筑设计大师贝聿铭。

伊斯兰艺术博物馆占地4.5万平方米，简洁的白色石灰石，以几何的方式叠加成伊斯兰风格的建筑，中央的穹顶连接起不同的空间，古朴且自然。博物馆内收集并保存了来自世界各地的各种伊斯兰艺术品，它们来自三大洲，跨跃了7到19世纪的时间长河。这座博物馆将发展成为学习艺术与对话交流的平台。它将把居住在世界各地、不同年龄层的人们聚集一堂，更好地理解伊斯兰文化，促进伊斯兰艺术的发展。博物馆艺术品收藏贯穿18到19世纪，不仅仅限于整个伊斯兰世界，还有来自受到伊斯兰艺术影响的印度和西班牙等国家的艺术品。其中有金属制品、陶器、珠宝、木雕、纺织品、象牙制品，还有伊斯兰书法、古典书籍以及一些肖像作品。这座博物馆至少有4500项收藏品，最为罕见且稀有的是一块制于14或15世纪的红色丝织地毯，被称为帖木儿棋盘花园地毯，是喜欢棋类运动的伊斯兰统治者帖木尔所钟爱的物品，非常珍惜。此外，还有来自1696年印度莫卧儿王朝的宫廷翡翠护身符。整个博物馆的建造历时10年之久。

1.2.2 卡塔尔国家博物馆

卡塔尔是个年轻的半岛国家，位于波斯湾。卡塔尔人起源于一支游牧的阿拉伯民族。他们在这片临海沙漠里发现了各种宝藏，便定居下来。一些人做了渔夫，一些人寻找珍珠。还有一些人，因为卡塔尔在海湾地区所处的中心位置，开始与外人交流。卡塔尔国家博物馆位于首都多哈，卡塔尔国家博物馆将国家的自然、人文和经济地理学同它的历史相连接。博物馆聚集了传统的地理和考古学手工艺品，帐篷、马鞍、渔网、小船……将成为这个游牧民族历史的证物。

从2008年就开始修建的卡塔尔国家博物馆在2019年3月28日开放。这座博物馆建在卡塔尔首都多哈的滨海长廊（Doha Corniche）边上，占地 4 万平方米，它外观层叠的白色圆片是最显眼的，这座建筑由法国建筑师、2008 年普利兹克奖获得者让·努维尔（Jean Nouvel）设计。这些互锁圆盘结构的材质为钢、玻璃和纤维混凝土，有轻盈的观感。据建筑师介绍，这个结构是在模仿沙漠中一种名为"沙漠玫瑰"的结晶矿物——它们在沙漠中层层互叠并蔓延。

这个表达与让·努维尔对卡塔尔传统文化的重视有关系。"这座博物馆的一切都是为了让游客感受到沙漠和大海。"建筑师在自己的个人主页上这样介绍。《纽约时报》曾评论让·努维尔"努力让西方高科技美学与中东传统之间的差距弥合"。因为 20 世纪末以石油为基础的经济崛起，当代的卡塔尔以现代化和快速的城市化著称，西式建筑也成为其常见风景。而在 20 世纪 50 年代，多哈还是一个以捕鱼业和采珍珠为主要产业的小镇，沙漠文化也曾在更久远的时候在这里扎根，例如由在沙漠中生存的阿拉伯人创造的贝都因（Bedouin）文化。迅速的现代化引发了对传统文化传承的担忧，卡塔尔国家博物馆馆长 Peggy Loar 在接受《纽约时报》采访时表示，贝都因文化的文物少且脆弱，大多是帐篷、手绘图或者纺织品上的针织图案。在文物保护困难的同时，"年轻人开着 SUV 进入沙漠，不再在那里居住。他们正失去与文化的联系"。因此，在修建博物馆时，尽管这是一座现代建筑，但传统文化元素成为最被关注的点之一。有未来感的"沙漠玫瑰"薄片成为了建筑连贯的屋檐，因此整个建筑由一个又一个相互连接、向前蔓延的小空间组成。据《纽约时报》解读，这些结构与室外的露天空间相结合，是在唤起观者对于古代沙漠中贸易之路上大篷车、临时避难所的想象。曾经的国家博物馆、初建于 1920 年代的旧阿米里宫（Old Amiri Palace）坐落在新博物馆南入口附近，它是一座传统的泥砖结构建筑，一定程度上形成了传统与现代风格的对话。

博物馆内的展览通过 11 个画廊展出，它们蔓延 1.5 千米，被分成三个章节，分别为"起点""卡塔尔的生活""建设国家"。展览从约 7 亿年前半岛形成时开始讲起，叙述了卡塔尔的重要历史阶段，例如于 19 世纪时在英国贸易地图上占据重要位置；珍珠和捕鱼产业曾经对国家至关重要；有手工纸的单桅帆船展览，还有 19 世纪时镶有 150 万颗海湾珍珠的地毯作为证明。

1.3 卡塔尔人的服饰

卡塔尔人的服装与海湾诸国一样，男人在上班、公共场合及待客时，夏季多穿白色长袍，冬季则穿深色长袍，如蓝色、咖啡色、灰色等。头戴白色、红色或黑色方格图案头巾，头巾内衬镂花小白帽，头巾两端或垂直于胸前，或披于肩后。头巾上面套着用黑绳做的头箍，以免头巾掉落。卡塔尔男性服饰"比什特"是海湾地区一种传统高贵的服饰，被视为最尊贵的手工织品之一，是父亲传递给儿子的神秘礼物，也是很多家庭世代保留的艺术品，它能够彰显他们的贵族背景和显赫来历。这种服饰是尊贵的象征，是海湾地区的统治者、王子、社会名流、学者和部落长老的基本服饰，而普通百姓只有在宗教节日、婚礼等特殊日子才能穿。卡塔尔妇女的服装较为朴素，外出活动都要穿着黑袍，相当多的女性在公共场所还要蒙面纱，将头部全部遮盖，一些人仅露双眼。阿拉伯女子身着黑袍、面纱遮住脸庞，是出于对真主的尊重与对伊斯兰教的信仰。"阿巴雅"是大多数卡塔尔女性出门时的首选服装，它适合多种场合。"阿巴雅"也被叫作"达法赫"，是一种披在女性身上的宽大斗篷。从头到脚覆盖全身的斗篷叫"盖头阿巴雅"，老年妇女常穿，由丝绸或羊毛织成。这种服饰一般制作比较宽大，以便覆盖女性身体，同时为她们行动提供方便。

阿拉伯民族服是自豪与身份的象征。其设计有两大功能：一是穿着舒适，二是沿袭宗教信仰。男性穿着称为坎度拉（kandoura）或迪士达沙（dishdasha）的宽松服装，通常以白色棉布制成，长及脚踝；另外以头巾（ghutra）裹头，再用黑色头巾绳（agal）绑好。女性会在服装外面披上飘逸优雅的阿巴雅（abaya），通常是套在西式服装或传统长袖长袍（jalabeya）外面，再以长黑披肩（shayla）包头。穿行沙漠最凉爽的服装阿拉伯长袍历经数千载而不衰，与阿拉伯人赖以生存的自然环境有关。一些自然探险家曾在阿拉伯沙漠腹地做过试验，在相同温度下，穿西服或衬衫的人大汗淋漓、气喘嘘嘘，穿长袍的人则泰然自若、气定神闲。原来，长袍把身体全部遮住，阻挡了日光的直接照射；同时，外面的风吹入袍内，上下流动形成一个通风管，把身体的湿气和热气一扫而去，使人感到凉爽舒适。

卡塔尔，一个位于沙漠与海洋交界的国家，作为全球最大的液化天然气出口国所带来的巨额财富使其成为全世界最富有的国家之一，人均 GDP 高居世界所有国家之首。三面环海，坐拥波斯湾，海岸线长达 550 千米。卡塔尔也是"一带一路"的重要交汇地。这个年轻的国家不仅保留了阿拉伯的传统文化，也融入了现代化社会的都市感，富裕且文明程度极高。卡塔尔积极响应并参与中国倡仪的"一带一路"建设，为中国与中东地区国家共建"一带一路"打造范本提供了机会和可能。

2 纺织染料

2.1 扣纱其染料（Khor Shaqiq–Dyeing）

在 1976 至 1982 年的六年里，由雅克·蒂克西耶率领的卡塔尔考察团考察了卡塔尔半岛上的一些史前、原址和伊斯兰遗址。伊斯兰较早的考古调查集中在东北海岸的阿尔霍尔（Al Khor）地区，该队的不同成员根据"乌比德陶器"（Ubaid pottery）和一些未注日期的石棺墓葬发掘了几个考古点。

卡塔尔这个时期唯一的考古遗址位于沙尔克湾的小岛南岸。在这里，深红色和猩红色染料是由一种海洋螺类蜗牛产生的。在其他地方，由于在勒旺（Levant）的蒂尔（Tire）大城市进行大规模生产，这种染料被称为"泰尔（Tyrian）紫色"，而霍尔岛是第一个在海湾被发现贝壳染料的地点，碎贝壳中含有 300 万只蜗牛。以卡比特王（公元前 2 世纪—公元前

1 世纪）命名的大量卡斯特陶器是用于染料生产的大缸遗留物。猩红色和紫色的织物在巴比伦很多地方的卡西人和后卡比特人使用，它的使用直接由统治者控制，仅限于皇室成员和有权的宗教人物。霍尔岛提供了第一个证据，这种染料不是来自西方。

2.2 萨珊（Sassanids）交易卡塔尔染料

公元前 140 年左右，波斯帕提亚人的崛起已经开始打破欧洲和印度之间通过阿拉伯海湾的希腊罗马贸易，红海再次成为罗马与东方之间的主要纽带。但在公元 225 年，帕提亚被推翻，第二个伟大的波斯帝国，即萨珊王朝的帝国成立了。他们在泰西封（Ctesiphon）的美索不达米亚建立首都，改变了前人的做法，控制了海湾和印度洋的贸易，并迫使红海作为竞争对手的商业路线衰落。到公元 570 年，他们成功地把自己的控制权扩大到了也门。海陆贸易路线都是动脉，不仅是贸易，还有文化影响。萨珊人交易的商品种类繁多，卡塔尔有可能向萨珊贸易提供两种奢侈品：紫色染料和珍珠。

2.3 卡塔尔织造和染色

在贝都因文化中，女性对织造和染色起了很大的作用。以羊毛生产布料的过程很辛苦，首先将羊毛解开并绑在一个筒子上，这个筒子可以作为一个芯子，保持纤维的刚性，接下来是用名为诺（noul）的纺锤手工纺羊毛纱，然后把羊毛纱放在由木头制成的垂直织机上，最后女人用棍子把纬纱打到位，由此织成的布被用于毯子，地毯和帐篷。帐篷通常由天然染料染色的布料制成，而毯子和地毯则用染色的布料，主要是红色和黄色。这些染料是由沙漠草药制成的，采用简单的几何图案。由于染料和布料越来越多地从亚洲其他地区进口，这门艺术在 19 世纪失去了知名度。

在过去的 50 年中，贝都因人使用绵羊毛和山羊毛编织的传统已经发生了巨大的变化。随着游牧民族的衰落，直接和间接地由于石油的发现，传统技术和产品已经不再使用或被新材料所改变，并被开发出新的用途。贝都因人编织以前用于沙特阿拉伯、阿曼、卡塔尔、伊拉克、叙利亚、约旦、巴勒斯坦、以色列和埃及的游牧阿拉伯部落的帐篷、地毯和动物装备。生活方式和影响各地区不同，但游牧民族的衰落是共同的。沙漠帐篷现在经常用于城市居民的娱乐庭院。现在不再使用的大型羊毛帐篷分隔板被合成板所取代，并用作墙面装饰，通常比较小。已定居的贝都因人以其改变的生活方式开发了各种短小的便携式织机和其他创新技术，为国外和城市市场制作小件产品。在黎凡特，变化是由战争、殖民和占领造成的。第一次世界大战解散了奥斯曼帝国，改变了边界和移民模式，促使纺织行业欣欣向荣。第二次世界大战和以色列的创立使部落生活受到破坏。约旦和以色列已经成立慈善组织，帮助贝都因妇女使用传统的方法和材料制造和销售其产品，西方化的设计、颜色和营销方法促进了销售。

3 卡塔尔服饰习俗

卡塔尔是一个伊斯兰国家，作为礼节，游客的打扮应该得体。正常的泳装和比基尼在海滩或游泳池都可以接受，但是不应该在城里穿。女士们应该遮住肩膀和膝盖，避免穿半透明的面料、短裤或短裙。男性不应该在公共场所裸露胸部，应该避免穿无袖背心或衬衫。

2014年，卡塔尔发起了一个运动，提醒游客适度的着装。建议女性游客不要在公共场合穿紧身裤、迷你裙、无袖连衣裙和短裤或紧身衣，建议男士不要只穿短裤和汗衫。

该地区有两种不同类型的女装：一种是当地人穿的，另一种是外籍人士穿的。在室外，大多数阿拉伯妇女按照宗教习俗穿着，也就是说她们必须从头到脚覆盖大部分的身体。传统的黑色外衣（abaya）是踝长、长袖、高领、头发被覆盖。一些阿拉伯妇女全身被覆盖，包括她们的脸和手，特别是沙特人和那些有着严格宗教信仰的丈夫的妇女。这是为了保护妇女免受不必要的关注。在沙特阿拉伯，即使是外国妇女在室外也必须穿阿巴亚，警察将会阻止任何露出头发的女人，并立即将她的头发遮住。在其他阿联酋国家，外国女性可以穿西式服装，但应该穿着保守。

该地区炎热的气候和习俗要求规范穿衣。阿拉伯如果穿着露出肩膀、胳膊和腿的衣服，以及任何挑衅行为的女人都会被认为不是"美德"。然而，在家中，阿拉伯妇女在与亲密的朋友或亲戚娱乐的时候，经常会穿西式服装，尤其是年轻的女性，外国女性私人穿着的方式没有限制。

在商业环境中，女性穿着保守的西装、深色的裤子或者膝盖以下的裙子是合适的。任何时候，肘部都必须被衬衫或背心覆盖。

图 4-3-1 阿拉伯女子传统服装

图 4-3-2 职业女装

图 4-3-3 职业男装和女装

阿拉伯男人穿着长袍（Thobe），一种宽松的脚踝长袍，由细白棉布制成（冬季用较厚重的羊毛材料制成）。不论是在布料的裁剪，还是在脖子和正面的紧固件，都有不同的风格。也许最有特色的是阿曼人穿的流苏的长袍。长袍可以在任何场合穿着，无论是社交还是商业。正式场合穿着的外衣可能会非常昂贵，用金线刺绣边框，采用最高质量的材料。

传统独特的头套是一块白布或红色和白色方格布，称为嘎斯然（guthra），它由一个原本是骆驼系绳的叫作阿够（agal）的黑色"绳索"固定在头上。阿够（agal）有不同类型，例如，卡塔尔人通常戴更多的非洲风格头饰，有两条长尾巴从后面伸出。阿拉伯男人有时在非正式场合或在沙滩上穿休闲装，但仍鼓励沙特男子随时穿民族服装。

显然，外国男人不会穿阿拉伯服装，通常穿西方服装。男人们应该避免在街上穿短裤和无袖衬衫，因为这些被认为是过分随便，虽然随着旅游业的发展，这种态度正在软化。不过，除了重要的商务会议和相关的社交活动外，海湾地区的男人很少穿西装。办公室的标准穿着是一件衬衫（通常是长袖）、领带和轻便的裤子。

图 4-3-4 当地一家路边店老板

图 4-3-5 当地一家纺织品店老板

3.1 卡塔尔民族服饰

卡塔尔男性穿着宽松的裤子和长长的白衬衫，他们还戴一个白色或红色和白色布料的松散的头饰，用黑色的绳索（称为阿够（agal））固定。卡塔尔妇女的头上戴着一个叫作莎拉的黑色头饰，身上穿着一件长的黑色礼服，名叫阿拜亚（abaya），有些女人还用黑色的布尔加遮掩脸庞，有时眼睛露出来。

3.1.1 长袍（Thobe）

长袍（Thobe）是传统的阿拉伯男士服装（拼写为"Thobe"或"Thaub"）。穿着时你必须确保有袖扣、匹配的笔、匹配的手表，还有塔米纳凉鞋。

还必须拥有嘎斯然（Guthra），眼镜蛇风格的方巾（Ghutra 是传统的阿拉伯头饰，用一块方形棉布制成，通常由阿拉伯男人穿着，可以防止沙漠太阳，在沙尘暴中可以遮挡眼睛）。

卡塔尔人有不同颜色的长袍，就像有不同的彩色笔。有时卡塔尔人不穿有袖扣的衣服，有时穿黑领长袍，有时穿传统的 V 形领长袍，长袍的领子有很多不同的类型。这是关于细节的方式，是拼接，是卡塔尔人使用的材料。这就是为什么当有人走向你，他们想看看你的配件，看你穿的什么袖扣或戴的什么腰带。因为细节决定一切。

卡塔尔人穿着传统的阿拉伯服装。对于男人来说，这是一种被称为长袍或 dishdasha 的长袍，头上戴着嘎斯然（一大块布），由一根织物（一条绳子）固定。女性往往穿着非常多彩的长袖连衣裙，在公共场合用一件名为"abaya"的黑色丝绸斗篷把自己合完全覆盖。一些卡塔尔老年妇女仍然戴着一种称为贝图拉（batula）的口罩，但这种习俗正在消失。

长袍是阿拉伯国家男士的传统制服。不同的地区，长袍的名称和设计是不同的。随着经济持续走低，可以感觉到人们越来越在意自己花钱的多少。卡塔尔男人和孩子通常每六个月去一次裁缝店，当然，这不包括参加婚礼或开斋节期间购买的那些特别的长袍。长袍每年定制两次主要有两个原因：一是长袍很容易磨损。卡塔尔一年中的大部分时间都是炎热潮湿的天气，所以人们经常洗澡，每天都要穿一件以上的衣服；二是孩子长得很快，从青少年长到成年，身体也发生变化。即使是成年人也常会出现增肥减肥的情况，所以每六个月就要定制新的长袍，长袍也代表了经济能力，它与许多因素有关，影响了人们的生活方式和生产力。一个普通消费者每年花费 QAR5000（卡塔尔里亚尔1QAR=1.73RMB）在长袍上，另外花费 QAR2500 去量身定制 6 件长袍和塞沃斯 – 塞沃斯（sirwals – sirwals）（即穿在长袍里面的长裤）。有些人可能会认为这个数量太多了，但实际上这是一个合理的价格，特别是因为它是专门为客户量身定制的产品。传统的长袍的另一个重要功能是合理利用时间，也就是说，在早上不需要使用脑细胞或浪费时间去思考今天需要穿什么，每天早上只要拿出长袍来穿上就行了。然而，当我们在阿拉伯之外的地区旅行时，关于穿什么的问题肯定会消耗时间。我发现唯一的不足之处是长袍很容易被食物和污垢弄脏。最后，对那些认为价格不合理的人来说，这里谈的是传统的长袍，而不是现代头饰、袖扣和凉鞋。

3.1.2 卡塔尔头饰

勾法斯（Gohfiahs）是一种短的圆形帽子。它们经常被用于宗教场合。例如，穆斯林相信穆罕默德曾经遮盖头部，因此必须掩盖头部（模仿穆罕默德）是值得肯定的。穆斯林常常在每天的五次祷告中戴勾法斯。

当带着这个时，塔克亚（taqiyah）可以是任何颜色。但是在阿拉伯国家，所戴的卡飞亚（keffiyeh）头巾仍保持着传统的白色。一些穆斯林用帽子盖着头巾，阿拉伯语称为阿玛（amamah）。在美国和英国塔克亚（taqiyah）通常被称为"卡飞丝（kufis）"。

嘎斯然就是卡塔尔男人戴在头上的围巾，颜色很多，不同颜色有不同的意义。白色嘎斯然意味着纯粹，红色和白色格子的嘎斯然意味着爱国，而黑色和白色格子意味着自由，还有其他颜色，但是其意义不一定十分明确。

现在卡塔尔和其他阿拉伯男人戴的传统头巾嘎斯然不仅对于在卡塔尔人，而且对于居民和游客也非常需要。一位市场店主穆罕默德说："来自世界各地的亚洲人和西方人都会购买嘎斯然。"嘎斯然的主要用途之一是保护头部远离太阳的热量。他说："今年夏天，很多人为了防止头部受热而购买嘎斯然。"

嘎斯然是一块方形织物，折成三角形，卡塔尔人和其他阿拉伯人将其戴在头上。它是用一种织物（羊毛或骆驼毛）制成的，通常它是由红色和白色棉纱制成格子花纹或由纯棉制成的纯白色。尽管纯白色作为一种较轻的面料在夏季更受欢迎，但对于不同人来说，这是个人品位的问题。

作为头部覆盖的嘎斯然源于过去阿拉伯半岛的游牧部落，在头部覆盖长而松散的头布面对沙尘暴。戴嘎斯然有很多方法，但是卡塔尔人最常见的就是"眼镜蛇"式。

对于某些人来说，每一个嘎斯然都有一个特殊的内涵：白色意味着纯洁，红白格子意味着爱国，黑白格子意味着自由。在很多情况下，尽管它们可能具有文化或部落的意义，但并不具有特定的意义。多哈附近的许多商店也销售其他几种颜色的嘎斯然，它们经常被用作围巾，因此被称为"沙漠围巾"。

在 2014 年 10 月举行的东方时装周上推出的首个系列中，"So Me"的黎巴嫩著名设计师梅托比（May Torbey）将嘎斯然变成了时尚女性的上衣。一些著名的人物已经出现在电影中，包括查理·辛（Charlie Sheen）、克里斯·布朗（Chris Brown），杰米·法尔（Jamie Farr）和亨利·琼斯（Henry Jones Sr）等。2013 年展出的《变形金刚》电影也采用了卡塔尔嘎斯然为特色的航空服务模式。

3.1.3 阿拜亚（Abaya）

伊斯兰教教规和当地习俗规定，卡塔尔的穆斯林妇女穿着全遮住的黑色服装。阿拜亚（abaya）在公共场合使妇女匿名化，默默无闻地在整个社会中流动起来，成为身份不明的生灵。以杂志、广播、电视和互联网为形式的西方就业、旅游和媒体的增加，为欧美生活方式带来了阿拉伯家庭的形象。高等教育为女性带来了更多的机会和独立性，许多女性在国外旅游，每年都有比较完整的国外先进教育，与自己以外的文化交流。曾经是纯黑色和可变换的阿拜亚现在具有各种各样的点缀，从分散的黑色辫子到巨大而丰富多彩的贴花、刺绣、切割和珠饰。点缀风格变化很快，过时的阿拜亚被丢弃。在此以艾哈迈德（Ahmed）和希拉兹（Shirazi）的文本为基础，在对卡塔尔进行广泛研究的基础上，旨在审视新的阿拜亚告诉的许多文化、政治和宗教故事。在遵守宗教规定和尊重传统服饰的同时，阿拜亚也表达了卡塔尔的财富。更重要的是，它们为阿拉伯妇女提供了一个表达自己个性和对现代性兴趣的平台，并标志着她们在本国的地位正在变得平等。

采用跨学科和物质文化的方法来分析卡塔尔穆斯林妇女穿着的黑色全身外衣，这项研究的目的是评估 1908 年至今卡塔尔的阿拜亚的文化含义。阿拜亚及其设计、制造、零售和使用都普遍反映了卡塔尔妇女的角色转变、宗教信仰、世俗生活和愿望，以及她们过去和现在在卡塔尔社会的地位。阿拜亚还标志着当今世界的创造力和紧张局势，这是由非阿拉伯非穆斯林世界日益增长的影响所造成的。选择这个时间框架的原因是自 20 世纪 90 年代以来的时期以及今天的卡塔尔阿拜亚的物质文化所包含的社会各个领域的巨大变化。

3.1.4 扫波（Thawb）

扫波（Thawb）这个词是 "服装" 的标准阿拉伯字。这是传统的阿拉伯男士服装。有时拼写为 thub 或 thaub。这是一种长袍，一般很长。这个词在波斯湾的阿拉伯国家和埃及南部的一些地区专门用于这种服装。

3.2 卡塔尔不穿传统服饰的地方

在卡塔尔有一些地方，如果你穿着长袍或者阿拜亚的话，是不允许去的。正如 ILQ 所解释的，这些规则是由（卡塔尔旅游局）QTA 实施的，目的是为了保持国服的形象。在某些情况下，人们会觉得国家有着一套着装要求，但是目的是想让每个人都知道什么样的场所穿什么样的服装，国民必须遵守规则。帮助每个国民认知，并确保让国民都知道着装规范。卡塔尔的各种夜总会，如果你穿着长袍，不管你是哪个国籍都是不允许的。如果是休息室（酒精供应），你也不能进入。所以请确保你在进入之前知道。一些餐馆有一个酒吧区，有些地方有限制，如果你穿着长袍或阿拜亚的话，你不能坐在酒吧里或你不可以坐得离酒吧太近。特别是一些地方如夜店、休息室或有指定的地方，你不能穿长袍。

3.3 库瑞特—阿绕比亚（Khuyut Arabiyya）

虽然卡塔尔的经济正在经历一个巨大的繁荣时期，但卡塔尔的服装市场仍然以来自其他国家的进口服装为主，即从成衣到高档时装。卡塔尔服装也是由非卡塔尔血统的设计师所主导，在当地生产不反映卡塔尔文化遗产的服装。虽然卡塔尔服装产业有专门的裁缝系统，但是缺乏能够提供一般和更专业市场的大型工业。拟议的研究项目库瑞特 – 阿绕比亚（Khuyut Arabiyya）旨在帮助建立一个在卡塔尔生产服装的行业，并利用卡塔尔设计师的设计专长生产符合该国宗教和社会传统的服装，同时这些服装还应该反映各种穿着如：专业装，正式装和休闲装的当代时尚潮流。这个项目考虑的时尚范围不仅包括男女老少的服装，还包括各种配饰。这个项目还将考虑如何发展卡塔尔市场，从时装商品的进口商转变为出口商，并以其巧妙的设计和良好的生产质量而闻名国际。这个项目的第一阶段，包括所有组成部分的可行性研究，第二阶段是设计阶段，第三阶段将是开生产始和建立卡塔尔时装学院。这个研究项目将帮助参与的学生奈拉阿毛拉（Nayla Al-Mulla）和饶卡亚阿泰妮（Ruqaya Al Thani）学习作为设计师职业生涯的研究过程，两名学生将从查阅图书和互联网，参观博物馆、档案收藏和时装机构，以及与卡塔尔国内和可能在另一个海湾国家的时尚专业和消费者访谈，寻找相关主题的资源。由于这两名学生都在 VCUQ 学习时装设计，这个项目将帮助他们扩展自己的学科知识，并为他们提供知识基础，帮助他们了解自己的风格和市场的重要性和可能性。第一阶段的最终成果将是一个卡塔尔时尚的研究和解决方案，将有助于扩大卡塔尔的特色影响。学生将在 VCUQ 艺术史助理教授兼画廊总监炅奇·扫克里（Jochen Sokoly）博士的指导下进行必要的研究，炅奇·扫克里的博士研究生阶段的研究工作主要在伊斯兰艺术领域，特别是埃及早

图 4-3-6 缝制服饰

期的伊斯兰纺织业的历史。他的知识将有益于研究和确定适当的伊斯兰设计的项目，他将就这一过程提出建议，并指导学生如何组织材料。

4 卡塔尔的刺绣与时尚

4.1 卡塔尔的刺绣

卡塔尔妇女所做的一种简单的刺绣形式被称为可（Kurar）。它需要四个女人，每个女人都带着四根线，分别用来编织衣服上的不同地方——主要是扫波（Thawb）或阿拜亚（Abaya）。不同颜色的线被垂直绣制，这与中国式链式刺绣相似，普遍使用一种叫扎里（Zari）的金线，它们通常从印度进口。

另一种类型的刺绣与勾法斯（Gohfiahs）帽的设计有关。它们是用棉花制成的，并且用棕榈树的刺做刺针，使妇女能够在缝隙之间缝合。这种形式的刺绣在卡塔尔开始进口帽子之后就不受欢迎了。

Khiyat al Madrasa 被翻译成"学校刺绣"，涉及用缎面拼接缝制家具装饰。在缝合之前，先由创意的艺术家在织物上画出图案，最常见的设计是鸟和花。

4.1.1 链式线迹

链式针迹是一种缝纫和刺绣技术，其中一系列环形针迹形成链状图案。链式链条是一种古老的工艺——用丝线刺绣作品的幸存的中国式链式刺绣的例子可追溯到战国时期（公元前 5—3 世纪）。手工制作的链式刺绣不需要穿过一层以上的织物，由于这个原因，针迹在成品织物的接缝附近是有效的表面点缀。因为链式针迹可以形成流畅的曲线，所以它们被用于模仿线条中"绘画"的许多表面刺绣样式。链式针迹还用于制作鼓形花边、针织物、网眼织物和钩针织物。

4.1.2 缎针

在缝纫和刺绣中，斜纹针迹或缎纹针迹是一系列平针绣，用于完全覆盖背景布料的一部分。可以在标准缝纫机上使用锯齿形针迹或特殊的斜纹针迹线来进行窄行斜纹针迹。为了保持边缘平滑，在包括轮廓的整个形状用缎纹线迹覆盖之前，可以用背面、分割或链式线迹勾画图形。机器制造的斜纹针迹通常用于勾画和贴饰贴布到基布上。

图 4-4-1 精致的伞

图 4-4-2 各种丝绸布

图 4-4-3 各种颜色花纹的布

4.2 卡塔尔时装设计师在贺雅展示卡里奇（Khaliji）服装

卡塔尔女装和卡里奇（Khaliji）设计师在多哈展览中心再次聚首展示色彩鲜艳的面料、亮片、刺绣、闪光和原创图案，此次展览向公众开放。

Heya，阿拉伯语中"她"的意思，从 2014 年到 11 月 22 日举行的第六届卡里奇阿拜亚（Khaliji Abaya）展览，阿拉伯设计师展示和销售阿拜亚（abaya）长袍和晚装。根据组织者卡塔尔旅游局（QTA）的数据，预计将有超过 7 万人参加这个为期五天的活动。QTA 表示，2014 年共有 220 家商铺开业，约 50% 的设计师是卡塔尔人，其余的则来自巴林、科威特、阿联酋和沙特阿拉伯。

诺拉·阿佳米（Noora Al-Ajami）是参加 Heya 的许多卡塔尔时装设计师之一，这是她第三次参加展览会。阿佳米至今已经设计了四年的女性服装，她的服装名都叫做达阿拉善尔（Dar Alasayel），她说每次参加这个活动都会成长。阿佳米的收藏每三到四个月更换一次。设计师说，她的目标受众是卡塔尔女性——无论是儿童、青少年还是成年人。她在多哈新闻中说道："虽然任何女性都可以穿我设计的衣服，但我倾向于吸引当地的观众。卡塔尔妇女通常被描绘成有许多刺绣的自由流动的礼服。刺绣被证明是海湾合作委员会妇女中最受欢迎的风格元素，尤其是卡塔尔人。卡塔尔人爱刺绣。我设计和销售的是婚礼、派对和斋月等特殊场合的服装。"据设计师介绍，阿佳米设计的一件自由流动绣花服装花费在 QR800 左右，通常在斋月期间在家中穿着。在幕后，阿佳米在制作新款服装之前先要配合人体模型进行设计，然后由三名男性组成的团队进行裁剪和缝制，以生产最终产品。每件衣服都需要一天的时间才能拿到商店去展示。

阿佳米以及数百名参加展览的女性时装设计师将展览会上展览出售作品。

4.3 艾米拉·卡罗波（Elmira Kahrobae）时尚在卡塔尔

艾米拉·卡罗波（Elmira Kahrobae）是一位成熟的时尚人士，也是卡塔尔数字化信息快速增长的影响者之一。《艾米拉的世界》（elmirasworld）是一本在线杂志，在这里，她会分享她对时尚的热爱，艾米拉经常更新内容，从最大的时装设计公司到最小的独立设计师，美容秘诀以及各种服装市场趋势的时尚创意，服装和配饰。艾米拉认为"一些伟大的想法总是来自一个伟大的灵感"。

4.4 阿比尔·阿科瓦瑞（Abeer Al-kuwari）时尚

这位多学科的视觉艺术家带来了多元化的艺术，引发了观众情绪高涨的流动，而核心则为卡塔尔女性及其日常生活中的民间传说和传统的狂放节奏奠定了基础。阿比尔·阿科瓦瑞（Abeer Al-kuwari）在当代表现主义的思想中运用了深刻的叙事、深入的调查以及对阿拉伯民族和文化规范的继承价值，展示了一种原创的文物保护艺术手段。长期的习俗、过时的时尚风格和想象中的女妖，通过这位有能力的翻译者得到了实实在在的形式，恢复了看似荒谬的旧作风的简单智慧。

4.5 桑德拉·威尔金斯

桑德拉·贝尔从 9 岁开始就一直在设计服装。时装设计被认为是一个年轻女性的创造性和利润丰厚的爱好，但每个人都认为音乐才能提供一个充满希望的未来，这是因为通过音乐可以获得奖学金去读大学。当桑德拉申请并最终进入大学时，她心中毫无疑问，时尚是她最终的热爱。1968 年从大学毕业后，她在洛杉矶从事自由职业，并担任南加州布洛克公司的销售经理，负责支付账单。1977 年，她回到母校担任剧院系的助教，1978 年成为时

图 4-4-4 店里的人体模特穿着服饰

图 4-4-5 女子婚服

装系的专职教师，1985 年晋升为助理教授，1992 年升任终身教授。1990 年，桑德拉只用 8 个学分和一篇毕业论文，结束了她的服装设计专业学习。

1992 年，她被任命为 VCU 时装部的临时主席，直到 1996 年一直担任该职位。同年，桑德拉获得美国国际开发署的津贴前往津巴布韦，担任南部非洲的技术学校的教授，咨询和开发时装课程，在 1999 年秋季学期前往卡塔尔领导纱卡（Shaqab）设计艺术学院的时装课程。并于 2005 年成为卡塔尔弗吉尼亚联邦大学时尚系主任。

5 总结

服装和纺织品可以在文化认同、在不同历史时期改变自己的生活方式，同时这些材料在博物馆环境中展现出民族和文化特征的作用。服装和纺织品在卡塔尔有丰富历史文化，探索服装和服饰文化建构的作用，卡塔尔服装和服装的作用以及影响生活方式的新观念可以进行深入的研究。

第五章 格鲁吉亚

1 绪论

格鲁吉亚是一个非常有特色的古老国度，位于欧亚两洲交界处的高加索地区的中西部，与阿塞拜疆、土耳其、亚美尼亚及俄罗斯毗邻，80% 的国土为山地，仅 13% 的面积为低地地区。当地优美的风景吸引了众多游客，格鲁吉亚也因此享有"上帝的后花园"的美称。

纵观其历史，格鲁吉亚可以称得上是一个十分动荡、历尽沧桑的国家。罗马帝国将其势力扩展到小亚细亚时，格鲁吉亚融于其中成一国，与其联盟共同抵抗波斯国，同时也深深感染了西方文化。公元 330 年，格鲁吉亚接纳了基督教，并以此为国教，遂将国名定为格鲁吉亚，并且长期与拜占庭结盟共同抵抗伊斯兰教的军事扩张。

公元前 6 世纪，科尔希达王国于现在的格鲁吉亚境内建立了奴隶制，前 6—4 世纪，建立了封建国家。公元 6—10 世纪，伊朗萨珊王朝、拜占庭帝国和阿拉伯帝国统治着这个国家。6—10 世纪，格鲁吉亚民族才基本形成。8—9 世纪初，形成了卡赫季亚、埃列季亚、陶 – 克拉尔杰特三个封建公国以及阿布哈兹王国。12—13 世纪，产生了伟大的艺术与哲学文化，成为欧亚文化共创的奇葩。13—14 世纪，先后遭到蒙古鞑靼人和帖木儿的入侵。到了 15—17 世纪初，格鲁吉亚出现了许多独立的王国以及公国。16—18 世纪，格鲁吉亚变成了奥斯曼帝国和伊朗两国争夺的对象。18世纪，这个饱受动荡的国家向新兴的强国俄罗斯求助，1801—1864年，格鲁吉亚各公国先后并入俄罗斯帝国，变为梯弗里斯省和库塔伊西省。1917年发生俄国革命，格鲁吉亚宣布独立。1918年，又受到德国、英国和奥斯曼帝国军队的侵入。1921年2月25日，成立格鲁吉亚苏维埃社会主义共和国，同年12月，阿布哈兹苏维埃社会主义共和国正式加入。1922年3月12日，加入外高加索苏维埃社会主义联邦共和国，并于同年的12月作为联邦成员加入苏联。1936年12月5日，格鲁吉亚苏维埃社会主义共和国成为苏联加盟共和国之一。直至1991年，苏联瓦解，格鲁吉亚才真正独立。因此，格鲁吉亚虽属于亚洲国家，但其民族风格深深受到西方欧洲的影响，其服饰风格也偏西方化。

格鲁吉亚人的祖先自古就居住在南高加索山区，公元前后由卡尔特人、斯万人和麦格列尔人三个近亲集团结合形成格鲁吉亚民族。因遭到上述的长期封建割据，逐渐形成在文化、生活、语言等方面各具特点的地方性团体，如：基齐克人、图申人、斯万人、麦格列尔人、拉兹人、阿扎尔人、古里人等。现在的格鲁吉亚也是一个复杂的多民族国家，包括格鲁吉亚族、阿塞拜疆族、亚美尼亚族、俄罗斯族以及奥塞梯族、阿布哈兹族、希腊族等，还有卡夫来安民族。

当代全球服装的发展每年都有改变，其流行元素也各不同，但复古的风潮一直热度不减，人们也越来越喜爱接触民族色彩的事物。下面四张组图是Ulyana Sergeenko Spring 2015系列的时装。整个系列展示了高加索地区的风格，融入了很多传统民族服饰的元素，还原了旧时名媛的精致典雅。

图5-1-1所示女装中运用了经典的黑白搭配，且保留细致的刺绣元素以及头巾，将长裙裙摆剪裁为花瓣形状，上半身的长袖也完全被剪裁掉。图5-1-2所示女装则将长长的大裙摆裁短，上身做了V形镂空，修饰、披肩及绣花还保留了旧时风格。图5-1-3所示女装整体廓形保留，还搭配了银饰，且也是黑白搭配，而将肩部及袖子改成了蕾丝设计。图5-1-4所示女装改动很大，尤其是裙摆，上层有较蓬大的廓形且有折叠，下层则收紧，但整体还是体现了高加索风格。通过对原有传统服饰的改动，使整个系列更加现代，却又复古精致。

图5-1-1 女装1

图5-1-2 女装2

图5-1-3 女装3

图5-1-4 女装4

2 传统民族服饰概况

2.1 民族服饰线索及价值

在民族服饰中，与其他物质文化领域一样，可以表现出一个民族的性格、习俗、精神生活、社会认同和伦理规范，格鲁吉亚的传统服装也不例外。这些民族在生活习俗、宗教信仰乃至其家居装饰、服饰也别具一格。图5-2-1、图5-2-2和图5-2-3为格鲁吉亚当地特色家居装饰织物，其图案配色风格也与当地服装风格呼应，可为服装图案等研究提供参考。图5-2-1为挂毯织物，以米棕色为底色，配以黑色连续菱形图案以及浅紫色线条，颇具拜占庭风格。图5-2-2中的格鲁吉亚桌布总体印染风格类似于中国的蜡染，以蓝白或黑白为主色，图案则是西方盛行的佩兹利图形，还有鸟类、鱼虫以及一些连续图形和中心对称图形。这或许是对自然的崇拜，同时也体现了其对各方文化的融合。图5-2-3为花卉织锦，以米色为底色，大量的红色调的连续花卉图案，优雅华丽，十分有西方特色。

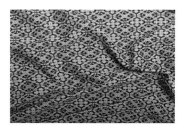  

图5-2-1 传统格鲁吉亚花卉几何　　图5-2-2 传统格鲁吉亚桌布　　图5-2-3 传统花卉织锦菱形挂毯织物装饰布

任何一个格鲁吉亚的家庭，如果没有丧失对祖先的尊重，就会将祖父母、曾祖父母以及老一辈的亲戚的照片精心保存在家庭档案（族谱）中，作为个人遗产。然而，这些泛黄的老照片经常作为研究人员的纪录片的来源，是有价值的，它们有助于复原格鲁吉亚的传统服饰。这在对格鲁吉亚的民族服饰历史、法律、文学古迹、考古和民族志材料、旅行笔记、寺庙的绘画、壁画、浮雕、铸币样本等的研究中发挥了重大作用。许多科学家如 I.伽瓦科什维利 i、G.瑞丁、N.肖方喀什维利、C.贝加十维利致力于传统格鲁吉亚服装的研究工作，他们可以从游者的旅行纪录中提取出大量的信息，他们欣赏格鲁吉亚服装的美丽和创意，尤其着迷于格鲁吉亚不同地区的人们服饰原创性的独特之处。

在山区和低地地区形成了不同服饰的形式，受气候条件、人们生活习俗，地理位置、与邻边的沟通等因素影响较大。每个民族地区都有其独特的服装，但传统的格鲁吉亚服装的经典风格是：男人穿着绰卡－阿科尔卢克，包括适当的鞋类和配件；女人穿着奇地－科皮，包括长裙及长腰带和头饰。

当然，这些服装也有许多共同的特征，比如男装的严谨，女装的优雅，但同时又因造型、细节、装饰、材质、配饰而有所不同。图5-2-4为各种传统的格鲁吉亚帽子，基本以黑白为主。图5-2-5为一块格鲁吉亚手工艺制品，仔细欣赏分析，可以看到其黑色底部上嵌着各色三角形、菱形，与帽子的图案风格类似。

图5-2-4 格鲁吉亚传统帽子

图5-2-5 格鲁吉亚传统工艺

2.2 女式民族服饰

"昨天，在铺着地毯的屋里，你第一次见到了格鲁吉亚女郎，她穿着丝绸服装，绣满金银边饰，透明的薄纱在后背轻扬。今天，头戴雪白的披纱，可怜的女子，沿着山间小路轻盈如风地向前，穿过墙上的豁口，走向小溪，头上顶着带花纹的高水罐。但请勿急着紧随她，我疲惫的同伴——切莫迷恋不切实际的幻影！海市蜃楼无法消除酷热中折磨人的渴盼，也不能带来水声潺潺的美梦！"

这首小诗是19世纪俄国唯美主义诗人波隆斯基在高加索地区工作时所作。诗中刻画了一位迷人的格鲁吉亚美女，并对她华丽的着装进行了描述。格鲁吉亚女装中，有长及脚踝的连衣裙，被称为"卡图力"；有用于收紧身材的紧身胸衣，饰以珠子、宝石、金辫子。还必须佩戴的有一条宽的丝绸或天鹅绒带子，以刺绣和珍珠装饰；一顶叫作"莱格西"的帽子（有一层白色的薄纱，适合在表圈周围固定在头上），以及"奇地－科皮"（奇地是一种纸板头带，内衬天鹅绒，科皮是一种棉质筒子），"巴格达迪"（上层阶级女性戴的围巾）或较大的毯子，裙子上穿着"凯蒂比"（披有皮毛或棉质衬里），"柯西"（富有的格鲁吉亚妇女穿着华丽的绸缎材料制成的穆勒高跟鞋），"卡拉马尼"（贫穷的女人则穿着皮凉鞋）和一条较便宜材质的裙子。裙装颜色主要有红色、绿色、深橙色。图5-2-6中的妇女所处环境，着装较简朴。图5-2-7中的舞者则身穿华丽的天鹅绒和丝绸长裙，头戴传统的垂着白色薄纱的小帽子，还有的穿着红色绣花裙子。

图5-2-6 身着格鲁吉亚寻常服装和传统头饰的妇女

图5-2-7 格鲁吉亚传统女装

2.3 男式民族服饰

男式服装有棉、缎子或者亚麻衬衫"帕拉朗一"，低腰短裤"肯迪"，高腰宽松长裤"夏丽"，是用黑色或者深红色的布缝制而成的或者有贴边，衣服体现了一个男人的庄严身形，它是用羊毛材料缝制的。在"科奇"下穿丝绸制成的"阿科尔路基"，系有一条缀着银带的窄腰带。再上配一件腰带，从腰带上吊下一把匕首，没有它，这套服装被认为是不完整的。贵族和王子穿着"卡波"，这是不同于黑色丝绸花边和纽扣的"绰卡"装饰。绰卡有四种类型："卡特－卡赫季州绰卡"（卡特利和卡赫季是格鲁吉亚东部省份），

图5-2-8 格鲁吉亚传统的男士着装与帕帕哈

"哈维苏里绰卡"（主要在格鲁吉亚姆茨赫塔，姆季阿涅季州），"阿德贾里安绰卡"（主要发现于格鲁吉亚西部省份，如阿查利和古里亚，以前也发现于拉佐纳），高加索人日常绰卡。其颜色按社会地位和年龄而不同，黑色为最尊贵，红色次之，青少年穿浅红色，婚礼穿白色，日常多穿灰色。而"库拉加"则代表了上层礼仪的服装，用亮丽的天鹅绒缝制的吊带裙，饰有编带和毛皮。图5-2-8为格鲁吉亚传统男装，他们头上毛茸茸的帽子是传统头饰中的"帕帕哈"。

3 民族传统服饰

由于格鲁吉亚的每个地区都非常特别，他们的服装都有一些不同之处。

3.1 哈维苏里服饰

到此参观的游者和研究人员的注意力往往会被哈维苏里服装所吸引，特别是它的独创性和装饰，不可能再找到与"塔拉韦拉"（它的名字）一样的服装了。这种服装的独特之处在于它的裁剪、颜色和装饰，"塔拉韦拉"用粗麻布和粗羊毛材料缝制，颜色主要为黑色或蓝色。由于面料十分紧实，所以必须靠手工缝制。哈维苏里的妇女从小就学习怎么缝纫衣服和刺绣。服装的高雅和创意，使得刺绣需要依靠多种多样的珠子、彩线、珠宝、首饰、钱币和银饰，且其材料的品质都是最精细的。

女装裙子的下摆为"左迪克"，缀有条纹的褶边，其分配是有规律的：先是黑色条纹，然后是红色和蓝色条纹。衣服外还会穿一件斗篷，另外也绣有五颜六色的"查克洛"（无袖）

或"阿班纳书"（长袖）刺绣图案。刺绣也用于装饰的帽子"萨图拉"和围裙、腰带，还有针织袜子，裙子没有覆盖部分的腿部，袜子外面的棉绒保证脚走在陡峭的山坡上时不会滑倒。男式服装包括一件衬衫，绣有多种多彩的图案，刺绣越丰富多彩，其尊贵程度越高。对称绣花的外套，与女装不同，其领口和珠绣的下摆给人以非凡的魅力。在穿着的衬衫上面，有一件由一块黑色或蓝色粗布做的绰卡，肩膀上面绣着十字架刺绣，其正面有丰富的装饰，两侧有狭缝，延伸到腰部。哈维苏里人的头上戴有毡帽，帽子上绣有黑色和白色的珠子。令人难以置信的幻想、色彩的组合、最棒的作品伴着美丽，给每个来拜访这个美丽土地的人带来欢乐。

3.2 高地地区服饰

其他高地地区的人也穿戴非常独特的服装，称为"图申""巴甫洛夫"。必须注意一个关于面料的事实：他们的衣服是用土布，即用天然染料印染的羊毛织物、棉布、帆布、丝绸缝的。其中，关于丝绸的生产，格鲁吉亚的桑蚕业早在丝绸之路经过格鲁吉亚前就已经兴起了，公元5世纪后半叶撰写的格鲁吉亚史书《圣舒沙尼克英烈传》中记述道：格鲁吉亚桑蚕业兴于5世纪。后因病虫害的毁坏，19世纪50年代，格鲁吉亚的桑蚕业几近绝迹。后来，沙俄为了复苏在南高加索的养蚕业，把时为第比利斯商会会员的尼古拉斯·沙弗罗夫派往西欧学习。在为期两年的"留学"中，沙弗罗夫先后到过意大利、法国、奥匈帝国和德国，专门学习蚕虫的孵化和饲养技术。然而桑蚕业还是在格鲁吉亚颓败，现今几乎无人问津。上流社会则更青睐于进口的面料——丝绸、缎子、法兰绒、锦缎、毛绒织物。而从19世纪末开始，对工厂织造布料的应用迅猛发展。

3.3 图申服饰

图申服装由衬衫、"沙尔沃""法路哈"和平常的没有流苏的袖子的绰卡组成，头戴毡帽，脚穿针织的"及卡比"。女性则穿短衬衫和长款针织裤，在这件衣服上，也可加上和男人一模一样的绰卡，头上戴头巾，整套衣服以黑色为主色。鞋子称作"卡拉马尼"，穿在有图案的针织袜子外面。另一种是"普拉斯基"西装，长袖短绰卡，绿色或蓝色"查卢"，宽长裤，毡帽和皮革或羊毛绑腿的"卡拉马尼"。当然必须要有的部分是毛皮枪鞘中的枪和腰带上的匕首、侧剑。妇女则穿着一件长长的红色衬衫，饰有珠子，棉质披肩，羊毛连衣裙，上面戴着一块"帕帕拉吉"布，头饰是一块宽大的黑色披肩。显然，这些服装看起来不如上面的服装多彩。对于耳环，她们喜欢以铜和银十字架以及五颜六色的石头作为装饰。

3.4 平原地区服饰

告别山区，缓缓走下，步入平原。让我们看一看，如何打扮成一个古里亚人、卡卡地人或者阿扎尔人。阿扎尔人和古里亚人的衣服被称为"查库拉"，这套服饰包括了短的刺绣金带子、大衣、夹克和有褶的长裤，并配有佩带匕首、短枪、囊袋和火药瓶的彩色腰带，他们的头上戴着"卡巴拉"帽。阿扎尔人穿着背心和"乔哈"。裤子裤腿的褶皱逐渐缩小，裤脚固定在脚踝处，还有细窄的皮带。双脚穿有斑点的针织袜子和"卡拉马尼"。此外阿扎尔人还必须配有手枪、步枪、袋子、刀、水壶、和枪弹带。女式服装包括一件长衫、长款的裙子、明丽的印花布衬衫和宽大的裤子，裤腿向脚踝逐渐缩小。在头部装饰方面，她们会戴上一块棉手帕和宝石。

而在卡特利和卡赫季，人们的穿着几乎完全相同。没有腰带的长的"乔哈"和"阿科尔鲁基"，袖子延伸到手腕，所以不得不把它们挽到肘部。这些服装基本上是由黑色、蓝色和棕色羊毛面料制成的。

3.5 格鲁吉亚皇家服饰

对于皇家服饰不能多做评价，其实关于它的基本信息在教堂的绘画、珠宝、硬币中均有所体现。

拜占庭人一直保留着罗马帝国的制度以及服饰，因此在一定程度上可以说拜占庭其实是罗马历史的延续，是罗马的一个新的发展阶段。君士坦丁堡坐落于东方，与传统的希腊爱琴海文化圈分离，它与波斯、阿拉伯乃至中国都有着密切的联系，因此拜占庭文化艺术中充斥着东西方风格的混合元素。李当岐教授在《西洋服装史》中写道：拜占庭文化是希腊、罗马的古典理念、东方的神秘主义和新兴的基督教文化三种完全异质的文化的混合物，这一点在服饰中也有很明显的体现。

拜占庭初期的服装基本沿用罗马帝国的样式，但是随着基督教文化影响的日益扩大、东方文化的影响和地理位置等综合因素的作用，拜占庭服饰逐渐形成了自己独特的服饰形制。宽衣文化是古希腊罗马对人体的赞扬与肯定，拜占庭纬度高，气候比爱琴海寒冷，是暴露轻薄的宽衣文化瓦解的自然地理因素，而基督教文化和东方文化的蔓延则是服装走向保守与克制的人文因素。

拜占庭主要的服饰形式有达尔玛提卡、斗篷、面纱和皇冠。达尔玛提卡就是中间挖领口的平面十字型结构的宽松袍子，前胸后背贯穿两条紫红色的条纹，起初带有宗教象征意义，仅贵族才可以用，后仅作装饰，平民也可随意服用。面纱是长方形的素色布，华贵一些的散绣着简单的小十字架图案，边缘上有流苏装饰。

事实上，到了 15 世纪，皇家服装的风格和装饰风格受到了政治环境和文化关系的制约，其起源是拜占庭，明显与其曾与拜占庭帝国结盟甚至处于其统治下有关，但还是有一些不同。王室服装由一件罩衫、帕留姆（长衫）和头

图 5-3-1 塔玛拉女王

冠组成。与长而狭窄的拜占庭帕留姆不同，格鲁吉亚人的长衫则更加宽和短，没有腰带，也没有一种特定的样式，而是有各种各样的颜色，如绿色、红色、紫色、蓝色等。服装织物是由金银丝织造成的，并以宝石饰之。因此，塔玛拉女王的礼仪服装（装饰后的，现存于艺术宫）装饰有 3621 颗珍珠和 154 枚镀金扣，卢阿尔萨布国王的服装饰有 1692 颗珍珠和重为 13 克的镀银吊坠。服装搭配一件宽阔的新月形披肩（马年克斯），覆盖胸部和肩部，饰以金线、宝石和珍珠。皮革或布料的带子作为装饰，饰有不同形状和装饰的扣环以及金属、金子、珍珠和宝石扣子。

3.6 车臣高加索地区服饰

车臣共和国位于俄罗斯境内大高加索山脉北坡及与其相连的车臣平原和捷列科——库姆斯克低地上，其南面有很长一段的边界紧挨格鲁吉亚共和国。与邻居格鲁吉亚有着相似的历史，车臣这个在 13 世纪遭受蒙古鞑靼人的侵袭，14 世纪末又遭到中亚帖木儿帝国军队的蹂躏，直到 15 至 16 世纪金帐汗国解体后，车臣人才开始从山区向平原迁徙。16 至 19 世纪，伊斯兰教开始传入车臣。在 17 至 18 世纪之交，车臣也开始成为波斯、奥斯曼、俄罗斯三国争夺的对象。自 15 世纪奥斯曼帝国入侵开始，车臣人民便在高加索山区不断抵抗外来者的入侵。而后车臣投向穆斯林阵营，与奥斯曼帝国的关系有所缓和，但却与信奉基督教且与拜占庭结盟共同抵抗伊斯兰教的格鲁吉亚人之间的冲突不断升级。之后，车臣与格鲁吉亚一样加入了苏联。由于历史地域等因素，这两个国家生活在高加索地区的居民，其文化和服装样式也都相似，所以车臣服装对格鲁吉亚加索地区的民族服装的研究有一定参考意义。

车臣人传统服装中，男子的服饰主要由裤腿紧缩的灯笼裤、紧身外衣、羊皮靴和袍子组成，袍子的胸部位置有子弹夹。他们头上会戴一顶向上扩张的羊皮高筒帽，根据帽子的外观，我们可以辨别一个人的身份高低。普通的山民，他们只会戴中等高度的羊皮高筒帽；而贵族以及富贵人家，戴一顶比较高的羊皮高筒帽以示身份；有宗教称号或者教育职业的人则会佩戴镶彩织底边的羊皮高筒帽；去过麦加朝觐的人，他们的羊皮高筒帽则具有绿色的花纹图案。妇女的传统服装包括：上身穿着衬衫，下身穿宽大灯笼裤，外面罩一条宽袖的连衣裙，头上围一条五颜六色的方披巾。年青妇女喜欢穿束腰的连衣裙，年长妇女则偏爱样式比较宽松且没有皱褶及腰带的连衣裙。出门作客时，一般会穿白色或其他鲜艳色调的丝绸裙子。由于高加索地区的民族服装式样都几近相同，因此，从服装上区分民族属性主要取决于服装的颜色和个别装饰物。通常，车臣男子最喜爱穿白色紧身外衣和胸部有子弹夹的袍子，而格鲁吉亚男式服装则必佩剑、匕首或枪。车臣妇女最喜穿红色或蓝色衬衫，而格鲁吉亚妇女偏爱红色、绿色、深橙色等。

图 5-3-2 中新娘身穿传统婚纱与舞者共舞，男士的服装是绰卡，是高领的羊毛外套，起源于高加索地区。在这个地区，也有女性绰卡。它在 9 世纪到 20 世纪 20 年代在格鲁吉亚人中穿着广泛。 现在格鲁吉亚人仍然把它当作民族自豪感的象征，在格鲁吉亚人的婚礼和

官方活动中经常穿着。苏维埃统治时期,格鲁吉亚人身上穿了一千多年的一种高领羊毛外套很少被看到,但是现在对于许多人来说,它象征着该国骄傲的过去和对其占领的抵抗。格鲁吉亚总统萨卡什维利已经下令在海外工作的格鲁吉亚高级官员在出席正式会议时要穿着包括乔卡人在内的国服。

图 5-3-2 新娘身穿传统服装与格鲁吉亚舞者一起表演

4 总结

传统格鲁吉亚服装主要由羊毛、棉、丝织物以及天鹅绒面料缝制而成,精梳羊毛面料挺括、有身骨,手感滑糯,悬垂性较好,且光泽温和,整体给人优雅沉稳的印象;棉织物吸湿排汗好,穿着舒适,外观朴素而恬淡,让人有亲近自然的感觉;丝绸则轻薄飘逸,流畅灵动,既可雍容华贵,也可清新友好;而天鹅绒有弹性、柔软、温暖、色泽亮丽、悬垂性较好,典雅而华丽。光从面料方面看,就能感受到该国人民优雅从容的气质。而且他们喜好刺绣,服装上往往有各种需由珠子、彩线搭配的刺绣花纹,又喜佩戴珠宝、首饰和银饰,且其材料的品质都是最精细的。从中可以感受到他们追求细致华丽的外表。而配饰方面,无论男女都爱佩戴格式的帽子或头巾,这应该和前面所述的他们从古的风俗、经历和宗教信仰有关。男士会佩带枪、剑和匕首,女士则喜好佩戴银饰、宝石。在服装色彩方面,男士多穿黑色、深蓝、深红、白色;女士则色彩较为丰富,从深沉的黑、灰色到清新、冷淡的蓝、绿色,以及热情艳丽的红色系。整体服装多以大面积的纯色配上刺绣的花纹,既显华丽又不会花哨。

这个多元文化、民族结构复杂的国家,通过其各具特色的民族服饰向我们呈现了一种包容、恬静、向往美好生活的国家态度。

第六章 巴勒斯坦

1 绪论

巴勒斯坦是中东的一个国家，由加沙和约旦河西岸两部分组成，主要民族为犹太人和阿拉伯人，通用阿拉伯语。巴勒斯坦古称迦南，"迦南"在《圣经》旧约中被认为是神"应许之地"，是一块"流着奶与蜜"的土地。

公元前 1020—公元前 923 年，犹太人建立希伯来王国；公元前 1 世纪，罗马帝国侵入，绝大部分犹太人流往世界各地；公元 622 年，阿拉伯人战胜罗马帝国，接管巴勒斯坦，成为阿拉伯帝国的一部分。随着阿拉伯人不断移入并和当地土著居民同化，逐步形成了现代巴勒斯坦阿拉伯人。

巴勒斯坦经济以农业为主，工业水平很低，主要是加工业，如橡胶、纺织、制衣、化工、家具等。

1.1 巴勒斯坦纺织业

纺织服装业是巴勒斯坦工业的重要组成之一，占生产企业的 18%，占所有制造业就业的近 30%。约旦河西岸、加沙地区的服装业产值为 1.26 亿美元（占工业总产值的 15.3%），增值为 7900 万美元（占工业总值的 21.9%）。

该行业由大量未注册的公司组成，包含国内数百家小型企业。通常与以色列签订大额分包协议，依赖且受制于以色列市场。因此，政治形势对行业的影响很大。

1.1.1 纺织服装工厂分布及发展概况

约有 1700 家工厂（纺织和服装）分布在约旦河西岸和加沙地带，40% 位于加沙，其余 60% 主要位于西岸北部的城市，见表 6-1-1。纺织工厂约 270 家，纳布卢斯地区最多，其次是加沙。由于与以色列服装业联系紧密，以色列又和欧盟、美国签订自由贸易协议，在 1980—1990 年间，其工厂数量急剧增加。对该行业的调查显示，20 世纪 60 年代加沙有工厂 4%，70 年代为 7%，80 年代为 47%，90 年代为 42%。

表 6-1-1 巴勒斯坦纺织和服装工厂的数量和地理分布

位置	纺织厂数量	服装厂数量
Jenin	11	75
Tulkarem	7	120
Qalqilya	6	30
Nablus	82	280
Ramallah	22	75
Jericho	7	10
Bethlehem	32	40
Hebron	41	100
Gaza	60	700

1.1.2 产品品种和生产特点

巴勒斯坦工厂目前正在生产各种服装和纺织品，包括童装、T恤、裤子、衬衫和牛仔布。其总流程主要分8个阶段：设计、裁剪、缝纫、预洗涤、熨烫、包装、营销、分销。

鉴于与以色列承包商强大的分包关系，加沙地带和西岸的大多数制造商都参与了第3-6阶段，其特点是劳动密集型和低利润率；而以色列的承包商则主导着设计、营销和分销阶段，其特点为高利润率和对市场的全面控制。

在技术方面，巴勒斯坦公司继续依靠传统的电动缝纫机生产方式，仅少数巴勒斯坦大公司引进了计算机辅助生产方法。

1.2 纺织工业现状

阿联酋《宣言报》2018年9月27日报道，巴勒斯坦贸易中心PalTrade选择在迪拜推出关于"巴勒斯坦制造"的重要倡议，旨在树立巴作为优质产品、服务出口国形象，同时也让全球范围内的公司了解巴特色产品。该活动由PalTrade与欧盟及英国国际发展部合作主办。这次活动选择在迪拜举行主要考虑两点：一是阿联酋是巴勒斯坦主要的出口市场之一，2017年巴对阿出口额达1亿美元；二是迪拜在全球和地区贸易版图中占有重要地位。巴勒斯坦服装是传统巴勒斯坦人穿的服装。19世纪末和20世纪初外国游客在巴勒斯坦往往惊艳于丰富多彩的服饰穿戴，尤其是农村妇女。许多手工制作的成衣绣和丰富的创造力在文化传承中发挥了重要作用。大多数专家认为巴勒斯坦服装源远流长，但是没有比较明确的证据。其影响可能来自于统治巴勒斯坦的各大帝国，如古埃及、古罗马和拜占庭帝国。

阿联酋通讯社2018年5月23日报道，阿布扎比发展基金会（ADFD）周三宣布，2017年ADFD共为9个发展中国家援助11个发展项目，总规模达14亿迪拉姆（约3.8亿美元）。其中4个项目为优惠贷款项目，涉及埃及、安提瓜和巴布达以及马尔代夫等国，其余7个项目为发展援助项目，涉及哥伦比亚、也门、科摩罗、厄立特里亚、索马里、巴勒斯坦和马尔代夫等国，规模为7.54亿迪拉姆（约2.0亿美元）。

纺织业是巴勒斯坦的第二大产业，约有 30% 的巴勒斯坦人从事纺织工作，巴勒斯坦权威机构内有 17562 名服装纺织工人。但是，由于许多家族企业非正式和小规模的性质，雇用人数不到 10 人，或许稍多。即使是大多数注册制造商也仅雇用不到 20 名的工人。

目前巴勒斯坦纺织服装联盟有约 720 家成员公司。要成为一员，企业必须有至少 10 台缝纫机，其中可能不包括一些小型家庭企业。这意味着纺织品和服装占全部工业企业的 19.7%。大多数企业是微型企业或小型企业，50% 雇用 1 ~ 4 名工人，另外只有 27% 雇用 5 ~ 9 名工人。巴勒斯坦纺织工业几乎完全依赖以色列市场，巴勒斯坦权威机构中 80% ~ 90% 的纺织和服装工厂是以色列公司的分包商。这意味着政治形势对企业有很大的影响。例如，在 20 世纪 80 年代和 90 年代，由于国际自由贸易协定，以色列对巴勒斯坦的工厂需求大幅增加。与此相反，在第二次起义期间，巴勒斯坦纺织工业的总产量从 2001 年的 9600 万美元下降到 2004 年的 7000 万美元。然而，除了过度依赖外，这种密切的关系也使巴勒斯坦制造商受益于以色列人带来的经验和诀窍。

以色列公司和巴勒斯坦制造商之间的分工非常明确。巴勒斯坦合伙人参与制造业的缝纫、熨烫和包装阶段（劳动密集型工作，利润率低），而以色列的承包商负责原材料、设计、市场和分销。在这种流程划分下，巴勒斯坦公司通常使用低技术的传统方法，如简单的电动缝纫机。巴勒斯坦工业统计数字显示，只有 12% 的西岸制造商能够获得当地原材料。由于工资结构比以色列低得多，约为 1:4 比例，以色列方面积极地在巴勒斯坦权威机构开展业务，并鼓励分包商在那里建立自己的工厂。

2　巴勒斯坦主要地区的服饰艺术

2.1　传统服饰概述

巴勒斯坦人民的服装是他们的传统服饰，其丰富多彩之变化，尤其体现在农夫或乡村妇女的着装上。许多手工制作的服装上刺绣繁多，其缝制和护理在该地区妇女的生活中占据着主导地位。

一直到 20 世纪 40 年代，传统的巴勒斯坦女性服装可反映一个女人的经济和婚姻状况，以及她所属的城镇或地区，这些信息可从服装使用的面料、颜色、裁剪和刺绣图案中辨别出来。

1948 年以前，巴勒斯坦的阿拉伯社会主要由三个群体组成：城镇居民、小部分游牧或

图 6-2-1　巴勒斯坦人民

半游牧的贝都因人部落以及四分之三人口的村民。800多个村庄从沿海平原分散到约旦河。在历史上，城市地区的服装往往能够反映出当前殖民国家的风格，例如奥斯曼帝国时期的土耳其风格，英国统治时期的欧洲风格等，而许多乡下村庄在经济和社会方面较为独立，且面临沟通交流和生存环境上的困难，因此社区内个人主义特征非常强烈：不同方言，不同作物和食物，以及各异的服装。

巴勒斯坦妇女擅长运用不同的图案，如树木、花盆和柏树，其蕴含意义和象征是受到伯利恒瓦片、耶路撒冷山脉以及希伯伦钥匙的启发。各帝国诸如古埃及、古

图6-2-2 传统阿拉伯贝都因人三件套连衣裙

罗马和拜占庭等在统治巴勒斯坦期间所带来的主要影响，很大程度上来源于艺术和文学作品里对这些时期生产的服饰的记载和描述。

巴勒斯坦服装收藏家兼研究员 Hanan Munayyer 针对迦南时期文物中巴勒斯坦人的装束，例如描绘迦南人 A 形服装的埃及绘画指出，从公元前 1200 年到 1940 年，巴勒斯坦所有的裙装都是从天然面料上切下来的，形状类似于 A 字形的三角袖子。这种形状被考古学家称为"叙利亚的外衣"，并出现在诸如公元前 1200 年的梅吉多象牙雕刻的文物上。

2.2 巴勒斯坦北部地区

巴勒斯坦北部是服装最为丰富的地区之一，传统风格在不同的社会阶层和居住在加利利上下的宗教派别之间各不相同。

加利利的菲拉族女人的衣柜里，基本都会有长袍、内含长的裤子、头饰和帽子（有硬币装饰）。最初，全加利利上下都穿着带刺绣的服装，刺针的选用似乎比巴勒斯坦其他地方更加广泛。当时缎纹、对角缎纹、十字绣等十分流行，在今天保留下来的许多加利利服装上都有所呈现。

19 世纪的外套也体现了高超的多技巧融合。这些服装通常由棉手织制成，前部装饰有丰富的丝绸或塔夫绸贴花和染色的丝织物，后面绣有如地毯上几何图案般的丝线图案。加利利北部德鲁兹教派的服装保持着该传统，即对服装进行繁复装饰。19 世纪后期的女装大衣是用手工编织的材料缝制而成的，偶尔会用丝绸贴布或锦缎来装饰。

包含纳布卢斯、图勒凯尔姆和杰宁等主要城镇的北部地区比加利利或巴勒斯坦中部更加贫瘠，农业条件艰苦，女性在田野上劳作增多，很少有时间来刺绣。该地区有句俗话，

即为"刺绣意味着缺乏工作"。

但纳布卢斯服装通过多彩的面料和颜色组合，呈现出独特的风格。作为拥有繁荣露天市场的重要贸易中心，从大马士革和阿勒颇丝绸到曼彻斯特棉花和白棉布，有大量的面料可供选择。

该地区的服装搭配与加利利相似，长短的土耳其风格的夹克比较常见。日常穿着服装通常由白色的棉布或亚麻布制成，且偏向于有翅膀似的袖子。夏季服装常常在前后两侧交织着红、绿、黄几色条纹，胸部饰有贴花和辫状物。

2.3 巴勒斯坦中部地区

犹太山地形成了巴勒斯坦中部的东半部。这是一个繁荣的地区，包括四个重要的城镇，耶路撒冷、拉马拉、伯利恒和希伯伦。该地区形成了三种不同风格的巴勒斯坦服装，均以刺绣为主要特色。除了用于特殊场合的伯利恒短夹克之外，土耳其文化对巴勒斯坦中部和南部地区的影响不太明显。

2.3.1 耶路撒冷地区裙装

耶路撒冷虽然是一个重要的行政和文化之都，但从未发展过任何本土风格的服装。以色列亚伯拉罕在1898年论述关于形成当地犹太人服饰风格的问题时写道："人们把世界上所有的服装都带到这里，然后互相借用，因此我怀疑耶路撒冷的服装风格会自我演变。"

耶路撒冷是人类持久居住的世界上最古老的城市之一，其留存的巴勒斯坦服装主要受到来自周边地区，特别是伯利恒和拉马拉的影响。服装模仿拉马拉的基本风格，但可能与拉马拉地区传统上使用的面料完全不同，例如流行的Abu qutbeh，这

图 6-2-3 耶路撒冷地区裙装

种衣服由长长的阿勒颇或大马士革丝绸或天鹅绒制成，缝有伯利恒的qabbeh。其他则是用叙利亚绣花面料制成，还有来自伯利恒的装饰图案。耶路撒冷服装如图6-2-3所示。

2.3.2 拉马拉地区纺织品

拉马拉是位于耶路撒冷以北10千米处西岸中部的一个城市，平均海拔880米，毗邻比勒，目前是巴勒斯坦民族权力机构实际上的行政首都。由于19世纪旅行的困难，巴勒斯坦各村庄依然孤立，服装和配饰因此成为地区的一个象征。

图 6-2-4 纺羊毛线的拉马拉农民

图 6-2-5 20 世纪 20 年代的拉马拉女人

图 6-2-6 戴着嫁妆头饰的拉马拉年轻女子

拉马拉服装（如图 6-2-4 和图 6-2-5 所示）的最不寻常的特点是用于节日礼服和围巾的白色亚麻织物，在冬天会用靛蓝染色，而拉马拉刺绣主要是使用丝绸线的红十字绣。两者相结合，即在白色亚麻布上呈现红色刺绣的风格使得拉马拉服装与众不同。拉马拉女性因其独特的穿着红色丝线刺绣的白色亚麻织物而著名。

拉马拉的刺绣图案比一些地区（如希伯伦）要少。其中，高大的枣椰树图案很流行，一般横向排列在衣服后面或沿着围巾边缘。胸部的刺绣为镶嵌的彩虹设计。其他常见的传统图案是水蛭、星星和"月亮羽毛"。一些流行的开花植物、鸢尾花和鸟类等图案则来源于欧洲的传教士，同时也受到土耳其和希腊的影响。刺绣通常绣在一块单独的布上，然后再缝到服装上，有时会在某些服装的背部和肩膀上连续形成。此外，刺绣也会出现在袖子上和裙子后摆的垂直带子之间。

图 6-2-7 新娘礼服

头饰（如图 6-2-5 和图 6-2-6 所示）曾经是巴勒斯坦北部的一种类型，为一个小的圆形帽子，饱满坚挺，看起来像一个金银币镶边的光环。长面纱或丝绸围巾被钉在帽子后面，有时还会在上面刺绣。

图 6-2-7 和图 6-2-8 为拉马拉新娘礼服。亚麻绣花婚纱由手工编织，上面有用丝绸线绣的十字绣。图 6-2-7 这款金属圈式头饰被称为 Smadih，披肩在当地被称为 Khirqah。

图 6-2-8 新娘礼服

2.3.3 伯利恒地区裙装

伯利恒，希伯来文原义为面包之家，是位于耶路撒冷以南约 10 千米的巴勒斯坦中部约旦河西岸的城市，人口约 2.5 万人，经济来源主要依靠旅游业。

伯利恒的服饰和刺绣（如图 6-2-9 所示）被犹太山脉和沿海平原的村庄所推崇。

作为周边村庄的市场中心和贸易枢纽，用于制作伯利恒服装（Malak 或 Ikhdari）的织物可来自于当地或巴勒斯坦其他地方，通常有从叙利亚进口的丝绸织物或从欧洲进口的天鹅绒织物。伯利恒的日常服装一般为靛蓝色面料，人们穿着由当地羊毛制成的无袖外套。特殊场合的服装是由条纹丝绸制成的，上面为一件在巴勒斯坦被称作伯利恒夹克的短上衣 taqsireh，用天鹅绒或绒面布制成，通常刺绣繁多。裙装的袖子会在短上衣的袖口下方垂下来。

图 6-2-9 伯利恒地区服装

伯利恒刺绣以其"金属光彩的整体效果"而闻名。刺绣是在伯利恒及周边 Beit Sahur 和 Beit Jala 村庄发展起来的，其独特性使得这种刺绣与巴勒斯坦其他地区（即耶路撒冷、拉马拉、希伯伦、雅法和利达等）主要的十字绣不同。通常，伯利恒的刺绣会根据个人需求添加在这些地区的服装上。

伯利恒的女刺绣师尤其擅长缝制新娘装。实际上，伯利恒和邻近村落的妇女刺绣者都能在专业的基础上生产婚纱。早期的伯利恒新娘 Malak 礼服由丝绸和亚麻织物制成，在袖子和衣服两侧有红色和橙色或黄色和绿色的塔夫绸刺绣。裙装的胸部、袖子、袖口和侧面都是用银色、金色和丝绸线绣成的斜纹。袖子的中间通常为红色，每边都有黄色，而其侧面的中间为绿色，每边均有红色。胸部贴线缝绣密集，主要是以金线为主的图案，可完全覆盖住底布。

伯利恒纺织品的独特之处在于制作服装的丝绸、羊毛、毛毡或天鹅绒上使用了金线、银线或丝线，以绘制具有自由线条或圆形线条的固定花卉图案。有些学者将这种技法追溯到拜占庭时期，另一些学者则追溯到奥斯曼帝国统治阶级的比较正式的服饰上。

该技术被运用于 Taqsirehs、已婚妇女穿戴的 Shatwehs 和皇室婚纱（结婚礼服）上。一种罕见的 Ikhdar malaki，或被称为"皇家绿"的婚纱，含有可追溯到古代的 Shatweh 头饰和稀有的 19 世纪晚期的伯利恒围巾，因裙子上的绿线而得名。19 世纪末期出现的皇家面料由靛蓝棉纬纱和红色、绿色及橙色的经编丝绸条纹构成，在礼服上，Qabbeh 是装饰最多的，基布往往完全被刺绣覆盖。贴线缝绣也被熟练应用在袖口处和裙子的下边，伯利恒已婚妇女

图 6-2-10 伯利恒帽子

图 6-2-11 戴帽子、穿裙装的伯利恒女孩

佩戴的帽子的上部和下部都有绗缝亚麻布刺绣。此外，作为一个基督教村庄，当地妇女也会接触到在细节处体现该技法的有着繁密刺绣和银色锦缎的教堂祭服。

伯利恒的头饰 Shatweh（如图 6-2-10 所示），前面覆盖着一排排硬币、珠子和珊瑚，通常由伯利恒及邻近村落的已婚妇女所穿戴。19 世纪的 Shatweh 低矮宽阔，刺绣少，银币装饰少；20 世纪 20 年代，变窄但更高。Shatweh 是分阶段制作的：首先是在宽布上刺绣，然后是衬垫和衬里，再进行填充，最后将硬币、珠子和珊瑚附在前面。其两侧的刺绣通常采用人字形和金线缝制，而耳饰和冠上的软垫则采用十字绣。Shatweh 可以带五或七条饰有花卉、星形装饰或基督教女性的十字架的链子（Iznaq）。而未婚女性则是一顶与耶路撒冷相似的小的圆形刺绣帽（Taqiyyeh）（如图 6-2-11 所示）。

在 19 世纪，伯利恒出现一种罕见且非常喜庆的面纱（如图 6-2-11 所示）。它是由两片上好的亚麻织物纵向连接而成的，织物上绣出细腻的刺绣，面纱的四边由断裂针脚形成窄边，两端配上多色条纹。Shambar 是伯利恒妇女穿的简单披肩。

伯利恒的 Taqsireh 是巴勒斯坦最美丽的节日服装。早期的短上衣是由红色、蓝色、绿色或棕色的羊毛宽麻布（Jukh）制成的，用丝绸金属（Qasab）线刺绣。在 20 世纪 20 年代中期，天鹅绒取代了宽幅面料，故采用海军蓝或紫色天鹅绒缝制。

日常，伯利恒地区的妇女穿着无袖羊毛大衣（Bisht）而不是 Taqsireh，其上有红色和棕色或红色和黑色的条纹，该大衣是用伯利恒羊毛手工编织而成的。这个地区使用的腰带（Ishdad 或 Hizam）是用伯利恒的羊毛织物制成的，颜色为粉色或蓝色。通常女孩使用粉红色，而老年妇女或哀悼者穿着蓝色。

2.3.4 希伯伦地区裙装

希伯伦是位于耶路撒冷以南 30 千米的约旦河西岸的巴勒斯坦城市。它坐落于犹太山脉，海拔 930 米，是西岸最大的城市，也是继加沙之后巴勒斯坦的第二大城市。约有 215452 名巴勒斯坦居民（2016 年），500 ~ 850 名为集中在老城区周围的犹太定居者。该地区有高层

图 6-2-12
希伯伦服装

图 6-2-13
新娘服装

混凝土和玻璃建筑，也有一些奥斯曼时代的独特的一层楼家庭住房，用拱门、装饰图案和铁艺装饰。希伯伦的家用电器和纺织品市场沿着两条通往旧城的入口处平行的道路分布。

希伯伦在传统意义上是巴勒斯坦最古老的城镇之一，连同周边村庄共同拥有巴勒斯坦最丰富美丽的刺绣形式。该地区村落里的服装面料有手工编织的亚麻布、棉布及染成靛蓝的丝绸，并使用与拉马拉裙装类似的方式剪裁，通常为长袖。但衣服上大面积为刺绣区域，不仅是正面，在侧面和背面均有垂直分布的刺绣图案，图 6-2-12 为希伯伦服装。

通常刺绣是用鱼骨缝制的作为连接针迹的十字绣。结婚礼服等特殊服装也采用了这种技法，装饰有三角形和菱形的贴花饰物，具有重要的意义，图 6-2-13 为有 Wuqayat-al-darahim 头饰的新娘服装。上衣抵肩往往比其他地区大，超过肩膀向下延伸，被认为是传统的刺绣。自 20 世纪中叶以来，一直由绢绸制成。Qabbeh 也与拉马拉风格相似，其上有彩虹和链式图案，通常会在裙子上重复出现。当然还有其他各种各样如星星、三角形、葡萄、柏树、鸟类和四边形等图案。

2.4 南部沿海服饰

位于沿海平原南端的加沙地区也被认为是一个非常古老的织染中心。由丝绸或棉织成的非常薄的透明纱布据说起源于那里，并通过十字军运回欧洲。

加沙的服装一贯是在附近的 Majdel 织造的，既可以是黑色的，也可以是蓝色的，还可以是条纹的。Majdel 的粉红色和绿色条纹织物持续在加沙地带织造，一直到 20 世纪 60 年代，由来自沿海平原村庄的难民编织。

Thob 被裁剪出收紧的直袖，刺绣不像希伯伦地区那么繁多，尽管也有同样的常见图案。最受欢迎的刺绣图案是剪刀、梳子和三角形，通常按五、七、三聚集排列，使用奇数被认

图 6-2-14 南部沿海服饰

为可以有效抵挡恶魔之眼。

对三角形图案的看重，以及在加沙发现的蕴含重大意义的图案的使用，与南方农民和当地游牧贝都因人部落的风格和传统有非常紧密的联系。

西奈贝都因人的服装经过改良以适应沙漠环境，包括同种类型的裙装、裤子和农民穿戴的面纱，称为布卡。其基本服装比 Thob 更丰满一些，袖子呈长长的翅膀状，称为 Abu erdan，而 Thob 的袖子要么很窄要么没有袖口。通常由厚重的黑棉布、府绸或缎纹织物制成。黑色是首选的颜色，适于沙漠环境。

布卡对西奈女人来说非常重要，代表着财富和地位。它从前额上的一条窄带中悬垂下来，覆盖着鼻子、嘴巴和颈部，有时延伸到胸部。它比沙特阿拉伯的面纱少一个面具般的结构，并且私底里可以很容易地取下，甚至是在女人们睡觉的时候。

西奈和内盖夫贝都因妇女通过使用鲜亮颜色的十字绣对她们自己的衣服进行刺绣，该方式最初发现于巴勒斯坦的村庄中。与巴勒斯坦服装注重胸部刺绣所不同，对她们而言，最重要的刺绣区域是服装的背面，饰有繁多的块状刺绣，通常为十字绣中几何图案的变化。埃尔阿里什服装在贝都因人繁杂奇特的风格和巴勒斯坦乡村服装的复杂性之间留有了过渡的余地。

在特殊的场合，为与佳美礼服的刺绣相匹配，通常需要有黑色棉布或丝绸的绣花披肩。刺绣以披肩为中心，从头顶延伸到服装的后面。当从后面看时，整个形体可被包裹在刺绣中。贝多因这种传统的理由是为了表明服装前部的装饰将吸引男性对佩戴者面容的注意。

2.5 "巴以"地区服饰

该部分主要增设了其他能够展现巴勒斯坦文化的传统巴勒斯坦纺织品，但现在以下这些地区所属以色列。

2.5.1 雅法服饰

雅法在以色列古代港口城市特拉维夫的南部，是最古老的部分。后来在雅法地区的其他村庄的妇女仿制了被称为 Rasheq 的伯利恒刺绣。一些专业人员，如雅法船夫，有自己独特的制服。马或骡子广泛用于城镇里适宜的道路上，车夫穿着一件短刺绣夹克，里面是长衣长袖，红色的鞋子和一个带有紧头巾的黄色羊毛小帽。图 6-2-15 为雅法地区裙装，袖子和裙面中心是 Heremsih 丝绸织物。

2.5.2 海法典型服饰

海法是继耶路撒冷和特拉维夫之后的以色列国第三大城市，2016 年人口为 279591 人，是以色列人口第二或第三的大都市区。它也是巴哈伊世界中心的所在地，巴哈伊世界中心是联合国教科文组织世界遗址，也是巴哈伊朝圣者的目的地。

图 6-2-15 雅法礼服

图 6-2-16 海法典型服饰

海法地处迦密山的山坡上，已有 3000 多年的历史。已知最早的定居点是 Tell Abu Hawam，一个建立于青铜时代晚期（公元前 14 世纪）的小港口城市。在公元 3 世纪，海法被称为印染中心。几个世纪以来，这个城市早已改变，相继被腓尼基人、波斯人、哈斯摩尼人、罗马人、拜占庭人、阿拉伯人、十字军、奥斯曼人、英国人和以色列人征服和统治。

图 6-2-16 中的海法服饰搭配有 20 世纪初巴勒斯坦北部典型的头巾。

2.5.3 拉姆拉服饰

拉姆拉是以色列中部的一个城市，大约在公元 705—715 年由倭马亚省州长和未来的哈里发苏莱曼·伊本·阿卜杜勒·马利克建立。该市以犹太人为主，阿拉伯少数民族占重要地位。拉姆拉位于经过 Via Maris 的路线上，连接古开罗和大马士革，与连接雅法港和耶路撒冷的公路交汇。图 6-2-17 为拉姆拉服装。

2.5.4 阿什杜德地区服饰

阿什杜德位于以色列国的南部地区，地处地中海沿岸，位于特拉维夫以北（32 千米）和阿

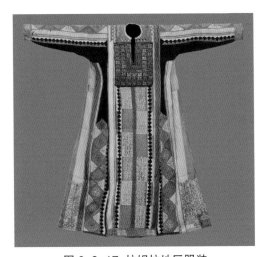

图 6-2-17 拉姆拉地区服装

什凯隆以南（20千米）之间。阿什杜德是以色列第六大城市，也是以色列最大的港口所在地，占该国进口商品的60%，同时也是重要的区域工业中心。图6-2-18为阿什杜德地区的礼服。

一直到20世纪40年代，传统的巴勒斯坦女性服装（图6-2-19所示）可反映一个女人的经济和婚姻状况，以及她所属的城镇或地区，这些信息可从服装使用的面料、颜色、裁剪和刺绣图案中辨别出来。

2.5.5 Lydda地区服饰

Lydda（现在的Lod）是位于以色列中部地区特拉维夫东南15千米的犹太-阿拉伯混居城市。截至2016年，人口为73608人。Lydda地区其他村庄的妇女后来仿制出伯利恒刺绣，称为Rasheq。

图6-2-18 阿什杜德地区服饰

图6-2-19 巴勒斯坦近期的传统服饰

图6-2-20 Lydda传统服装

3 织造工艺及其纺织品

3.1 毛织物

日常使用的毛织物是由Majdal、伯利恒、拉马拉和耶路撒冷的织布工生产的。所用毛纤维可来自绵羊、山羊或骆驼。贝都因人自古至今都是由妇女来编织家居用品,如帐篷、地毯和枕套。纱线由绵羊毛纺成,用天然染料染色,由落地织机织成强力织物。

手工织机织成的亚麻织物和棉布是服装刺绣的主体面料,但直到 19 世纪末棉花才开始从欧洲进口。织物可以不染色或染成各种颜色,最流行的是使用靛蓝染成深蓝色或黑色、红色和绿色。在 1870 年,耶路撒冷 Murestan 区有 10 个染色车间,雇用了大约 100 名男子。

根据 Shelagh Weir 的说法,靛蓝所产生的颜色被认为可抵挡恶魔之眼,经常用于加利利的外衣和巴勒斯坦南部的衣服上。靛蓝染色的厚棉布也被用来制作 Sirwals 或 Shirwals、男女所穿的棉质长裤,其腰部以下比较宽松,但在小腿或脚踝周围紧身剪裁。地区越富裕,生产的蓝色越深,坯布可以在缸中浸染多达 9 次。有最繁密复杂刺绣的裙装,通常称为 “Black”,是由厚棉布或深蓝色的亚麻布制成的。19 和 20 世纪到过巴勒斯坦的旅行者在艺术和文学作品中描绘了田园风光里的农村妇女,她们穿着蓝色的衣服进行日常劳作。

由于炎热的气候和出于声望的原因,衣服被大量切割,特别是在南方,经常是人体长度的两倍,多余的部分被包裹成腰带。在巴勒斯坦南部,更多的节日礼服是用从叙利亚和埃及进口的丝绸制作的。例如,伯利恒地区的一种时尚就是将靛蓝色的亚麻条纹和丝绸的条纹织在一起。

叙利亚大马士革的城镇引领着时尚。阿勒颇、哈马和大马士革的一些生产者专门生产符合巴勒斯坦市场风格的产品。霍姆斯的织布工生产腰带和一些披肩专门出口到纳布卢斯和耶路撒冷。

3.2 巴勒斯坦刺绣

刺绣的流行源于它的美丽和与巴勒斯坦过去的联系。常见的图案反映出流传在该地区的千年历史。这些设计源自古代神话和外国入侵,早在三千年前居住在这个地区的迦南人就已经使用。

图 6-3-1 巴勒斯坦的套装

图 6-3-2 巴勒斯坦的刺绣服装

在巴勒斯坦的刺绣和服装中，各种图案受到了青睐，巴勒斯坦悠久的历史以及在国际贸易路线上的地位对其造成了多重影响。在合成染色纱线出现之前，所使用的颜色由可用于生产天然染料的材料决定，如来自昆虫和石榴的红色，来自靛蓝植物的深蓝色，来自藏红花、土壤和藤叶的黄色，来自橡树皮的棕色，来自碎骨螺的紫色。Shahin 写道，红色、紫色、靛蓝和藏红花的使用反映了迦南人和非利士人海岸的古老色调，而伊斯兰绿色和拜占庭黑色则是传统配色的最近的补充。《巴勒斯坦服装》（1989 年）和《巴勒斯坦刺绣》（1970 年）的作者 Shelagh Weir 写道，十字绣图案可能来自东方地毯，而且可能起源于基督教牧师的祭服或是拜占庭的金丝线作品。简单固定的柏树图案遍布巴勒斯坦。

在加利利的犹太山丘和沿海平原都发现了长期留存的刺绣传统。Weir 关于巴勒斯坦刺绣分布模式的研究表明，从卡梅尔山和加利利海以南，雅法北部和纳布卢斯北部的海岸到约旦河地区，几乎没有关于刺绣的历史。这个地区女装的装饰元素主要是编织物和贴花。"刺绣意味着缺乏工作"，1937 年 Gustaf Dalman 记录的该地区的一个阿拉伯谚语用来作为这种地区差异的一个可能的解释。

刺绣是农村女装的主要装饰。在奥斯曼帝国统治时期的巴勒斯坦，乡村妇女以当地特有的风格刺绣是一种传统。妇女会缝制物件来代表她们的遗产、祖先和隶属关系。图案源自基本的几何形状，如正方形和玫瑰花状。作为护身符使用的三角形经常被用来抵挡中东地区常见的迷信"恶魔之眼"。在胸前使用大块复杂的刺绣，以保护易受伤害的胸部区域免受恶

图 6-3-3 巴勒斯坦的刺绣织物

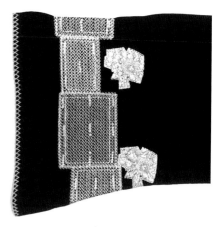

图 6-3-4 巴勒斯坦的刺绣织物

魔之眼、坏运气和疾病。为避免受来自其他女性的潜在的咒诅，每件服装上都缝了一个不完美的东西，以分散注意力。

女孩们开始制作刺绣服装，该技能从 7 岁开始就由祖母传授给她们。在 20 世纪之前，大多数女孩没有被送到学校，除了做家务，她们大部分时间花费在缝布制衣上，往往是为了她们的婚礼嫁妆，包括在服装方面需要的一切：日常和仪式礼服、珠宝、面纱、头饰、内衣、方巾、腰带和鞋类。

20 世纪 30 年代后期，欧洲图案书和杂志的引入带来了新的影响，促使花朵、藤蔓或叶子等曲线图案的出现，并且引入了在巴勒斯坦中部地区非常受欢迎的配对鸟图案。John Whitting 将 MOIFA 收藏的部分内容加以整合，认为"任何晚于 1918 年的东西都不是巴勒斯坦本土的设计，而是来自于外国修女和瑞士保姆带来的外国图案书"。其他学者则认为，这些变化在 20 世纪 30 年代末还没有出现，到那时某些村庄的刺绣图案仍然可以找到。几何图案在加利利和南部地区如西奈沙漠一直很受欢迎。

3.3 Majdal 编织

Majdal 编织来自于位于 Tulkarm 区的一个巴勒斯坦的阿拉伯村庄 Khirbat al-Majdal。1948 年 3 月 1 日，在巴勒斯坦强制性的 1947—1948 年内战期间，这个地区在"海岸清理行动"后人口稀少。它位于 Tulkarm 西北 10 千米处。加沙在 1950 年代是传统巴勒斯坦服装的布料生产地，向整个阿拉伯世界出口贸易是被毁掉的 Majdal 村庄的重要产业。Majdal 织物是由男织工在单台踏板织机上生产的，原始编织是使用黑色和靛蓝棉线与紫红色和绿松石丝线结合以象征天堂和地狱。虽然这个村庄已不复存在，但如今，在加沙的 Atfaluna 工艺品厂和加沙市的工艺品村织成的 100% 棉织物已作为文化保护项目的一部分。

3.4 羊毛毡

绵羊一直是巴勒斯坦景观的一部分，羊毛被用于当地的工艺，如帐篷和地毯编织。现在，巴勒斯坦的合作伙伴贝都因银帐篷协会和 Man'an Lil-Hayat 合作，使用当地生产的羊毛制造天然羊毛毡制品。

3.5 拼缝物

拼缝技术被用来给传统的巴勒斯坦服装增添奢华的点缀。在胸前、裙子前面或袖子上缝上丝绸或缎子的装饰布块。锯齿形边缘拼布被称为"Tashreem"，主要由伯利恒的专业刺绣人员使用这一技术制作。这种刺绣技术有时被称为"Heremezy"。

3.6 十字刺绣

巴勒斯坦的十字刺绣一旦成为乡村妇女掌握的传统工艺，就会成为巴勒斯坦文化的重要标志。在西岸、加沙地带、以色列和其他犹太人散居地的大多数巴勒斯坦家庭的房屋里，都可以找到刺绣的作品，用来装饰耶路撒冷房屋的墙壁、海湾的别墅、美国的郊区房屋和难民营的水泥砖房。此外，十字刺绣还可以作为礼物，世界各地的巴勒斯坦人都在节日场合佩戴。

图 6-3-5 在做刺绣的巴勒斯坦女孩

手工艺品也象征着巴勒斯坦的传统乡村生活方式，其中大部分是在 1948 年以色列国家建立之后丢失的。刺绣是农村女装的主要装饰。这是村庄妇女日常生活的一部分，也是展示她个人技能和社会身份的手段。服装的图案、色彩和质量反映了女性的社会地位、婚姻状况和财富。

虽然巴勒斯坦的文化景观在过去的 50 年中发生了巨大的变化，但十字刺绣仍然是一种充满活力的手工艺品。因为对于许多巴勒斯坦人来说，这是在他们的祖父母或曾祖父母的日子里，人们对巴勒斯坦的一个熟悉的回忆。

3.7 绣花针刺绣

在伯利恒、Beit Jala 和耶路撒冷地区使用的特殊刺绣技术是将金、银线或金绳扭成精致的花卉和曲线图案，用小针缝合在织物上，并用栩栩如生的彩色丝绸填充人字纹和缎纹。

在加利利，几何图案由跑针、缎针和一点点十字绣缝制，通常与拼缝工作相结合。在约旦北部主要使用一种很好运行的 Ragma 针。在刺绣之间留下的空白区域内创建图案。在 Salt 裙装上，一种整齐的绑定针以不同深浅的橙色、红色和深粉色进行所有接缝。

Tahriri 曾被用来制作婚纱礼服的前幅，以及裙子的侧片和传统长礼服的袖口。这项技术可能受到奥斯曼和英国军官制服上的华丽教堂装饰品、礼仪服装或辫子和沙发装饰的启发。Sunbula 出售的礼服、晚装手袋、垫套、腰带和许多其他使用 Tahriri 针的漂亮物件。

3.8 贝都因人编织

贝都因人是一个半游牧民族，历史上曾居住在中东和北非，他们将羊群移至季节性放牧地点。贝都因人编织物经常由女性织造，在地面织机上完成，创造出三层的结实紧密的纺织品，可制成骆驼袋、帐篷、地毯和枕头。羊毛来自于当地绵羊，将羊毛进行梳理，然后在织造之前手工纺成纱线，染色并合股。在 Lakiya，编织物是用 100% 的内盖夫沙漠 Awassi 羊毛制成的。

3.9 时尚潮流

1948 年，巴勒斯坦人的流亡使传统的着装和习俗方式受到影响，许多流离失所的妇女不能再花时间或金钱在复杂的刺绣服装上。Widad Kawar 是第一个认识到继 Nakba 之后发展出新风格的人。20 世纪的巴勒斯坦妇女一直在制作传统的衣服、纺织品和编织地毯。

新的风格出现于 20 世纪 60 年代。例如，以六条宽刺绣从腰部而下得名的"六分裙"。这些风格来自难民营，特别是 1967 年以后。个别乡村风格已经失去，并被一种可以识别的"巴勒斯坦"风格所取代。

Shawal 是第一次革命之前流行于约旦河西岸的一种风格，可能是从难民营中许多福利刺绣项目之一发展而来的，这是一种短而窄的款式，带有袖部的开口。

难民营和被占领地区的创收项目开始在非服装物品上使用刺绣图案，例如配件、手袋和钱包。随着不同群体的演变，不同的风格开始出现。远东救济工程处在加沙地带的苏拉法项目已在美国圣达菲展出。来自加沙的 Atfaluna 与听觉障碍者一起工作，通过互联网销售产品。西岸群体包括伯利恒阿拉伯妇女联盟，Surif 妇女合作社，Idna、Melkite 刺绣项目（拉马拉）。在黎巴嫩难民营工作的 Al-Badia 以在亚麻布制作的裙装上用丝线绣出高质量的刺绣而

图 6-3-6 巴勒斯坦最近的一家时装店

闻名。位于耶路撒冷的公平贸易组织 Sunbula 正致力于提高产品的质量和外观，以便在欧洲、美国和日本市场销售。

4 总结

纺织业是巴勒斯坦工业的重要组成部分，与以色列等国的商业合作促进了国民经济的发展，这极大地得益于巴勒斯坦本身劳动密集型的特点以及灿烂悠久的纺织文明。通过对巴勒斯坦北部、中部、南部沿海等地区的衣着服饰的大致介绍，不难看出巴勒斯坦人民尤其是女性在纺织品创作中的重要地位，以其特有的智慧继承和发展着该民族的纺织工艺，为经济基础提供保障的同时又保持着传统文化和民族的一致性。

本章叙述的巴勒斯坦各地区极富特色的纺织工艺及其纺织品，不论是刺绣、织染，亦或纺纱、编织，都结合了政治、历史、地域、社会等多方面的因素，反映着人类发展文明与纺织工业文明的交织碰撞，体现了巴勒斯坦生生不息、持久延续的民族信仰与精神。

第七章 叙利亚

1 绪论

古代叙利亚位于地中海东岸，在安纳托利亚（Anatolia）、美索不达米亚（Mesopotamia）以及阿拉伯半岛北部沙漠之间的广阔土地上。古代叙利亚人从美索不达米亚人和阿拉伯的闪族人（Semitic）发展进化而来，生活方式以农耕为首。到公元前 2000 年，叙利亚已有一些相当大的中心城市，大量产自美索不达米亚、埃及、安纳托利亚和叙利亚的商品在这里进行交易。不过出征的军队也常在贸易线上活动，因此古代叙利亚少有和平安定。此外，沙漠上的游牧民族也频繁挑起毫无防备的战争。

历史上的"叙利亚"包括今天的叙利亚、黎巴嫩、以色列、巴勒斯坦、约旦、土耳其南部等国家和地区。这些国家和地区在二战前后陆续独立或分离，只有今天的叙利亚沿用"叙利亚"这一古老的称谓。尽管历史版图不断变化，且今天的叙利亚战争不断，局势不容乐观，但它依然是一个拥有 4000 年历史的文明古国。

叙利亚在公元前 2000 年前后出现了一些独立王朝，公元前 8 世纪被亚述帝国征服，公元前 612 年并入新巴比伦帝国，公元前 538 年成为波斯人的领地，公元前 4 世纪被马其顿亚历山大大帝占领开始了希腊化进程，公元前 64 年起被罗马持续统治近 600 年，公元 636 年并入阿拉伯帝国，公元 661 至 750 年伍麦叶王朝时期成为统治西亚至西班牙广大区域的阿拉伯帝国宗教、政治、军事、经济、文化和商业中心。随着阿拨斯王朝的建立，阿拉伯帝国首都东移，叙利亚丧失了帝国中心的地位。此后，叙利亚地区进入了王朝并起、争雄天下的混乱年代。

11 至 13 世纪，叙利亚受到十字军的冲击；13 世纪后，进入马木鲁克王朝统治时期；1516 年奥斯曼帝国崛起，叙利亚并入奥斯曼帝国的版图，被奥斯曼帝国持续统治了 400 年之久，其间经历了西方殖民列强的侵略与争夺。1920 年，叙利亚沦为法国的委任统治区，直到第二次世界大战后法国委任托管制结束。

当今叙利亚位于亚洲大陆西部，地中海东岸，北靠土耳其，东南邻伊拉克，南连约旦，西南与黎巴嫩、巴勒斯坦地区接壤，西与塞浦路斯隔海相望，海岸线长 183 千米。沿海和北部地区属亚热带地中海气候，南部地区属热带沙漠气候。

叙利亚连接了亚非欧三大洲，是里海、印度洋、黑海以及尼罗河的交叉点，具有独特的地理位置。这个地理位置使得历史上的叙利亚不仅仅在商旅方面饱蘸优势，也促使它广泛融合了不同观念、不同信仰、不同才能以及不同文化。叙利亚因为它的古代文化的财富被描绘为世界上最大的小国家。

1.1 叙利亚古代纺织

叙利亚作为中东地区的一部分，其纺织历史文化与其他中东国家具有部分共同特征。在世界许多艺术博物馆都能看到来自中东的纺织品，其丰富多样，颜色鲜亮，设计与组织结构都较为复杂，许多都具有极高的价值。这些纺织品一方面反映了古代中东地区织造者的智慧与技艺，另一方面也具有极高的艺术价值。

早期叙利亚纺织品没有留下较好的记载，也没有像埃及那样发现大量实物遗存。帕尔米拉（Palmyra）和杜拉欧罗普斯（Dura-Europos）两大主要古迹出土了一些公元2和3世纪的织物。其中杜拉欧罗普斯的纺织品可以被精确追溯到公元3世纪末。

叙利亚具有历史悠久的手工业传统，其纺织业在历史上长期处于西亚领先地位，且由于得天独厚的地理优势，叙利亚与周围国家贸易往来频繁。罗马帝国时代，叙利亚的亚麻制品源源不断地输往帝国各地，袭皮制品更以其优良品质享誉四方。因为叙利亚在地理位置上处于"世界中心"，在历史上广泛聚集了纺织资源，为埃及、拜占庭和波斯提供了许多纺织劳动力和家用纺织品。

叙利亚地处肥沃的新月地带，是人类古代文明的发祥地之一。中世纪时，它以地中海沿岸的"粮仓"和棉花重要产地而著称于世。叙利亚在种植棉花方面历史悠久，中世纪曾是地中海地区重要产棉区之一。叙利亚曾是法国等欧洲列强棉花原料的供应地，棉花在其出口贸易中占据着主导地位，直到独立后的一段时期里，这一状况基本没有改变。

1.2 叙利亚与古丝绸之路

1877年，德国地理学家李希霍芬（Richthofen，Ferdinand von）在其著作《中国》一书中首次提出"丝绸之路"这一名称。他把"从公元前114年到公元127年间，中国与河中地区以及中国与印度之间，以丝绸贸易为媒介的这种西域交通线"称为"丝绸之路"。后来，德国东方学家阿尔巴特·赫尔曼（Herrmann，Albert）在其著作《中

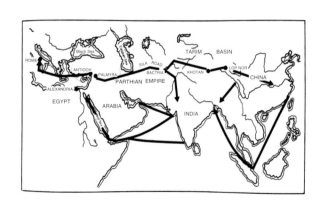

图 7-1-1 公元前丝绸贸易路线

国与叙利亚之间的古代丝绸之路》中，进一步扩大了"丝绸之路"的含义，认为应把该"丝绸之路"的含义一直延长到通向遥远西方的叙利亚。虽然在与东方的中国进行贸易期间，叙利亚始终未与它发生过什么直接关系，也不是中国生丝的最大市场，但叙利亚主要就是依靠通过内陆亚洲及伊朗的这条道路获得生丝的。赫尔曼的这一主张得到欧洲一些汉学家的支持和进一步研究。

19世纪末20世纪初，一些西方的探险家到中国西北边疆进行考察探险，发现了古代中国与包括叙利亚在内的西方国家和地区交往的遗迹，用实物证实和说明了"丝绸之路"的存在和发展。"丝绸之路"实际上就是把古代丝绸贸易所达到的地区都包括在内，而古老的叙利亚地区不仅是丝绸贸易在西亚的重要地区，而且正是叙利亚的帕尔米拉、杜拉欧罗普斯、安条克等地，作为丝绸之路的中继站和分水岭，让丝绸贸易向西北延伸到欧洲，向西南通往古埃及。

虽然亚洲大陆两端的中国人和叙利亚人因关山阻隔，相互之间并不熟知，但中国丝货的输入，给当时包括叙利亚在内的罗马世界带来了深远的影响。公元1世纪罗马博物学家普林尼（Gaius Pliny）曾说，将丝绸由地球东端送达至西端的不是中国人，而是多国多民族参与的国际性交易。中国学者方豪指出，在早期的中西贸易中，"当时西安、洛阳之中国商人，并不知出售之丝将远至何地，即居中的媒介者，如吐火罗人、大夏人、安息人、米太人、叙利亚人，亦不知最后享受为何人，惟有提尔或其他地中海口之腓尼基水手，方知罗马为其主要市场"。由此可见，丝绸之路如同一条大动脉，将中国与西亚两个互不熟知的地区连接了起来，而叙利亚是这条大动脉延伸到西亚地区的重要一环。

2 叙利亚纺织古城与历史

2.1 帕尔米拉（Palmyra）

帕尔米拉从塞琉古王国（Seleucids）时期（公元前312—64）开始就是一个重要的贸易城市，是中国丝货在西亚叙利亚地区重要的集散地之一，是中国丝货运销地中海地区及埃及地区的必经之地。帕尔米拉作为一座著名的古城，曾一度被淹没在沙漠之中，自从考古学家发现其壮观的遗址后，才引起了史学界和考古界的浓厚兴趣。

1933和1937年帕尔米拉出土了织有汉字的丝织物，法国考古学家René Pfister指出，这些丝织物是公元1世纪

图7-2-1 帕尔米拉古城遗址

和 2 世纪的遗物，其图样与 20 世纪初楼兰出土的丝绢相仿。这些出土的丝绸引起了人们的极大关注，其先进的纺织技艺被 René Pfister 命名为"汉式组织"。

西方对帕尔米拉的兴趣始于 18 世纪，考古发掘由俄罗斯开始于 19 世纪。法国文物局将在帕尔米拉的考古发现整理后分别于 1934、1937、1940 年先后出版三卷出版物，其中第三卷《帕尔米拉的丝织物：法国文物局在帕尔米拉墓地的发现》，集中介绍了在这里的墓葬中出土的大量丝织物，包括中国丝绸在内的当时世界上最精美的织物几乎都有发现。

2.2 杜拉欧罗普斯（Dura-Europos）

杜拉欧罗普斯位于幼发拉底河右岸叙利亚境内，有"东方庞贝"的美称，世界上最古老的基督教堂之一杜拉欧罗普斯教堂（The Dura-Europos Church）坐落在此。它过去是希腊人、帕提亚人和罗马人的边境城市，那里发现了各种平纹、斜纹以及绒织物碎片，四大天然纤维材料都涵盖其中，以毛织物占多数，而且它们是用靛蓝、茜草红和胭脂染料染色的。该地作为叙利亚的古迹城市之一，其纺织品可被精确追溯到公元 3 世纪末，因此极具历史地位。

图 7-2-2 杜拉欧罗普斯壁画

杜拉欧罗普斯保存下来的许多壁画提供了有关当地人服饰穿着的大量信息，其中主要是一种织有白色羊毛的织锦做的束腰上衣。穿着时衣服上的经纱交叉排列，彩色条带作纬纱与经纱垂直。正是这种垂直的条带，为科普特条带织物（Coptic clavus）的出现奠定了基础。

2.3 安条克（Antioch）

安条克现为土耳其南部城市，但曾经是古叙利亚的首都。到公元 4 世纪为止，安条克一直是罗马帝国的丝织中心城市之一，也是丝绸之路上重要的贸易中转站和分水岭。

安条克的文化领先于叙利亚其他城市，丝织业也处在领先地位，是早期叙利亚主要的基督教中心。这里生产了一些出色的重磅斜纹丝织物，上面描绘着各种各样的圣经场景。叙利亚纺织品在公元 4 世纪非常有名，以至于安纳托利亚（Anatonia）的本都（Pontus，黑海南岸古王国）的 Asterius 主教（Bishop Asterius）为其织工的技艺赞叹，觉得他们织出来的动物图案就像是画在上面一样。但主教对其织出的圣

图 7-2-3 有圣经场景的叙利亚丝织品

经场景和人物感到愤慨，那些人物把福音书穿着在背上而不是记在心中，实在是傲慢轻率。

2.4 阿勒颇（Aleppo）

阿勒颇是现今叙利亚第一大城市，也是中东地区最古老的城市之一，自古以来就是地中海沿岸和东方各国重要的商品集散地，是纺织、食品、皮革等手工业以及农产品、传统工艺品的交易中心。历史上统治者的不断更迭给叙利亚的发展带来不少阻碍，但叙利亚独

图 7-2-4 叙利亚第一大城市阿勒颇

立后，古城阿勒颇重放异彩，发展成为叙利亚北部最大的工业和贸易中心。这里的化工、纺织、印染、水泥、皮革、烟草和食品工业发展迅速，在全国占有相当大的比重。

叙利亚与其他阿拉伯地区一样，手工业和农业没有明确分工，阿勒颇地区毛织品、棉纺品等都产自农村。叙利亚服装很多都产自阿勒颇，其中男人和女人们的外套就是用阿勒颇织造的 Ikat 织物做成的，到 1950 年代 Ikat 织物也在霍姆斯（Homs）生产。Qalaat Samaan 的妇女外套上的补花用的绸缎也是阿勒颇生产的。

2.5 大马士革（Damascus）

大马士革是当今叙利亚的首都，叙利亚第二大城市，在历史上也久负盛名，曾是大规模纺织生产中心，也是丝绸之路贸易线上的重要贸易城市。

公元前 1700 年开始，腓尼基人的染色羊毛贸易主要依赖于内地的羊毛生产，他们从中获取了丰厚的利润。《以西结书》有所记载：阿拉伯的山羊和绵羊、西伯伦（Hebron）的白色羊毛及埃及的亚麻都曾在大马士革进行过交易。后来这些贸易链成为了环地中海沿岸希腊和罗马贸易的基石。阿拉伯的古书中有这样的记述："人间若有天堂，大马士革必在其中；天堂若在天空，大马士革必与它齐高"。这里出产了色彩丰富的具有圣经场景画面的斜纹丝绸，也大量生产了罗马执政官的官服，随后又生产了许多穆斯林勇士使用的横幅和旗帜。中世纪晚期，大马士革是一种缎纹丝织物的重要产地，该织物的名称"Damask"也正源自大马士革这一地名。

图 7-2-5 古城大马士革

2.5.1 大马士革缎（Damask）

在中世纪早期的拜占庭和伊斯兰纺织中心，有五种基本的纺织技术，大马士革缎是其中之一，另外四种分别是平纹织造技术、斜纹织造技术、织锦织造技术和挂毯织造技术。

当时的大马士革不仅是一个纺织生产重镇，也是丝绸之路的一部分，是一个大型贸易城市，这种缎纹织物也因此得名，被叫做"Damask"，这个词最初用西欧的语言写成，最早见于14世纪中期的法国。中世纪的大马士革缎通常是蚕丝织造的丝织物，但Damask实际上是缎纹组织结构，也可以用其他材料如羊毛、亚麻等织造，现在也用化纤材料生产。

2.5.2 大马士革花型

大马士革作为古代丝绸之路上的贸易中心之一，东西方商品与文化在这里交汇碰撞。当时的人们结合中国的丝绸与西方宗教艺术的影响，将一种四方连续的团花图案印在丝绸上，这种图案均衡对称，庄重华贵，有一种帝王气息，深受欧洲国家的喜爱，也得名大马士革花型，如图7-2-6所示。后来这种花型在不同的历史时期发生了演变，具有不同特点，但其大体花型和写意特征都没有发生改变。

图 7-2-6
大马士革花型

3 现代叙利亚服饰艺术

叙利亚作为一个阿拉伯国家，其服饰同样具有阿拉伯特色，并普遍采用刺绣、拼缝、补花和染色的工艺。织绣、拼缝、补花和染色等纺织工艺是住在小镇、村庄或沙姆地区沙漠上的城镇居民、农民、半游牧者甚至贝都因（Bedouin）妇女最重要的家庭手作产业之一。

中东地区的妇女将她们的传统刺绣技艺一代代传下来，使得中东刺绣可以往前追溯好几百年的历史，其中应用了多种类型的针法，包括十字针绣、缎面针绣、镶绣（贴面绣）、平针绣、鱼骨绣、羽状绣、锁链针绣、人字针绣等。在叙利亚同一区域的不同村庄或地区，不同

图 7-3-1 叙利亚马甲上的刺绣

性别、不同身份的人服饰上会有不同的绣品,往往可以通过一个人的服饰看出其身份。

叙利亚女性一般穿宽大的棉质裙装或丝质长衫(kaftan),用束腰带绑缚,再穿袖子宽大的深色外套,戴丝织面纱(Shambar)。男性穿棉质的白色衬衫和有色或原色的长裤(shirwal),外面穿较为宽大的开衫外套或马甲,披系绳的披风(abaye),头戴头巾(hatta),用头绳(agal)固定,头巾下面通常会戴一顶帽子(taqiyye)。随季节与身份的不同,人们的服饰会有所差异,节假日所穿着的服装也会有不同的装饰。

3.1 叙利亚女性服饰

叙利亚女性的服装为黑色棉制,有三角形的袖子。这样的裙子沿领一圈以及胸部和边缘都会有刺绣,也可以用各种颜色的拼缝补缀材料装饰。还有一种裙装用黑色棉缎制成,为直筒袖。因为裙子很长,(穿在身上时)会用一条由红色和黑色的羊毛或棉制成的带子绑缚,这条织带在腰部缠绕几圈,因为可以增添黑裙的外观效果而非常受欢迎。

图 7-3-2 叙利亚女性服饰

女人的外套用深色面料做成,袖子宽大带有摆衩,其领口到胸部都有彩色的补花产品装饰美化,可以在露天剧场的商铺买到。有钱的女人们会在裙子外面穿上丝质的土耳其式长衫(kaftan),外套则被替代为一种短夹克,这种短夹克用蓝色的羊毛面料做成,有及腰的紧身袖,里面有彩色的补花产品装饰。

 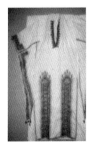    

图 7-3-3 叙利亚女性外套

女人们会在头部包一块很大的叫 Shambar 的丝质头巾，这块头巾用沿对角线折叠的 Asbeh 或 Mandil 固定，是更小更薄的头巾组成的扎头带。面纱大概有 3 米长、40 厘米宽，用透明的细绸或棉纱织物做成。

图 7-3-4 叙利亚女性头巾

一些面纱有两种颜色，头巾用 40 厘米左右宽的红色丝织物做成，两条红色碎布用黑线以装饰性的缝法缝在一起。头巾边缘用须穗装饰，附有简单的刺绣。富裕的女人才拥有真正的红色丝绸面纱（Shambar ahmar），且这面纱常常饰有亮片或玻璃小珠，还用织出来的穗和丝质流苏装饰。

图 7-3-5 叙利亚女性头饰

3.2 叙利亚男性服饰

叙利亚的男人们穿棉质白色衬衫，节日服装沿领和在胸部通常有蓝色、红色和黑色的刺绣装饰美化。男人们通常在衬衫下穿有色或原色的棉质长裤（shirwal），这些长裤几乎都是在露天剧场商铺买的成衣。

在叙利亚，外套是男人们的重要服装，通常是现成做好的。这种外套为宽大开衫，直筒半袖是衩开的，因此衬衫的袖翼可以被拉出来，它们用各种轻质面料做成，穿在衬衫外面，其袖子、领口和前襟都有贴线缝的绳作装饰。冬季外套（farwa）用绵羊皮作衬里，还用几乎是黑色的深色粗棉布，并以彩色补花产品或贴线缝的绳来装饰。

图 7-3-6 叙利亚皮匠

图 7-3-7 叙利亚手工艺人

图 7-3-8 叙利亚男性外套

披风是叙利亚男性最重要的服饰，用各种轻质丝绸、人造丝或混纺丝或棉织物做成。它由两块一定长度和宽度的织物缝合在一起，前面敞开，可以由两根绳系在一起，其颈部和肩部位置有窄边刺绣或贴线绣缝合。还有一种类型的披风（abaye）是羊毛制成的，有棕色和白色的竖条。也有一种浅色轻薄型披风是夏天用的，叫 bisht，是用粗糙的原色绵羊毛、山羊毛或驼毛做的，有棕白相间或黑白相间的竖条，在颈部与缝合处还有羊毛刺绣。

图 7-3-9 叙利亚男性披风

男人们的头饰多种多样，从细棉布做的纯白头巾到带长穗的丝巾，常常还有绕着头包在棕黄色羊毛头巾上的小穗。蓝色或紫色的丝绸做成的围巾非常受欢迎，上面绣有红线。

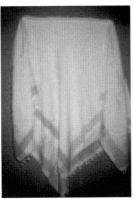

图 7-3-10 叙利亚男性头巾

头绳（agal）通常被戴在头上以固定头巾（hatta），在头巾下面，男人们通常会戴一顶帽子（taqiyye）。

图 7-3-11 叙利亚男性头绳

4　总结

当代叙利亚战事不断，情况不容乐观，但它依然是一个拥有 4000 多年历史的文明古国，具有悠久而丰厚的历史文化积淀。叙利亚地处肥沃的新月地带，是人类古文明的发祥地之一，具有天然的地缘优势，也是丝绸之路上重要的节点。历史上东西方文化在此交汇碰撞，贸易往来频繁。其中帕尔米拉（Palmyra）、杜拉欧罗普斯（Dura-Europos）、安条克（Antioch）、阿勒颇（Aleppo）、大马士革（Damascus）等叙利亚古城，在世界历史和纺织史上都留下了不朽的篇章。当代叙利亚战争导致许多城市与古迹惨遭摧毁，令人遗憾，但其对人类文明与世界纺织业的发展做出的贡献仍然令人钦佩，希望越来越多的人能加入到叙利亚文化遗产的研究和保护中来，让文明之光延续。也祝福叙利亚人民能早日摆脱战乱的阴霾，在世界历史上重绽光彩。

第八章 亚美尼亚

1 绪论

公元前 16 世纪，亚美尼亚人的祖先生活在位于南高加索和安纳托利亚高原东北部的亚美尼亚高原。公元前 2—1 世纪，他们在这里建立了统一的大亚美尼亚国，国力一度非常强盛。后来，大亚美尼亚国被邻国征服，亚美尼亚人从此受到罗马帝国、伊朗萨珊王朝等外族政权的统治。在长期的外族统治中，亚美尼亚人虽然丧失了政治独立，但其民族特征和基督教信仰却始终保持着，并凝结成强大的民族凝聚力。

15 世纪，强大的奥斯曼帝国征服了亚美尼亚人居住区的大部分土地，并在此地实行一种称为"米勒特制"的宗教团体自治制度，即任命东正教主教在宗教和民事上管理亚美尼亚人。从此，在以伊斯兰教为主的中东地区，亚美尼亚人成为一个独特的社会群体。他们被禁止在帝国军队中服役，也不允许拥有自己的武装。虽然统治者的压迫政策造成了民族间的矛盾与隔阂，但从总体上看，在奥斯曼帝国统治初期，政府对亚美尼亚人没有实行过于严厉的压榨政策，亚美尼亚人在"米勒特制"下仍保持着宗教和文化上的独立，生活相对稳定。在奥斯曼帝国的统治下，亚美尼亚人大多靠做仆人、工匠和小商人来维持生活。由于善于经营，他们成为希腊人和犹太人最大的商业竞争者，在奥斯曼帝国的手工业和贸易中发挥着重要作用。尤其因他们在货币交换、金饰工艺、珠宝业、对外贸易、医药、戏剧等方面表现出的才干，使亚美尼亚人逐渐取代了希腊人在帝国中的重要位置。

16 世纪，伊朗萨非王朝兴起并开始与奥斯曼帝国争夺亚美尼亚。双方经过多次交战，于 1639 年签订了《君士坦丁堡协定》，将亚美尼亚分为东西两部分，西亚美尼亚划归奥斯曼帝国，东亚美尼亚划归萨非王朝。面对被大国瓜分的命运，亚美尼亚人开始把民族解放的希望寄托于外来势力的干预。亚美尼亚民族代表卡特里斯科大主教（1655—1680 年在位）为推动民族的独立和解放，曾向俄国沙皇、罗马教皇和西方基督教诸国求援，历史上的亚美尼亚问题开始显现。

然而，列强不会真心帮助亚美尼亚人，他们只想通过亚美尼亚问题来达到各自的目的。18 世纪，沙皇俄国把扩张矛头指向亚美尼亚，开始与伊朗进行领土争夺。在 1813 和 1826 年两次俄伊战争中，亚美尼亚人均支持同样信仰基督教的俄国人。在亚美尼亚人的帮助下，俄国从伊朗手中夺取了与奥斯曼帝国东部边境接壤的东亚美尼亚地区。但当地大量的亚美尼亚人因害怕伊朗政府报复而逃往俄国。与此同时，奥斯曼帝国开始走向衰落，商业和手工业发展停滞，农民和商人的财产安全得不到保障。在奥斯曼帝国统治下的亚美尼亚人和其他少数民族一样，生活条件急剧恶化，对统治者的不满情绪也逐渐增加。

18世纪末，世界各地民族解放运动高涨，极大地鼓舞和推动了亚美尼亚民族运动的兴起；同时，奥斯曼帝国在此期间颁布的一系列改革敕令（允许基督教臣民享有一些基本权利）也唤起了亚美尼亚人的希望，激励了他们当中的精英，民族独立意识开始觉醒；再加上俄国为夺取西亚美尼亚，鼓动亚美尼亚人反对奥斯曼帝国的统治，使亚美尼亚民族独立意识日渐增强。19世纪早期，亚美尼亚各地掀起了反抗民族压迫和宗教压迫的斗争，亚美尼亚人迅速走上反抗奥斯曼帝国统治、争取民族独立的道路。

但是，亚美尼亚人性格温和，并不勇猛尚武，且很少有自己的武装，不能进行有效的自我保护；加上他们多居住在高原地区，村庄比较分散，难以集中，而城镇里的亚美尼亚人则多为普通市民，长期处于弱势地位，因此，他们很容易被分化瓦解。此外，亚美尼亚人内部天主教与基督教的冲突十分激烈，内部的不团结也削弱了自身的力量。所有这些都给亚美尼亚民族运动带来了不利影响。

由于俄国一直想把奥斯曼帝国统治的西亚美尼亚纳入自己的版图，从而占有整个亚美尼亚地区，因此，长期鼓动亲俄的亚美尼亚民族主义分子从事东西亚美尼亚合并的活动，导致俄奥矛盾激化。1853年克里米亚战争爆发，1877—1878年俄土战争爆发。俄土战争加剧了土耳其人对亚美尼亚人的怀疑和报复。从此，土耳其与亚美尼亚的民族矛盾急剧升温。

1878年柏林会议前夕，亚美尼亚民族主义者积极活动，他们制定自治方案，寻求西方列强的支持。但在会议达成的《柏林条约》中，西亚美尼亚代表团的自治要求没有实现。此后，亚美尼亚民族主义者采取了极端的行动，通过建立武装、攻击奥斯曼帝国官员、制造恐怖事件来蓄意激起土耳其对亚美尼亚人的报复行为，以促成英俄政府的外交干预。

对奥斯曼帝国来说，亚美尼亚人的民族解放运动是所有威胁中最大的一种。苏丹哈米德二世为防止西亚美尼亚等地从帝国分裂出去，不惜以屠杀的手段来对付亚美尼亚人的反抗活动：1894年夏，库尔德人在土耳其军队的支持下，对亚美尼亚人村庄进行了清洗；1896年8月，君士坦丁堡的亚美尼亚人住处遭到暴徒袭击；1905、1909、1915及1923年亚美尼亚人又先后多次遭到镇压。

欧洲列强为争霸和扩张的需要，打着支持亚美尼亚人争取民族权利的旗号，煽动民族情绪，把亚美尼亚人要求独立的迫切愿望和正义要求引入歧途，激化了民族矛盾，并由此引发出一系列流血冲突，制造了许多民族间的悲剧。致使亚美尼亚问题成为近代史上"东方问题"中很敏感的一部分，也成为困扰土耳其的焦点。

1915—1923年，在奥斯曼帝国统治下的亚美尼亚人大量死亡（据西方学者研究死亡人数达到150万）或逃亡到世界各地。该事件目前已成为亚美尼亚、土耳其以及西方各国争论的焦点。亚美尼亚把每年的4月24日定为"种族灭绝日"。但历届土耳其政府则拒绝承认"亚美尼亚大屠杀",认为这是在奥斯曼帝国瓦解的混乱过程中亚美尼亚人的非正常死亡,且人数也没有那么多。历史问题成为亚美尼亚与土耳其两国关系中的最大障碍,至今这两个邻国都未建立外交关系。近年来,土耳其一直在谋求加入欧盟,但是土政府对待亚美尼亚历史问题的态度却成为欧土之间一道难以逾越的屏障。

1920年11月29日亚美尼亚苏维埃社会主义共和国成立,并于1922年3月12日加入外高加索联邦,1936年12月5日又作为加盟共和国加入苏联。1991年9月21日经过全民公决,亚美尼亚正式宣布独立。

1.1 亚美尼亚人口分布

今天的亚美尼亚人口约321万,其中亚美尼亚族占93%。而在近现代历史上移民海外的亚美尼亚族人口则在200万以上,有统计认为已超过其国内人口。亚美尼亚侨民散居在世界数十个国家,如美国(约50万)、伊朗(约20万)、法国(约20万)、黎巴嫩(约18万)、土耳其(约15万)、叙利亚(约15万)等。他们大多是在第一次世界大战期间被迫移居国外的。

以美国为例,1975年,在美国的亚美尼亚人就达35万~45万,目前已经达到50万人。早期的亚美尼亚族移民大部分是在19世纪末从土耳其逃到美国的难民,还有一部分是从俄罗斯迁移到美国的。这些亚美尼亚移民大多以开民族食品店为生。他们的烹饪手艺在美国有很好的声誉,如亚美尼亚肉饭、面饼、酸奶等食品很受当地人欢迎。亚美尼亚人擅长做生意,尤其擅长干那些不起眼但却很能赚钱的生意。另外,亚美尼亚的民族音乐在美国也有较大影响。

过去,亚美尼亚移民只与本族人通婚。现在,年青一代在西方文化影响下,开始与其他民族的移民通婚。他们很少说亚美尼亚语,只说英语。但这些人仍遵守传统的道德观念。几十年来,在美国的亚美尼亚人努力传播本民族文化。早在1959年,亚美尼亚学者就通过美国亚美尼亚学会在哈佛大学开设讲座。如今,美国的亚美尼亚裔"院外集团"势力不小,他们对美国政府对外高加索的政策,特别是对亚美尼亚的政策的影响力不可小觑。2007年10月,美国众议院通过"亚美尼亚大屠杀"议案,引起土耳其政府对美国的强烈不满。提出这项议案的民主党众议员亚当·希夫就来自有全美最大亚美尼亚裔团体的加利福尼亚州选区。

1988年12月7日,亚美尼亚曾发生过一场大地震,使2.5万人丧生,50万人无家可归。在当时的冷战年代,西方和苏联关系非常紧张,但来自美国、法国、德国等国家的亚美尼亚裔团体却冲破阻力,发起了大规模的募款赈灾活动以援助灾区居民,为拯救自己的祖国和同胞付出了巨大努力,做出了重要贡献。历史和现实、天灾和人祸让众多的亚美尼亚人移居海外,但强烈的民族自豪感和凝聚力则让他们超越了空间的阻隔。

独立之初的亚美尼亚,国力贫弱、经济困难,连基本的能源保障都难以为继,很多居民在寒冬中每天只有两个小时的电力供应。但经过10多年的努力,这个坚韧的国家现在获得了惊人的经济成就，曾被世界银行的一位官员形容为"脱胎换骨"。亚美尼亚经济的快速增长为其博得"高加索之虎"的美名。而其经济快速发展的一个重要原因就是大量海外资金的涌入。据欧洲中央银行重建部门调查，由于遍布美国和欧洲的亚美尼亚裔对亚美尼亚的大量投资，使该国服务业受到强劲拉动，金融业得到长足发展，加上零售业的繁荣，亚美尼亚近 10 年的 GDP 增长率几乎都保持在 10% 以上。

亚美尼亚是一个崇尚文化教育、尊重知识的民族。在亚美尼亚首都埃里温的玛坦纳达兰图书馆里，藏有一套中世纪的手绘《福音书》。它是 20 世纪初大屠杀时，两名亚美尼亚女子在逃亡途中舍弃一切，从土耳其东部带到埃里温的。玛坦纳达兰图书馆是世界上收藏亚美尼亚文抄本最多的地方，这里的很多藏书已有千年的历史。一千多年来这片土地上战争不断，可记录亚美尼亚文化的书籍却保存完好。

崇尚教育和文化也使得这个民族人才辈出，诗人、作家、音乐家、画家、科学家、艺术家等不断涌现。世界著名飞机设计师米高扬就是亚美尼亚人。而遍布世界的几百万亚美尼亚人中基本没有文盲，这也不是每个民族都能做到的。

亚美尼亚还是一个热情好客的民族，他们会殷勤款待每一个异乡客，不为别的，只为你远离故乡，只为你是个需要帮助的陌生人。这也许与这个民族在历史上颠沛流离，时常客居他乡的切身体会有关吧。

亚美尼亚人说："英雄的品质是能够忍耐更多一刻。"的确，亚美尼亚人依靠其超常的韧性走过了艰辛漫长的历史之路。我们相信，坚韧、勤劳和智慧的亚美尼亚人民一定能有更加美好的未来。

1.2 亚美尼亚与中国的经贸关系

中国与亚美尼亚的关系源远流长，两国关系史上最有趣的一页当属关于古亚美尼亚赫赫有名的马米科尼扬家族和奥莱别良家族起源于中国的传说。亚美尼亚民族曾经一度在古代中国繁盛过，当时中国的亚美尼亚族杰出代表之一是奥瓦涅斯·卡扎良，也就是著名的约翰·拉沙，他是 19 世纪初最早将《圣经》译为中文的翻译之一。

苏联解体以后，中亚两国之间的正式双边互动始于 1991 年 12 月 27 日，即中国政府正式承认亚美尼亚共和国独立后。1992 年 4 月 6 日，两国签署建交联合公报。同年 7 月，中国在亚美尼亚设立大使馆，1996 年 10 月 10 日，亚美尼亚在中国设立大使馆，平稳推进着两国的政治互动。自亚美尼亚独立以来，中亚两国一直保持着良好和稳定的政治关系，没有出现过严重政治分歧或双边关系的大波折。两国现阶段政治互动的主要形式是国家、政府、政党领导人会晤，高层代表团互访等。建交以来，中亚两国部长级以上互动共计 70 余次，包括国家元首、政府首脑、政党领袖、外交部长、国防部长、检察长、央行行长等之间的会见和代表团访问。会谈和磋商的问题涉及鼓励和相互保护投资、科学技术合作、文化教育旅游合作、政府贷款、民航运输合作、银行间合作等。

中亚两国重视双边关系，每逢建交纪念日，两国领导人均会互致贺电贺信；对方国家发生重大事件时，均会表示关切；在重要问题方面能够支持对方的原则和立场。2006年3月，亚美尼亚外交部发言人就台湾当局决定终止"国统会"和"国统纲领"发表声明，表示亚方坚持一个中国原则。认为这种单方面行动不利于中国统一问题的解决。8月，亚方拒绝台湾当局官员赴亚活动。

两国之间的友谊源远流长，著名的丝绸之路将两国文明联结在了一起。自1992年4月两国建立外交关系以来，双边关系得到了长足的发展，高层互访和人员交流有了进一步提高。从2009年起中国成为亚美尼亚第二大贸易伙伴。据中国海关统计，2018年一季度，中国与亚美尼亚双边贸易额为1.10亿美元，同比增长106.77%。其中，中国对亚出口4704万美元，增长97.59%；自亚进口6358万美元，增长114.13%。对亚主要出口商品包括：电机、电气、音像设备1672万美元，增长311.09%，占比35.55%；锅炉、机械器具1583万美元，增长114.56%，占比33.67%；钢铁152万美元，增长20.61%，占比3.23%。自亚主要进口商品为：矿砂、矿渣及矿灰6051万美元，增长111.58%，占比95.18%；非针织或非钩编的服装231万美元，增长155.62%，占比3.64%。据中国海关统计，2017年1—12月，中亚双边贸易额为4.36亿美元，同比增长12.40%。其中，中国对亚出口1.41亿美元，增长24.91%；自亚进口2.94亿美元，增长7.23%。对亚主要出口商品包括：电机、电气、音像设备3552万美元，增长2.00%，占比25.13%；锅炉、机械器具3319万美元，增长42.71%，占比23.48%；钢铁745万美元，增长76.11%，占比5.27%。自亚主要进口商品为：矿砂、矿渣及矿灰2.80亿美元，增长6.00%，占比95.24%；非针织或非钩编的服装1218万美元，增长46.48%，占比4.14%。

2016年中亚双边贸易额达3.88亿美元，同比增长16.42%。其中，中国对亚出口1.13亿美元，下降0.38%；自亚进口2.74亿美元，增长25.00%。全年贸易额占亚整个对外贸易的7.60%，中国继续保持亚第二大贸易伙伴地位。对亚主要出口商品主要包括：电机、电气、音像设备3482万美元，增长49.60%，占比30.80%；锅炉、机械器具2326万美元，增长32.60%，占比20.60%；光学、照相、医疗等设备684万美元，下降70.00%，占比6.00%。自亚主要进口商品为：矿砂、矿渣及矿灰（铜矿砂及其精矿、贵金属矿砂及其精矿）2.65亿美元，增长25.10%，占比96.40%；非针织或非钩编的服装831万美元，增长33.10%，占比3.00%。

亚美尼亚可以成为法语国家组织和欧亚经济联盟间的纽带。亚美尼亚自古以来处于东西方十字路口，是丝绸之路上的国家。亚美尼亚不仅是法语国家组织的一部分，更在于有数千亿欧元、连接欧洲与非洲的市场，同时成为能够帮助欧洲和非洲法语国家组织成员国以及加拿大在巨大的欧亚市场进行商业活动和贸易的国家。亚美尼亚作为欧亚经济联盟成员国，享有部分税收和关税特权，同时与欧盟签署了重要合作协议。IT行业是亚美尼亚的优势行业之一，目前已创建数十家有巨大潜力的公司，正与包括硅谷在内的大型国际企业合作,法语国家组织企业也能进入亚美尼亚信息和高科技领域。另一个优势领域则是银行业,亚金融业和银行业稳定,汇丰银行、法国农业信贷银行以及俄罗斯、希腊、黎巴嫩和伊朗等国银行均在亚运营。2017 年欧亚经济联盟工业生产整体增长 2.60%,其中亚美尼亚增长 12.60%,白俄罗斯增长 6.10%,哈萨克斯坦增长 7.10%,吉尔吉斯斯坦增长 11.50%,俄罗斯增长 2.10%。实现了工业生产、劳动生产率、合作供应量、相互贸易及欧亚产品在联盟市场所占份额的积极增长。纺织品和服装生产(增长 5.60%)。

2 亚美尼亚服饰艺术

图 8-2-1 拍摄的是一位身着亚美尼亚民族服饰的妇女。蓝红相间的天鹅绒服饰由裙子和围裙构成,并饰以金线绣花。尽管花边和刺绣在很多文化中是上层社会的标志,但在亚美尼亚却是每个女孩服饰的一部分。正如这张照片所示,在日常生活和节假日中,亚美尼亚妇女穿戴的头饰往往都装饰有金币。男性的服饰很普通,这样有助于他们与不同的民族融合从事贸易,与之相反,妇女的服饰都非常精美。尽管她们很少出门,但一旦出门,这些美丽的手工服饰就是她们展现自己的好途径。

图 8-2-1 亚美尼亚女子服饰

第九章 以色列

1 绪论

以色列位于亚洲西部,中东大陆的交界上,东邻约旦,东北部与叙利亚为邻,北与黎巴嫩接壤,西面濒临地中海,南面与埃及相邻。以色列的国土面积虽然不大,但是自然景观极富变化。1948 年 5 月 14 日建国时,首都设在特拉维夫(Tel Aviv),1950 年迁往耶路撒冷。1980 年 7 月 30 日,以色列议会通过法案,单方面宣布耶路撒冷是以色列"永恒的不可分割的首都",1988 年 11 月,巴勒斯坦也宣布耶路撒冷为巴勒斯坦国的首都。对于耶路撒冷的归属,一直有争议。2017年12月5日，美国政府承认耶路撒冷为以色列首都，并把美驻特拉维夫大使馆迁至耶路撒冷。

以色列主要是犹太人（81.2%），还有阿拉伯人（17.1%）和德鲁兹人。以色列科技发达，一直致力于科学与工程的研究。犹太人一般信奉犹太教，阿拉伯人主要信奉伊斯兰教，也有11万阿拉伯人信奉德鲁兹教。犹太教（Judaism）是世界三大一神信仰中最早且最古老的宗教，也是犹太民族的生活方式及信仰。犹太教的主要诫命与教义来自《托拉》（妥拉），即《圣经》的前五卷书。对于圣约的坚信，犹太人认为这就是上帝对他们的召唤，也是他们对世人的见证、他们的使命。但犹太教并不主张其他民族为了被救赎而必须接受它的宗教信仰和敬拜方式，所有公义的民族皆分享将要到来的和平世界。

图 9-1-1 雅法裙子

1.1 雅法服饰

以色列第二大城市特拉维夫的全称其实是特拉维夫·雅法，它是两个相邻的城市合并而成的。它是一个具有4000多年历史的港口城市，是世界上最古老的城市之一。雅法地区的裙子是丝织物。图9-1-1是1930年雅法地区的服饰，连衣裙的袖子和中间裙板为丝绸面料。

1.2 海法典型服饰

海法是以色列的第三大城市，位于耶路撒冷和特拉维夫之后，在2016年人口为279591。海法市是海法都市区的一部分，是以色列第二或第三人口最稠密的都市区。这也是巴伊哈世界的中心，联合国教科文组织世界遗产和巴伊哈朝圣者的目的地。图9-1-2是20世纪初海法典型的服饰。

海法建在卡梅尔山的山坡上，有3000多年的历史。附近已知最早的定居点是布哈扬，一个建于青铜时代晚期（公元前第14世纪）的小港口城市。在3世纪，海法被称为染料制造中心。几个世纪以来，这座城市被腓尼基人、波斯人、哈桑人、罗马人、拜占庭人、阿拉伯人、十字军、奥斯曼人、英国人和以色列人征服和统治。

图 9-1-2 20世纪初海法典型的服饰

1.3 拉姆拉服饰

拉姆拉或拉姆莱是以色列中部的一个城市。这座城市以犹太人为主，也有一些阿拉伯少数民族。拉姆拉是公元705—715年由乌梅亚德总督等建立的。拉姆拉位于马里斯公路沿线，连接旧开罗和大马士革，与连接海法港和耶路撒冷的道路交汇处。1940年拉姆拉的服饰藏品如图9-1-3所示。

由于19世纪交通不便，该地区的村庄仍然与世隔绝。因此，服装和配饰具有地域性。在拉姆拉，衣服背面面板上常常绣有棕榈树图案十字绣。在拉姆拉妇女的独特服饰中，著名的有白色亚麻织物上绣着红丝线。头饰或smadeh拉姆拉是在巴勒斯坦北部的一个小圆形的帽，里面有衬垫，外沿加筋条装饰，把金银币设饰在一个固定纱线的边缘，有时加丝线绣饰。

直到20世纪40年代，传统的服装反映了妇女的经济和婚姻状况以及其城镇或原籍地，人们可以从服装中使用的织物、颜色、切割和刺绣图案（或缺乏）中识别这一信息。

1.4 耶路撒冷地区的服饰

耶路撒冷是世界上人们一直居住的最古老的城市之一，以色列和巴勒斯坦都声称耶路撒冷是它们的首都。所有其他国家和联合国都表示，西耶路撒冷是以色列的一部分，东耶路撒冷是巴勒斯坦的一部分。图9-1-4为1910—1920年时代耶路撒冷地区的服饰。

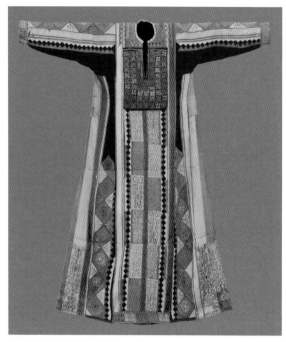

图9-1-3 1940年拉姆拉的服饰藏品

图9-1-4 1910—1920年时代耶路撒冷地区的服饰

1.5 阿什杜德地区的服饰

阿什杜德是以色列第六大城市，也是以色列最大的港口所在地，该港口的进口货物占 60%。阿什杜德位于该国南部地区的地中海沿岸，特拉维夫位于其北部 32 千米（20 英里），耶路撒冷位于其东部 53 千米（33 英里）。阿什杜德也是一个重要的区域工业中心。图 9-1-5 为 1920—1930 阿什杜德地区的服饰。

1.6 吕大地区的服饰

吕大（Lydda，后更名为 Lod）是一个犹太人和阿拉伯人混居的城市，位于以色列中心区，距离特拉维夫东南部 15 千米（9.3 英里）。2016 年人口为 73608。图 9-1-6 为吕大地区的服装。吕大地区其他村庄的妇女后来制作了称为 Rasheq 的伯利恒刺绣。

图 9-1-5 1920—1930 阿什杜德地区的服饰

2 以色列的民俗服饰

2.1 犹太教的传统装扮

2.1.1 祷告披巾（Tallit、Tzitzit 和 Tallit katan）

祷告披巾（图 9-2-1、图 9-2-2）是犹太人在安息日和假日去礼堂里做晨祷时戴的。在也门，祷告披巾不仅仅只是在特定的祷告时间穿戴，而是一整天都戴着。

图 9-1-6 吕大地区的服装

Tzitzit 是一种四个角都系有穗子的披巾，其角上穗子的打结方式非常特殊。有时候它被称作"四个角（arba kanfot）"，尽管穗子对于祷告披巾和带有流苏的贴身衣服来说是很寻常的。

图 9-2-1 祷告披巾

图 9-2-2 祷告披巾

2.1.2 圆顶帽（Kippah 或 Yarmulke）

Kippah 或 Yarmulke 是传统上东正教犹太男子一直戴的一种薄而略圆的头盖帽，有时保守派和改革派的男女都会戴。它的使用与显示对上帝的尊重和尊敬有关。阿拉伯土地上的犹太人传统上不戴纱帽，而是戴更大的圆顶帽子，这种帽子没有帽檐。在犹太教堂和犹太人举行的葬礼上需要佩戴小圆帽（图 9-2-3）。

图 9-2-3 耶路撒冷哭墙前戴小圆帽的人们

在欧洲的中世纪，犹太人头饰中最独特的是犹太帽，帽子的中心有个点或者交点，带有边缘。最初它是犹太人选择使用的，后来在一些地方被基督教政府作为歧视的政策而强制佩戴。在第 19 世纪初的美国，拉比们经常戴着学者帽（像贝雷帽一样的大碟形布帽）或中国的头盖帽。这个时代的其他犹太人都戴着黑色的盒子形的帽子（图 9-2-4），也有白色的小圆帽（图 9-2-5）。通常，Kippah 的颜色和织物可以是对特定传统运动应该遵守的标志。

图 9-2-4 黑色的小圆帽　　图 9-2-5 白色的小圆帽

2.1.3 经文匣（Tephillin）

犹太男子在 13 岁的成人礼后，于周间晨祷仪式上开始佩戴经文匣（现在一些自由派的女性也开始佩戴经文匣）。

在安息日或犹太节期间早晨不用佩戴经文匣，因为经文匣被视为上帝与犹太人之间的"记号"，但安息日也被称作上帝与犹太人之间立约的"记号"（《出埃及记》第 31 章第 17 节，和合本《圣经》译为"证据"），于是拉比贤哲们决议，在安息日（并类推至犹太节期间）并不需要佩戴经文匣这个额外的"记号"。

虽然今天只有正统派与一些保守派的犹太人会在每周间的晨祷佩戴经文匣，但这个仪式会一直象征犹太人的身份、犹太人的委身，以及一个与上帝及其诫命所保持有形而生动的联结。

2.2 婚礼的习俗与服饰

婚礼开始之前，新郎会根据习俗为新娘盖上面纱，这种面纱称为 Badeke。这个风俗可能来源于《希伯来圣经》，里面有个故事是关于雅格遭到了欺骗，原本是要迎娶的人和最终嫁给他的人不一样（《创世纪》第 29 章第 16 节）。人们为了保证嫁给新郎的人是新郎要迎娶的人，于是就有了让新郎亲自为新娘盖上面纱的习俗。

新郎将穿上一件传统的白色长袍（Kittel）。Kittel 也在赎罪日时穿，一个人死后，也将其穿的 Kittel 与他埋葬在一起。然后，新郎将前往卡拉赫（犹太人的德系婚礼传统是由他的家人陪同的），并在新娘的脸上蒙上面纱。新娘会戴着面纱直到婚礼结束。这一犹太婚礼传统也是为了表明，新娘应该是谦逊的，她的谦逊将给她的新家带来祝福。

按犹太人的婚礼习俗，婚礼仪式在篷罩（Chuppah）里举行。它就像亚伯拉罕和撒拉的家，从四面八方开放接待客人。一些人家把篷罩设在外面，在星空之下提醒上帝对亚伯拉罕的祝福，让他的孩子也像星星一样光明。篷罩象征新郎在的"带走"仪式中将新娘迎入新居。

在篷罩里举行的婚礼各不相同。在一些地区新郎穿戴祷告披巾，有的人会在新郎头上撒烟灰，新郎穿着一件朴素的长袍，绕着新娘走数圈。新婚夫妻家将受到哈西姆的祝福。

2.3 葬礼的习俗与服饰

犹太人的丧葬习俗不同于其他宗教，他们通常在死后 24 小时内举行，或更快。在某些情况下，会等待一段时间，一天或两天等待前来纪念死者的海外家庭成员。葬礼在一座犹太教堂或寺庙、殡仪馆举行，然后到墓地。犹太法律禁止火葬，尸体经防腐处理。

犹太人的葬礼称为 Levayah（陪伴），是因为在犹太人的葬礼上，传统要求家人陪伴尸体去埋葬的地方。Levayah 从家人请求宽恕开始，然后致 Hesred（悼词）。在许多犹太人的葬礼习俗中，会致一些悼词。

2.3.1 哀悼者服装

男人应该穿戴简单的领带和西服，有时会给前来哀悼的人分发一顶小圆帽（Kippah、Skullcap、Yarmulke），应该把它戴好，女人应该穿裙子。在极其正统的犹太葬礼上，女性应该用帽子或手帕遮住头发。

不送花是犹太人的葬礼传统。虽然并不禁止送花，但在大多数情况下是不送花的。所以，如果没有当地拉比的许可，就不要送花。

2.3.2 撕裂的外衣（Keriah）

哀悼者在葬礼上要把自己的外衣撕裂，以此来表达悲伤。父母在左侧撕裂，其他近亲（配偶、兄弟、姐妹、子女）则在右侧撕裂。

今天的某些犹太社群并不沿用撕裂衣服的做法，而是发给每个哀悼者一条黑丝带别在外衣上，然后再将他们扯掉。将外衣撕裂是表示悲伤的肢体动作，代表了哀悼者的心灵撕裂。

2.3.3 寿衣

犹太人的法律与传统规定，一个犹太人死后，应尽快（最理想是在死后 24 小时内，最迟不超过 48 小时）将他下葬。在死者去世后这么快举行葬礼是为了强调犹太人相信灵魂会立刻回到创造它的上帝那儿，作为灵魂在世居所的肉身也必须同样快速地回归用来造它的尘土中。由于肉身只用来暂时盛装灵魂，而并不是生命的本身，因此它不应成为哀悼与尊敬的对象，而是应该快速重返它的本源，也就是上帝所造大地的尘土里。

纯白的寿衣象征灵魂的洁净。由于所有的人都穿同样的寿衣，这也证实了人死后都是平等的，没有区别，有钱人不会有特殊的打扮，穷人也不至于衣衫褴褛，所有的人都穿得同样简单。

曾几何时曾盛行给死者穿几件昂贵的寿衣，后来宗教界领袖认为这样会给贫穷家庭带来较重的负担。因此，只要求给死者穿几件简单的、一般的寿衣就可以了。到后来发展为只给死者穿一件普通的寿衣——从寿衣店买或自己手工做就行。这种习俗也一直保持至今。另外，在安葬男人时，要给他配一条祈祷披巾，并在巾上撕一小口，表明这条披巾不能再让人佩戴了。

3 以色列的时尚与发展

3.1 时尚的历史

以色列已成为一个国际时尚设计中心。特拉维夫被称为时尚方面的"下一个热门旅游目的地"。以色列设计师，如泳装公司戈特斯在领先的时装秀包括纽约时装周上展示其收藏。

ATA 纺织厂在 1934 年由来自捷克斯洛伐克的犹太实业家埃利希·穆勒（Erich Moller）成立于 Kfar Ata。ATA 纺织厂专门制作工作服和制服，反映了当时犹太复国主义和社会主义意识形态。该工厂的生产包括了制衣的各个方面，从制线到缝纫和包装。该工厂的名称是由希伯来小说家雅格农提出的，ATA 是希伯来语 Arigei Totzeret Artzeinu（我们的土地制造织物）的缩写。在 20 世纪 60 年代，以色列时装设计师罗拉·比尔·艾博（Lola Beer Ebner）根据穆勒遗孀的请求为 ATA 设计了一系列色彩鲜艳的时装。20 世纪 80 年代，ATA 纺织厂关闭了，在其工厂

图 9-3-1 1962 年的 ATA 纺织厂

所在地建造了一个居民区。

在以色列建国初期，莫什·戴扬的妻子露丝·戴扬（Ruth Dayan）创办了 Maskit，它是一家时尚和装饰艺术公司，帮助新移民创造就业机会，同时保存居住在以色列各个社区的犹太工艺品。1955 年，戴扬与时装设计师菲尼·莱特斯多夫会面，后者为 Maskit 设计服装和配饰长达 15 年。两人合作在 Dizengoff 博物馆（今天的特拉维夫博物馆）联合展览 Maskit 设计。

1956 年，Lea Gottlieb 创办了 Gottex，这是一家时尚的海滩穿着和泳装公司，成为设计师泳衣的主要出口商。

以色列时装已经被一些世界上著名的女性所穿，其中包括杰基·肯尼迪、戴安娜王妃、凯瑟琳·赫本、伊丽莎白·泰勒和莎拉·杰西卡·帕克。碧昂丝和 Lady Gaga 穿着由阿龙·丽芙妮（Alon Livne）设计的金属紧身胸衣，碧昂丝委托丽芙妮为她的卡特夫人世界巡回赛制作她的衣柜。利文还为"饥饿游戏"系列电影设计了服装。

几十年来，犹太人的大脑一直在给世界带来辉煌的发明。现在，以色列人正在用他们的时尚技巧接管世界。从高级时装到艺术设计，都有以色列时尚设计师，他们已经在国外成功了。

3.2 以色列的时尚设计师

艺术家通常从周围的文化中获得灵感，以色列设计师也一样。除了从这个国家的地形中寻找灵感之外，设计师们还希望通过他们的作品展示他们祖国的喜悦和美丽。文化之旅为您带来了以色列顶级时装设计师，他们的系列充满了原色、粉彩色彩和独特的版画。

3.2.1 凯登·萨森（Kedem Sasson）

凯登·萨森（Kedem Sasson）是一个类似罗能·陈（Ronen Chen）的联盟，自 20 世纪 90 年代初以来一直在经营，但他的设计风格非常另类。凯登创业的动机，作为一名艺术学院的毕业生，他专注于绘画、雕塑和珠宝，当他接触到当地的服装市场时，开始转向时尚设计，在其设计中融入了高度的想象力，有时还引入古怪的收藏品元素。

通过专注于大尺寸服装，凯登一直有自由时间接触大量织物，他倾向于创造形状和形式，以保留自己的特色。如今，以打破传统设计而闻名的凯登·萨森公司已经成为寻求更有创意地着装的全身材女性的理想目的地。该公司的特拉维夫商店也有一条男装生产线，在特拉维夫、耶路撒冷和海法的商店有标准的女性尺寸服装。公司产品还远销美国、加拿大、欧洲各国和澳大利亚。

3.2.2 伊戈尔·阿泽萝（Yigal Azrouel）

伊戈尔被认为是美国的以色列时尚辣妹设计师，尽管他的作品实际上并不是蓝白相间的，而且从来不是。伊戈尔没有受过正规教育，但他记得在军队服役时画过素描的衣服。他现在以其专业设计技术和女性设计而闻名，这些技术和女性设计让他赢得了著名时尚杂志和名人客户的赞誉，比如莎玛·海克、詹妮弗·康奈利、凯瑟琳·泽塔·琼斯和莎拉·杰西卡·帕克。伊戈尔已经进入了他设计的红地毯阶段，他打扮成好莱坞风格，据说和凯蒂·李（比利·乔尔的前任）约会，现在他的总部设在纽约，但仍然可以说是萨布拉的成功故事。他相信和他从小一起长大的五姐妹对他的时尚感兴趣，他在10年前开始了他的收藏，后来在纽约开了陈列室。

3.2.3 加尔·费尔德曼（Gal Feldman）

就像她的许多同事一样，手提包设计师加尔·费尔德曼偶然开始了她的职业——当她在研究结束时为其毕业论文创造了一个袋子，当时，她把它称为"实用对象"。正如她所看到的那样，袋子是用来存放东西的容器，但它们也把人与其私人物品联系起来，就像房子一样。她开始了她的系列——命名为Gal的手提包设计，这种手提包已经成为一个标志性的手提包，一种柔软的小背包，把手柄通过另一边的一个环扣起来，以关闭袋子。现在费尔德曼从意大利进口皮革，与当地的工作室合作，用大量的手工艺品为妇女设计了各种各样的包，也为男人设计了一些包以及一套钱包。她的包不仅在以色列全国销售，也销往美国、欧洲和日本。

3.2.4 布莱小姐（Frau Blau）

布莱小姐的商店位于特拉维夫的甘哈娜门（Gan Hahashmal）区。布莱小姐的古怪、精神和有趣的时装是布莱斯汀（Blaustein）和布莱（Blau）的独创观点，这对夫妻的特点在商业和生活中都是一样的。最著名的是他们的换装衣服和衬衫，印有精致逼真的图案，穿用的衣服看起来完全不同，有一季会提供印有牛仔布印纹的连衣裙，包括纽扣和领扣。

另一款冬季换装是一件连衣裙，上面印有羊毛花呢，包括狐狸毛做的女性披肩和胸针。布莱斯汀和布莱称他们的幻象打扮为"克－伊鲁"，希伯来语表示"如果"或"假装"。这个想法是在大多数身体上创造好看的衣服图案，并且是穿戴者的光学错觉，结果具有讽刺和奉承的意味。并不是所有的衣服都是虚幻的风格，但是对于他们大多数的设计，通常都会有一种感觉，不管它是一条带有夸张的荷叶边的裙子，还是一件扣子在对角线上的上衣。目前，在他们的甘哈娜门精品店和全国各地的商店中销售，布莱小姐也在美国销售。

3.2.5 玛雅巴斯（Maya Bash）

最初巴斯是一个中性穿着的标签，由于她精心定制的现代服饰，巴斯的工作很快就获得了好评。玛雅巴斯在俄罗斯度过童年时光，这与她目前生活和工作的城市环境形成鲜明对比，玛雅巴斯创造了极为独特的收藏。在一夜成名之后，玛

图9-3-2 玛雅的色彩设计

雅巴斯的作品在许多设计师精品店和遍布全球的城市都被立即收藏。所有的收藏品都是在当地生产的，主要是在特拉维夫，大部分都是使用手工制作技术生产的。这个与众不同的知名品牌是任何到以色列旅游或居住的人都知晓的。

3.2.6 特莱斯（Tres）

特莱斯作为一个品牌，对特拉维夫妇女来说是一个毫不费力的选择。这个品牌的迷人之处是无可挑剔的，旨在面向特拉维夫的城市和赶时髦的时尚消费者。该品牌的产品种类繁多，为任何年龄和风格的客户提供了一天中所有时间的各种服装选择。虽然风格变化很大，但其每一个产品都能保证质量和精致。目前的产品包括晚礼服和日礼服以及单件连衣裙。Tres 的宗旨是创造出让女性感觉美丽、自信，最重要的是独一无二的特拉维夫服装，以取悦时尚的前沿客户。

3.2.7 沙龙·布鲁瑟（Sharon Brunsher）

布鲁瑟是以色列的时尚设计师。从服装到床上用品及家居用品、纸和香水，毫无疑问你会满意商店所提供的大量物品和时尚收藏。在简单的商店里，很难找到单种颜色，因为这里的面料和产品都是亮丽的，而不是颜色。虽然灰色和白色的色调似乎是单调的，但服装是创新的且富有创意，非常具有吸引力。布鲁瑟在他的品牌设计官网上介绍说："空间开始填满，真空形成一个形状。喜欢感性的物质。在陶工手中，在谐波失调，在喧哗与寂静之间，混沌与秩序，矿粒占据空间，长成一种形状，成为一种产品。"

图 9-3-3 布鲁瑟的设计作品

3.3 以色列纺织业的发展

1975 年以色列与欧洲签署了自由贸易协议，10 年后与美国也签署了协议。1999 年，以色列对美国的出口额达到 545 亿美元。由于北美自由贸易协议（NAFTA），以色列也增加了对加拿大和墨西哥的出口。由于这些合作伙伴，以色列的纺织工业蓬勃发展，在 1995 年达到高峰，时尚工业的利基市场进入以色列。因此以色列可以专业化生产并与远东的手工业竞争，比如顶尖的泳衣。纺织时尚相关的企业已经达到 120 家，其中 100 家都有出口业务。在 2009 年，以色列的纺织品、服装和时尚出口总额达到 10 亿美元。

以色列在贝尔谢巴的拉克雅（Lakiya）开展拉克雅内盖夫贝都因机织项目。贝尔谢巴是以色列南部内盖夫沙漠最大的城市。通常它被认为是内盖夫的中心，是以色列第四大人口密集区的中心，是人口数量第八大的城市，人口有 205810，面积仅次于耶路撒冷。拉克雅是贝都因人的城镇，位于以色列南部，2016 年人口为 12285。拉克雅内盖夫贝都因机织项

图 9-3-4 拉克雅内盖夫贝都因机织产品

目（Lakiya Negev Weaving Project）在 1991 年创立，作为巴勒斯坦贝都因女人生活的收入来源。它根据独特的贝都因遗产由母亲向女儿代代相传。穿过 6 个女人的工作中心，大约有 150 个贝都因女人在工作。贝都因女人发展传统的丝绸纺纱和羊毛机织，在染色、生产和商贸管理方面获得新的方法和技能，通过工作获得收入。

织布成了女人传统的工作，她们制作帐篷、小块地毯、带子、lafehs（一种绑头发的带子），粮食袋和其他家用纺织品。拉克雅的小块地毯是在户外的传统地织机上使用当地生活在沙漠上的绵羊毛手工织造的。随着对织物需求的增长，这个项目使得贝都因的社会文化遗产复活和保存。传统图案和颜色反映了当代的生活方式，都包含在产品中，包括地板的小块地毯、挂毯、窗帘和包。

这些女人在市场、品牌、销售、商业管理和策划、筹款和网络等工作中可以当向导，专业的咨询和亲自动手操作的助手。这个项目在 2016 年取得成功，一些零售商和产业链销售贝都因传统地织机织物遍布以色列，也销往国外。这里将成为一个新的旅游景点。

另一个旅游点是沙漠刺绣项目。20 个女人完成了她们专业的企业和商业训练，并且开始关注一个基于设计和生产传统贝都因服饰珠宝的项目。她们在家生产这种带有贝都因基本图案和装饰的刺绣，她们拥有贝都因刺绣创作室和事业，这个创作室也作为旅游景点吸引了很多游客。

第十章 也门

1 绪论

也门位于阿拉伯半岛南端，北纬 12 ~ 20 度，东经 41 ~ 54 度。北部与沙特接壤，南濒阿拉伯海、亚丁湾，东邻阿曼，西隔曼德海峡与非洲大陆的埃塞俄比亚、索马里、吉布提等相望。也门有约 2000 千米的海岸线，海上交通十分便利。位于西南的曼德海峡是国际重要通航海峡之一，沟通印度洋和地中海，是欧亚非三大洲的海上交通要道，战略位置极为重要。位于阿拉伯海亚丁湾的亚丁是历史上有名的港口之一。也门自古以来为东西方交通要道，曾是著名的古代海上丝绸之路的中转站和香料之路的起始点，今后将是海上丝绸之路的重要节点。图10-1-1、图10-1-2、图10-1-3为也门地貌及风景。

图 10-1-1 也门地貌及风景之一

图 10-1-2 也门地貌风景及风景之二

图 10-1-3 也门地貌风景及风景之三

也门在阿拉伯语中由"成为幸福的"一词转化而来，词的本意是右边或右方，也可转意为南方。古代阿拉伯半岛的一些骆驼商队从麦加出发向东走，然后右转，向着南方的也门方向行进，也门因此得名，意为"南方之国"。也门创建了灿烂的文化历史，是阿拉伯半岛上的一颗明珠。

也门面积55.5万平方千米，凭借阿拉伯海和红海，也门的海上交通十分便利，畅通世界各地。

也门人口2510万，人口增速较快，目前也门每个妇女平均生育6.1个孩子。也门人绝大多数是阿拉伯人，官方语言为阿拉伯语。伊斯兰教为国教，什叶派的宰德教派和逊尼派的沙斐仪教派各占50%，什叶派与逊尼派二元矛盾是影响也门稳定与统一的重大因素。

部落众多，分布广泛，是也门社会的一大显著特征。目前，也门有4大部落联盟，即哈希德、巴基尔、哈卡和穆兹哈吉，约有200个较大部落，北方168个和南方25个是定居的农业部落和畜牧业部落，其余是不定居的游牧部落。据统计，也门80%土地由部落控制，呈现出"弱国家，强部落"的政治生态，民族国家建设任重道远。

虽有红海和亚丁湾滋润，但也门境内常年高温干旱。一年分凉热两季，4—10月为热季，平均气温37℃，11—3月为凉季，平均气温为27℃。年降雨量为50毫米。亚丁气温较高，热季气温高达41.8℃，凉季气温最低17.5℃，年均降雨量94.7毫米。

也门油气资源丰富，其石油探明储量多达97.2亿桶，目前已探明的石油可采储量约40亿桶，已探明天然气储量18.5亿立方英尺。石油出口占财政收入的70%，占GDP的30%。除石油外，也门还有铜、铁、铝、铬、镍、钴、金、煤、盐、大理石、硫磺、天然气、石膏等。图10-1-4，为也门石油工业。

图10-1-4 也门石油工业

也门的工业不发达，主要有纺织、石油、化工、制铝、制革、水泥、建材、卷烟、食品及加工工业。全国有可耕地145万公顷，已耕地面积约137万公顷。农业人口约占全国人口的71%。农产品主要有棉花、咖啡、高粱、谷子、玉米、大麦、豆类、芝麻、烟叶等。粮食不能自给，棉花和咖啡可供出口。

也门有长达约2000千米的海岸线，从也门与阿曼边界的阿拉伯海延伸到也门与沙特阿拉伯边界的红海，其中亚丁湾沿线占海岸线的20%，所属岛屿120多个，其经济价值是显而易见的。也门近海水产资源丰富，蕴藏量达160万吨，鱼类和其他水产品达350多种。也门现有90多个渔场，在红海海域有40个，亚丁湾和阿拉伯海有50个。其南部的阿拉伯海是世界上较好的渔场之一，主捕鱼种有墨鱼、鱿鱼、带鱼、石斑鱼、沙丁鱼、龙虾、海参和金枪鱼等。2014年也门国内生产总值为392亿美元。对外贸易实行进口许可证制度。运输工具、机械设备等国内建设所需物资以及大量轻工产品均需进口。出口产品主要有石油、棉花、咖啡、烟叶、香料和海产品等。主要贸易伙伴有中国、美国、阿联酋、沙特等。

1.1 宗教风俗

沙特阿拉伯人每天要祷告五次，每次约半小时，如果说每天的五次祷告是阿拉伯人日常的宗教形式，那么朝觐圣城麦加则是每一个阿拉伯人一生必尽的一次宗教义务。在麦加朝觐时，穆斯林男子必须要身穿统一的服装，它是由两块无缝的白布组成的，一块像裙子一样围住下半身，另一块则需披在肩上。白色的统一服装无高贵低贱之分，意在体现真主面前人人平等

图10-1-5 也门男子着装

的伊斯兰精神。图10-1-5、图10-1-6为也门男子白袍着装。图10-1-7、图10-1-8、图10-1-9为也门宗教建筑。

图10-1-6 也门男子着装配饰

图10-1-7 也门宗教建筑之一

图10-1-8 也门宗教建筑之二

图10-1-9 也门宗教建筑之三

1.2 迎宾风俗

生活在阿拉伯半岛上的也门人最隆重的待客方式就是向客人熏香和喷香水，主人先将一种从印度进口的檀香木点燃，放进香炉里，然后请客人站起来，解开对方衣服下部的纽扣，把香炉靠近对方腹部，用嘴吹几下，檀香的烟就进到客人的上衣里面去。客人可以长久地闻到这沁人心脾的香味，永远记住主人的一片情谊。客人告辞时，主人又会用从伦敦或巴黎进口的香水，喷洒在客人的脖子和前胸上，再一次使客人陶醉于香气浓郁的友好气氛之中。最后，还要用香水喷洒客人的手掌，这时客人应该用手抹一下自己的脸，并说："我为此感到荣幸"，主人也因此感到极大的快慰。

图10-1-10 也门街头聚会之一

图10-1-11 也门街头聚会之二

也门北部最大的部落哈希德人更有独特的迎客方式，每逢贵宾来临，酋长都要组织居民夹道欢迎，人们打着手鼓，吹起喇叭，唱着民歌，举着腰刀起舞。图10-1-10、图10-1-11为也门街头聚会。

飞沙走石的地貌特征，贫穷落后的社会状况，以及彪悍的民风都与这里给人最初的印象大相径庭。妇女们终年以黑袍和面纱示人，既遮挡高原紫外线的伤害，也阻隔了男人们多情的目光，更构成了这个国家正统阿拉伯伊斯兰国家最显著的人文景观。图10-1-12、图10-1-13、图10-1-14为也门女子着装。

图 10-1-12 也门女子着装之一

图 10-1-13 也门女子着装之二

图 10-1-14 也门女子着装之三

1.3 也门的纺织工业

受阿拉伯地区历史因素的影响，阿拉伯也门共和国是一个有着悠久历史的文明古国，也一直有"幸福的乐园"之称。但它也是一个曾经饱受战火摧残的国度。1962年9月26日发生的推翻伊玛姆王朝的革命为也门的历史掀开了崭新的一页，迫使一个昔日以自然经济为主的封建而又落后的王国不得不摆脱掉自己以往的模样，摆脱了自我封闭的状态，向新世界打开了时代的大门，走上了发展的道路。

经过数十年的努力，也门的经济发展极为迅速，工业在国民经济中的所占的比重越来越大，特别是纺织工业，在短短的20多年当中，突破了从零到有的开创性成就，着实令人振奋欣喜，而发展的稳步进行也为解决本土国民的生活根本做出了巨大的贡献。

1.3.1 行业空白

在也门的9·26革命之前，在这个国度中，几乎从未有过纺织工业，遍布在全国各地的纺织加工都是以家庭为单位的规模极小的织造作坊，技术水平有限，加工制造容量更是局促，所以根本不能够满足整个国家的纺织品需要。大量的纺织品都只能也被迫来自进口，即便该地区是优质长绒棉的产地，但由于加工技术和加工规模的障碍，因而也门乃至整个阿拉伯地区，纺织品的输入都大量依赖进口。

要知道，这样闭塞的状态并不一直如此。这里盛产优质长绒棉，的确是个极具潜力的产地，也曾有人想要在这里开展一场史无前例的工业风暴。1961 年前，曾有一也门当地的私人老板从法国进口了一批 40 年代制造的纺织机械设备，在巴吉尔郊外开了一家纺织厂，但无奈由于技术原因，该厂一直等到革命成功后的次年才正式投产。虽然这是一家标榜为"纺织厂"的加工厂，但其实其只有纺纱加工，也就是说，这只是一家纺纱厂，生产的只是能够供给一般家庭作坊手工织布的粗支棉纱。而织造设备则一直被搁置，从没有安装使用过。这件事对于也门的纺织业有益但并未完成纺织工业化进程。

1.3.2 崭露头角

也门的纺织业一直在传统纺织加工中挣扎。中国和也门之间的革命友谊由来已久，在也门革命胜利之后，中国政府决定援建也门，而援建的第一个项目就是萨那纺织印染厂（萨那为也门的首都）。该厂就坐落在萨那的老城西南边，占地约十余公顷。该纺织印染厂内各种设备设施一应俱全，是当时中东地区最大的纺织印染联合公司，一时间风头正盛。

1964 年，该厂正式落成，随着该纺织印染厂的建成，在也门这样一个当时较为闭塞的中东国家引起了巨大的轰动，也门的妇女有史以来第一次可以像男子一样在工厂上班工作，在当时为妇女平等地位赢得不少呼声。

1.3.3 循序渐进

1979 年，在也门八大财团之一的阿基尔公司的投资下，在萨那城北兴建了也门历史上的第一家针织厂。该厂始建之时，从法国进口了 14 台 762 毫米（30 英寸）圆纬机和成套的成衣加工设备，聘请了法国当地有经验的管理人员专门负责管理工作。而工厂所需的针织纱一部分由国外进口，另一部分则由萨那纺织厂提供。

可以见得，也门的纺织工业从市场需求出发，不断地迈出新的前进步伐。也门军队和一些青少年基地每年都需要从国外进口大量的帆布帐篷，为了减少进口的开支，也门纺织局也采取了一系列措施，其中包括 1987 年从欧洲进口了生产帐篷的设备，力求发展本土帐篷的生产加工链，增强民族工业。

1.3.4 厚积薄发

20 多年来也门的纺织工业取得了令人瞩目的成就。同其他发展中国家一样，也门在发展民族纺织工业道路上也不是一帆风顺的，出现过许多问题：第一，也门是个不发达国家，资金不足，工业基础差，因此纺织工业的发展要量力而行，扩建的步伐不宜过快；第二，引进设备时要注意配套；第三，要重视产品质量，提高产品档次，满足人民群众日益增长的消费需求；第四，要提高管理水平，稳定技术力量；第五，要逐步发展本国的化纤工业。

目前也门纺织工业所需的化纤原料全部从德国、日本进口，国家每年要为此花去一大笔外汇，而且经常由于运输上的原因造成生产上的脱节。随着近年来也门石油的开采和输出，也门也有可能充分利用本土的石油资源，来兴建中小型石化企业，实现化纤原料自给自足。这样，也门的纺织工业会如虎添翼，得到更快的发展。

2 也门的特色民族服饰

也门刺绣主要是在女装上找到，虽然男装佩戴弧形匕首的腰带上饰有传统的金线草图，但各地的服装风格各异。在南部的山区，衣服前面大约脖子的位置和几乎整个衣服的深 V 处用实线刺绣，白色棉线上穿插有红色、绿色和黄色。海岸平原的衣服大多是黑色的棉纱制成的，在巴特克尔白（Bayt al-Faqih）地区裁剪得比较狭窄，在巴基欧（Bajil）地区则裁剪得比较宽，在白色和银色编织的网格贴花图案上有银盘区、红色区和绿色区的棉线刺绣。

在北方的萨阿达（Sa'ada），宽阔的婚纱上镶着黄色条纹的阿勒颇（Aleppo）丝绸，胸部饰有三角形，银色刺绣的垂直线条细小，最后缀有白色的纽扣和流苏。明亮的拼布方块有时候会防止邪恶的灵魂隐藏在深袖袖口或下摆里面。在萨阿达中部高地周围，靛蓝色的短礼服装饰着黄铜亮片，并且增加红色和白色棉线刺绣。其他部分被一些复杂的形式所覆盖，通常是连锁或者线圈形式，用红色、绿色、黄色和白色棉线和银色线均匀平衡地缝制。许多礼服样式与也门城镇和村庄的土坯大厦是一样的。都市衣服在黑色布之下经常被装饰以银色护身符和硬币。裤子上的条带绣有银色长丝，钻石和圆圈图案是犹太人的工艺。

如图 10-2-1 所示，右边和左边是妇女裤子的边口，像也门银色的珠宝。这些金属制品的边口是由犹太工人制作的。这些边口通常是同一系列的圆圈或钻石图案的条带。

如图 10-2-1 所示，中间为女人的连衣裙，巴特克尔白是提哈迈（Tihama）的海岸平原，连衣裙由白色和银色编制的贴花所装饰，有的部分也用红色或者绿色的棉，并且在脖子、裙口和臀部位置装饰有一圈像银色圆盘一样的图案。黑色的棉织物使用丙烯酸印花。附近的巴基欧地区的裙子也是一样的，但是裁剪得更加宽松。

东部的哈德拉特（Hadhramaut）传统服上装饰着银色的线圈，前后身上镶有钻石，并且在脖子边缘还有银盘，就像提哈迈（Tihama）那样。黑色天鹅绒的面料绣着爵士乐阵列的纹样，同时钉着有银色和彩色的亮片还有明亮的贴花补丁和贝壳。

图 10-2-1 边口和连衣裙贴花

图 10-2-2 领口白色刺绣

如图 10-2-2 所示，在塔伊兹（Taiz）南部的杰莎比尔

（Jebel Sabir），黑色棉布女性衣服垂直方向的有白色的刺绣线，并且还有丰富的黄色、红色、绿色和蓝色刺绣，每个村子也是不一样的。

图 10-2-3 靛蓝印花棉布裙

西北部有荣誉的犹太人现在全部重新安置在以色列，在靛蓝裙子的前胸上绣有蜿蜒曲折的图案。两个对称的图案在前襟的两侧各有一个，下面有两个不对称的图案，尤其是在左边的口袋处。这些图案与尼日利亚的豪萨长袍密切相关。

如图 10-2-3 所示，这个图案出现在萨那周围高地的女性的靛蓝印花棉布裙的前面一侧。它的刺绣所用的纱线是黄色、绿色、红色和银色。

图 10-2-4 编织过程

图 10-2-5 杰莎比尔
连衣裙

图 10-2-6 刺绣连衣裙

如图 10-2-4 所示，一位妇女在做白色的棉纱和银色纱线的编织，用在提哈迈海岸平原的巴特克尔白和巴基欧的女性裙子上。这些银色的纱线是从印度和法国进口的。这些同样用于男性的腰带或者用于携带匕首，这种法国的 DMC 纱线很受男人们的喜爱。

图 10-2-5 是杰莎比尔最近的连衣裙的例子，仅仅在它前面的中部有白色的刺绣，而不是整个全身，这位女性正在卖这种裙子。

如图 10-2-6 所示，在杰莎比尔正是这些女性辛勤的耕作积累了财富。这里，她们正穿着精美的刺绣连衣裙把柴火带回村庄。

如图 10-2-7 所示，一位来自萨纳（Sana'a）地区附近高地吉汉嘎（Jihana）的女性，穿着黑色天鹅绒的连衣裙参

图 10-2-7 黑色天鹅绒的连衣裙

加摩尔多瓦共和国的活动，在衣服前面的下部是用她的嫁妆的银饰缝制的。她拒绝拍照，但很快她让他的儿子代替了她。

如图 10-2-8 所示，在萨纳地区的瑞达（Rayda），女性每天在去市场或者洗浴时，经常用这样的布遮盖起来。以前这是要从印度进口的，现在可以由 1967 年中国人在萨纳建造的工厂生产。

如图 10-2-9 所示，这是也门北部的萨阿德（Sa'ada）小女孩，她们戴的头上的罩子是印花棉布制成的，其边缘有简单的刺绣。

图 10-2-8 女性遮布

图 10-2-9 孩童头罩

3 也门的节庆服饰

也门位于阿拉伯地区，其人文风俗也与阿拉伯地区有着密不可分的关系，深受阿拉伯地区着装文化的影响，所以在特定的节庆与典礼时，都会依照阿拉伯地区的风俗习惯载歌载舞。在此我们不讨论也门舞蹈，仅简单介绍也门或者阿拉伯地区的舞蹈着装。根据图 10-3-1 我们可以感受到其着装风格的独特魅力，舞蹈在也门乃至整个阿拉伯地区，不论男女老幼，人人都会。

在民间集会、节假日、婚礼庆典、生孩子或者行割礼时，当地人往往会相聚一堂，男士们身着白长袍，用黑色的绳圈箍住白头巾，互相拍手站立两边，每排则有一人手持一根长棍

图 10-3-1 也门聚会舞蹈简画

图 10-3-2 也门舞蹈掠影之一

图 10-3-3 也门舞蹈掠影之二

领舞，时而朝前，时而向后。而妇女们站在对面，以相应的舞蹈动作伴舞，她们叫着"纳阿莎特"，意为"使人们振奋和愉快的人"。而她们的服装也十分具有特色，颜色鲜亮明艳，她们有节奏地摇摆长发，犹如飞瀑随风流泻。并且，她们还用手扯住黑色的长纱巾遮住她们的头和脸，俯首向下看去，轻拂长纱巾，慢移碎步，做害羞的模样，而那艳丽的舞服闪闪发光，熠熠生辉。图 10-3-2 和图 10-3-3 为也门舞蹈掠影。

4 也门与"一带一路"

也门与中国都是有着悠久历史的文明古国。两国虽远隔千山万水，但 2000 多年前两国间就已有往来，而且多年来一直保持着良好的经济和文化关系。中国人民和也门人民的友谊可谓源远流长。也门位于东西方交通要冲，古代也门人在阿拉伯半岛开辟的陆路商道和在红海、印度洋开辟的水上商道，成为也门与外界沟通的两大动脉。

在 20 世纪 60 年代也门革命期间，在保卫首都的战斗中，除中国大使馆外，其他国家的使领馆全部撤离萨那。在也门共和政权最困难的时刻，中国政府明确表示，坚决支持也门政府和也门人民为维护独立主权，反对帝国主义颠覆侵略而进行的正义斗争。中国驻也门大使馆全体人员以及中国援助也门的全体工程技术人员和医疗队一直留在萨那，与也门人民同呼吸、共命运。

中也两国人民是风雨同舟、患难与共的好朋友，古老的丝绸之路将我们紧密联系在一起。两国虽然国情不同，但有着相似的历史遭遇，共同的发展任务。中也关系的本质就是真诚友好、互相尊重、平等互利、共同发展。要发扬丝绸之路精神，将两国的发展战略相互对接，全面深化中也合作，为实现伟大复兴与和平稳定发展而共同努力。

一是坚定相互支持，尊重道路选择。中国支持也门人民自主选择发展道路，通过对话协商和平解决分歧，早日实现国家的和平、稳定与发展。

二是坚持合作共赢，推动共同发展。携手推进"一带一路"建设，扩大两国务实合作，帮助也门把资源优势更多转化为发展优势，为也门创造新的经济和就业增长点，更好地发展经济、改善民生。

三是加强民心相通，增进传统友谊。以也门国家大图书馆竣工等为契机，进一步扩大两国在文化、教育、体育等领域的人文交流，增进两国人民之间的友谊，使中也友好薪火相传、发扬光大。

第十一章 伊拉克

1 绪论

伊拉克位于亚洲西南部,阿拉伯半岛东北部,其首都是巴格达,也是伊拉克最大的城市。西南为阿拉伯高原,向东部平原倾斜;东北部有库尔德山地,西部是沙漠地带,高原与山地间有占国土大部分的美索不达米亚平原,绝大部分海拔不足百米。伊拉克是一个以阿拉伯人为主的多民族国家,其中阿拉伯人约占78%,库尔德人约占18%。居民中95%以上信奉伊斯兰教,少数人信奉基督教或犹太教。伊拉克的地理环境与宗教信仰也很大程度上决定了该国家的风俗习惯。

关于服饰的习俗,在伊拉克南部,妇女大都穿黑色大袍,在什叶派的圣地,女伊斯兰教徒不准穿戴西方服饰,到处可以看到穆斯林严格遵守伊斯兰教传统。在伊拉克,对三种色彩含有特殊意味,即客运行业用红色作代表,警车用灰色作代表,丧事用黑色作代表。绿色是阿拉伯人喜爱的颜色,代表伊斯兰教,而国旗的橄榄绿,在商业上是禁止使用的。但伊拉克人忌讳蓝色,禁忌以猪、熊猫、六角星做图案,阿拉伯数字"13"为禁忌数字。

1.1 伊斯兰文化的起源及发展

伊斯兰教诞生于公元7世纪初的阿拉伯半岛,当时阿拉伯半岛面临内忧外患,由此而出现了经济危机、社会危机和民族危机,这些构成了伊斯兰教产生的重要社会条件。在阶级矛盾尖锐、激烈的情况下,统治阶级为镇压人民的反抗,掠夺更多的财富、土地和奴隶,迫切需要组成一支集中的力量,人民也盼望有一个统一安定的生产和生活环境。而要实现政治上的统一,首先就必须统一思想,即用一种大家都可以接受的信仰来凝聚人们,这就是伊斯兰教产生的时代背景。

伊斯兰教产生以后,经过伊斯兰教创始人穆罕默德努力的传教活动,建立了地跨欧、亚、非三洲的阿拉伯哈里发帝国。随后,伊斯兰教在世界各地广泛传播,成为世界三大宗教之一。目前在世界上,伊斯兰教教徒超过12亿,约占世界人口的1/6。伊斯兰文化作为一种认识把握世界的思维方式,深刻地影响着穆斯林群众的生活方式、行为准则和思想观念,渗透于穆斯林群众社会生活的方方面面,在整个社会历史发展过程中发挥着重要的作用。

1.2 伊斯兰文化对伊拉克服饰的影响

在大多数国家，宗教作为一种特殊文化现象，几乎无处不在，甚至影响到人们的日常服饰。在伊拉克的中南部地区，大多数人都信仰伊斯兰教，其对伊拉克民族的生活习惯、穿着习俗有着深远的影响，形成了伊拉克民族独特的服饰特点，特有的伊拉克服饰也反映了伊斯兰教的教义、内涵和伦理道德以及伊拉克民族的审美观。

穆斯林服饰中的纹样主要有植物、阿拉伯数字，而且这些纹样并非如实描绘，而是用曲线几何纹样的一种变样，忌用人物、六角形以及其他宗教代表性图案的服饰风格。这是由于伊斯兰教坚持安拉（阿拉伯语，意为神）是宇宙中唯一的真神，是真实存在的，在信仰他的同时信仰别的神或者偶像都是大罪。因此，伊斯兰教禁止为安拉刻画，也禁止在家中摆设任何人物的画像或者雕塑，而这些禁忌在服饰上得到了充分的体现。

在服饰款式上，根据伊斯兰教义，服饰的主要目的在于遮盖身体和御寒、装饰，并且其规定男性的肚脐至膝盖之间为需要遮盖的羞体，而女性羞体为除脸和手以外的部位。所以伊拉克女性服饰大多款式都是较宽松、遮盖身体的，头部也要遮盖起来。

伊斯兰文化也影响着伊拉克服饰的色彩表达。整体上说，信仰伊斯兰教的伊拉克人崇尚绿色、白色和黑色，而红色和黄色的使用有限制，且忌讳蓝色。由于伊斯兰教首先在阿拉伯半岛的游牧民族中传播开来，绿色对于生活在以沙漠为主的阿拉伯人来说，象征着希望和生命，年轻女性喜爱戴绿色头巾，穿绿色裤子，祈祷所用的地毯也通常选择用绿色作为底色，但是国旗上的橄榄绿在商业上是禁止使用的。白色被伊斯兰教视为最纯洁、喜悦的颜色，也与阿拉伯地区气候炎热、太阳辐射强有关系，当地居民一般都用白色头巾、长袍长裙以及白色面料来抵挡阳光和紫外线。黑色对于伊斯兰教来说象征着庄严肃穆，一般多在妇女的头巾与丧事上使用。

2 伊拉克传统纺织服饰艺术

伊拉克的传统服饰反映了伊拉克的纺织技术、审美、政治思想、道德标准和宗教观念。相对于巴格达和巴士拉等城市，伊拉克传统服饰在农村地区更加普遍和流行，在城市，年轻男女更喜欢穿戴相对保守的西方服饰。社会各个阶层都穿着同样的服装，只有细微的差异。但是作为伊拉克人口的主要组成部分，阿拉伯人和库尔德人在服装上有明显的差异，尽管他们都主要是穆斯林。

2.1 阿拉伯传统纺织服饰

伊拉克传统服装通常由宽松轻便的面料制成，使穿着者在炎热干燥的沙漠中也能保持凉爽舒适，又能遮挡强烈的太阳和紫外线，避免被晒伤和水分流失。阿拉伯男人和女人都穿着相同类型的服装，但是在风格上有一些细微的差别。

2.1.1 阿拉伯传统男性服饰

人们对传统阿拉伯服饰的印象，通常是长衫加一条带子和一件宽松舒适的上衣，头上蒙一块披巾，用一条细绳扎着，大多不穿鞋子或穿拖鞋，服饰整体以黑色和白色为主。阿拉伯男性传统服饰主要分为以下几类：

图 11-2-1 典型的 keffiyeh

头巾：阿拉伯男性通常用方格或白色、棕色、灰色棉布在头上缠绕一圈，脑袋后垂下的一段搭在肩上。在伊拉克，阿拉伯头巾被称作 keffiyeh 或 kufiya（图 11-2-1），源于伊拉克的一个城市——Kufa。Keffiyeh 是一种传统的中东头巾，由一块棉质方形围巾制成，这在一些阿拉伯国家以及一些米兹拉希犹太人和伊朗游牧民族中是一种很典型且普遍的服饰类型。普通阿拉伯人也戴头巾，有时还把钱币塞在里面，这在目前阿拉伯国家的农村还能看到。

长袍（图 11-2-2）：长袍是阿拉伯人的另一大特色服装，多为白色，衣袖宽大，长度可到脚踝，做工简单，没有尊卑等级之分，主要以棉、纱类、羊毛、驼毛、呢绒等为材料。长袍宽松舒适，冬天可御寒，夏季透风，十分适合沙漠地区炎热干燥且日夜温差大的气候。在伊拉克，阿拉伯男人的传统长袍被称为 Dishdasha。伊拉克的阿拉伯男子在穿着 Dishdasha 时，通常会在里面穿一种称为 Sarwal 的宽松长衬裤。有时候可以用 Besht 或 Abat 来表示 Dishdasha，一般在较重要的场合官员要穿着长袍，也可以在婚礼、开斋节和葬礼上穿着，它象征着财富、皇权或者在宗教中的地位。这种长袍最初是在叙利亚、伊拉克和约旦流行起来的。

图 11-2-2 Dishdasha

斗篷：阿拉伯传统的男式外衣是一件被称作 Bisht 的巨大方形斗篷（图 11-2-3），两侧接缝处留有小的开衩，以便双手伸出。该斗篷多数采用黑色或棕色，少数用黄褐色或奶白色，通常由驼毛或者英国羊毛纺织的材料制作，以黑色绳或者金色织带（通常为政治首脑或宗教领袖）装饰，金色织带突显了权利和地位。

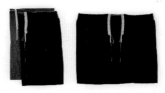

图 11-2-3 阿拉伯传统斗篷

鞋类物品：贝都因凉鞋（图 11-2-4）是阿拉伯半岛上最有代表性的男性鞋类物品，它采用大脚趾环的结构

图 11-2-4 阿拉伯传统的贝都因凉鞋

与扁平的皮革鞋底。传统的贝都因凉鞋是用骆驼皮制作的，但在炎热潮湿的沿海地区，阿拉伯人有时穿用棕榈叶编织而成的简易凉鞋。

腰间匕首：阿拉伯人是游牧民族，长期的游牧生活使阿拉伯男子养成了佩戴腰间匕首的习惯，逐渐成为了装饰品。这种装饰精美的弧形银匕首被称作 Khanjar（也门将其称作 Jambiya），通常与同样有着华丽装饰的腰带一起佩戴（图11-2-5）。

图 11-2-5 佩戴的银匕首

2.1.2 阿拉伯传统女性服饰

阿拉伯女性服饰通常比较保守，一般以遮掩身体为主要目的。有些女性服饰不遮住脸部和头部，有的则遮住除眼睛以外的部位。保守的阿拉伯女性穿一件长及脚踝的黑色长袍遮盖全身，通常保守的女性还在黑色长袍的基础上戴上面纱和盖头。

面纱、盖头：传统的阿拉伯女性都戴着面纱，通常被称为"阿莎"，其被认为是可以防止男性陷入诱惑，使女性不受到性侵犯的一种有效方式。面纱主要分为两种：一种是将脸全部遮盖，例如也门、沙特等传统阿拉伯国家女性的面纱；另一种是把眼睛部分露出来，如图11-2-6所示，像伊拉克这样比较开化的阿拉伯国家通常采用这样的面纱。面纱通常用黑丝绸织成，形状各异，有五角形、正方形、三角形等。家庭富裕的女性还会在面纱上佩挂精致的金银首饰加以装饰。

图 11-2-6 传统阿拉伯女性的黑色面纱

长袍：黑色长袍是阿拉伯女性的传统服装。传统长袍 Abayah 是黑色的长袖袍，长及脚踝，但也可以是其他颜色。而 Bisht 可以表示一种类似于 Abayah，但服装前

（a）Bisht   （b）Hashmiya

图 11-2-7 阿拉伯传统女性黑色长袍

部有纽扣或者拉链的宽松外衣，如图 11-2-7（a）所示。年
轻女性在室内可以穿印花棉布（夏季）和绒布（冬季）面料
的长袍。在伊拉克，为了满足阿拉伯女性谦逊保守的穿着要
求，很多女性会选择 Hashmiya 这样的宽袖全网或纯黑礼服
作为自己在公共场合祈祷时的服装，如图 11-2-7（b）所示。

　　金银首饰：金银首饰在阿拉伯女性的生活中不可缺少，
有些阿拉伯妇女喜欢在全身穿戴各式各样的金银饰品。她们
不仅在头部的头巾和面纱上佩挂金银饰品，还会在鼻子上镶
花，耳朵上戴金银耳坠，脖子上戴金银项链，手上戴戒指，
手腕和脚腕上戴金银镯子等。尤其在结婚之日，阿拉伯女
性会把金银头饰、鼻饰、手镯、脚镯、戒指、项链、耳环和
腰带一圈又一圈地从头到脚戴上，以示其荣华富贵。图 11-
2-8 所示即为一名戴着金银首饰的阿拉伯女性形象。

图 11-2-8 佩戴金银首饰的阿拉
伯女人

2.2 库尔德斯坦传统纺织服饰

　　库尔德人是中东的一个民族，大部分居住在土耳其东南部（库尔德斯坦北部）、伊朗西
北部（库尔德斯坦东部）、伊拉克北部（库尔德斯坦南部）和叙利亚北部（库尔德斯坦西部）
附近的一个连片地区，也是伊拉克库尔德斯坦自治区人口的主要组成部分。库尔德斯坦的纺
织工艺在世界各地都很有名，著名的波斯地毯就出自伊拉克库尔德斯坦自治区的 Bijar 地区。

2.2.1 库尔德斯坦传统纺织品

　　（1）库尔德地毯。在库尔德斯坦，地毯制作是库尔德人著名的纺织品民间艺术之一，最
著名的库尔德地毯就是 Bijar 地毯。由于其独特的编织方式，使其坚固耐用，种类繁多，图
案从花卉到动物，从奖章到其他装饰品。Bijar 地毯通常有两根纬线，在设计形式上非常丰
富多彩。随着 20 世纪人们对这种地毯的兴趣不断增加，对它们在坚固耐用方面的实用性要
求也没有以前高了，促使这种地毯在设计上更加
精致细腻。另一类著名的库尔德地毯称为 Senneh
地毯，被认为是最先进的库尔德地毯，它们以结
密度高、高质量的山羊毛而闻名。库尔德地毯厚
实、柔软、温暖，用地毯钩编织而成。下面介绍
两种典型的库尔德地毯图案。

　　① Kilim。Kilim 是通过手工将彩色的纱线
绕过垂直的经线编织而成的手工地毯。如图 11-
2-9 所示。

图 11-2-9 Senneh 地毯——Kilim

② Jajim。Jajim 是一种多用途的纺织品，可以制成不同的厚度和尺寸，并经常编织成方形图案，一般用于床上用品、毛毯、婴儿用品、马鞍、家具覆盖物、手提袋和收藏品等，但通常不会用作服装面料。Jajim，或叫做 Jajem，是指类似 Palas 的厚布，但是比 Palas 薄的双面地毯，表面没有绒毛，用羊毛或羊毛与丝绸混纺的细彩色纱线编织而成，是可以双面使用的手工纺织品。如图 11-2-10 所示。

图 11-2-10 Senneh 地毯——Jajim

在被子和毯子出现之前，Jajim 一直是部落的唯一床上用品。虽然 Jajim 比较粗糙，但在持续的使用过程中很快就会变得柔软细腻。Jajim 的编织比 Kilim 更简单，也更常见。两个织布工可以在不到一个月的时间内轻松编织出 2.5 米长、2 米宽的普通 Jajim 地毯。如果时间充裕，他们可以编织数千米长、有几十个图案和多种颜色的地毯。部落也有编织精致、厚度只有 3 ~ 4 毫米的 Jajims，通常这些 Jajims 用于装饰。Jajim 像 Kilim 一样，可以在横式织机上织造。织工在织造前，在织布机上准备好一定数量的多彩经纱，再将由妇女准备好的细纬纱穿过经纱，用打纬器敲打，使经纱压住纬纱。普通的 Jajims（Chahar-Koub）就像不同颜色的棋盘格，图案可以是长条形、方形、方格、齿状和平行线条，并且所有的图案都是沿着经线方向形成的。

（2）库尔德毛毡。除了地毯以外，库尔德毛毡也是伊拉克传统纺织品中重要的一类（图 11-2-11）。在现在的伊拉克库尔德地区，传统的毛毡制作在博物馆内进行，参观者可以亲自观察制作过程。以下简单介绍库尔德毛毡的制作过程：

① 羊毛清洁和分类。将羊毛按颜色人工分成不同的种类，白色和灰色往往作为背景色，而较暗的颜色用于图案和形成对比效果。

② 分离和起毛或梳理羊毛。分拣后，羊毛被分离出来，或者用类似于大型弦乐器的传统工具进行起毛。用一根大木槌拨动需要分拣的混合纤维条，利用振动原理分离羊毛。近年来，大规模生产得到了现代电动梳理机的帮助。

③ 羊毛染色和干燥。将羊毛放在一个平底容器中进行染色，然后平挂在杆子上晾干。

④ 图案实现和毛毡的形成。将彩色或染色的羊毛精心摆放在 Hessian 上形成一种图案。

（a）毡帽　　　　　　（b）地毯　　　　　　（c）毛毡装饰品

图 11-2-11 库尔德毛毡

然后，将粗麻布卷在湿毡的周围以压缩毛毡，在 Hessian 上形成的装饰图案和白色羊毛将覆盖湿毡。接着将羊毛放在湿毡上形成约 50 厘米的厚度，并浇上水。这时粗麻布会紧紧地粘在一起，工人站在辊子上压缩里面的毛毯，毛毡可以立即展开。

图 11-2-12 库尔德男性服饰

2.2.2 库尔德斯坦传统服饰

传统的库尔德男性服饰比较耐穿，日常穿的衣服往往颜色适中，很少或没有配饰或刺绣。现在的库尔德人的衣服是较常见的在特殊场合穿着的样子，如图 11-2-12 所示。

传统的库尔德女性服装包括一件背心、长袖外套或穿长袍。在长袍里面穿一件衬衣和宽松的裤子，长袍外面配有腰带（图 11-2-13）。传统女性喜欢戴装饰着珍贵的彩色宝石、珠子和金块的帽子。随着时间的推移，这已经不那么常见了，现在的女性更喜欢用黄金首饰来装饰。

通常年轻女性穿着颜色鲜艳的连衣裙，饰有许多珠子和亮片；而年长的女性则穿着较深颜色的连衣裙，老年妇女更倾向于佩戴

图 11-2-13 库尔德传统女性服饰

更多的黄金首饰。根据库尔德的传统，当妇女结婚后，她们会从新郎那里得到黄金首饰的彩礼。这意味着女人所戴的金饰数量就标志着她在其他妇女间的地位。今天的库尔德仍然有一小部分人传承着这样的传统。

3 伊拉克服饰和"丝绸之路"

3.1 伊拉克现代服饰／时装

随着社会的发展，伊斯兰文化与不同文化的不断碰撞，使伊拉克服饰也不断改变，但一直都以长袍、头巾、拖鞋等为主要服饰。相对于伊拉克男性服饰，女性服饰的变化较大，以下以伊拉克女性服饰为例，浅谈伊拉克女性服饰的变迁及现代女性服饰的特点。

现代的伊拉克女性逐渐走出家庭，进入社会角色，她们的面纱也逐步改良为头巾，依旧保持青丝不见青天的宗教习俗，但只是用头巾包住头发与下巴以下部位，脸部可以露出来。

而在一些较保守的地区，伊拉克女性依然戴着面纱。在1950年之前，伊拉克妇女的头巾都为黑色和白色，随着时间变迁和文化思想的开化，天性爱美的伊拉克妇女的头巾上多了一些色彩。在伊拉克，一般年轻女性喜欢戴绿色头巾，象征着青春活力和生命希望；结婚生了孩子的妇女一般戴黑色头巾，显得庄重沉稳；年长者则戴白色头巾，表示一种皈依本原、神圣美好的寓意，如图11-3-1所示。

图11-3-1 伊拉克女性头饰

由于宗教信仰，伊拉克女性服饰普遍较保守，且阿拉伯女性服饰比库尔德女性服饰更加受到伊斯兰文化的影响。在伊拉克，只有女性可以使用丝绸纺织品，并可以佩戴一些不违背宗教信仰、不破坏女性品格的饰品。早在8世纪，有一位名叫Ziryab（Abu l-Hasan'Ali Ibn Nafi）的歌手、作曲家、诗人和教师，他也被人称为Polymath，他在伊拉克、北非和中世纪伊斯兰教时期安达卢西亚地区生活和工作，具有天文、地理、气象、植物学、化妆、烹饪艺术和时尚方面的丰富知识。Ziryab最早在伊拉克巴格达的阿巴斯王朝的法庭上活跃并成名，但是他在服饰时尚方面也颇有见解，他会根据天气和季节的变化改变自身的穿着并引领了这个潮流，他建议早上、下午和晚上要变换不同的服饰。Ziryab还把来自他家乡巴格达的季节性和日常时尚的复杂的科尔多瓦服装风格引进了8世纪的西班牙，并根据其灵感进行了修改。法国北非历史学家Henri Terrasse这样评论：Ziryab把冬天和夏天的服装风格以及"东方奢华的服饰"放在了今天的摩洛哥，但是毫无疑问，一个人是无法实现这个转变的。

随着社会的发展，伊拉克民族文化与西方文化相碰撞，伊拉克女性在不违背宗教信仰的前提下，逐渐开始追求时尚。她们虽然依旧穿着传统的长袍，但在长袍里面既可以穿着全身长袖的传统阿拉伯长裙，也可以穿着国际知名设计师的最新款式。在大多数城市化地区（埃尔比勒、巴格达、巴士拉），女性穿着长裤、半袖衬衫，还有她们喜欢的服装。许多保守的伊斯兰妇女在家里或者在没有男性群体关注的环境中，可以揭下面纱头巾，褪去长袍，穿着西方人的T恤、牛仔裤和其他伊拉克传统时尚服饰。伊拉克女性被香奈儿、巴宝莉等西方品牌所吸引，然而，她们被吸引和购买的这些品牌并不是原创的，而是仿冒品。

在现代伊拉克的库尔德斯坦，女性服饰通常都不是传统的，她们服饰的设计和面料一直都在更新，如图 11-3-2 所示。现代库尔德妇女通常会自己选择并购买面料，然后定制服饰，在大多数时候，库尔德女性都会为选择好款式和面料的家人量身定做一套服饰。库尔德服装有许多不同的风格，近年来有许多时装表演为库尔德和国际观众展示。时装表演在加拿大温哥华、澳大利亚墨尔本、库尔德妇女协会的库尔德电影节上进行，并在哈克尼博物馆作为库尔德文化遗产项目的一部分。

图 11-3-2 现代库尔德女性服饰

3.2 伊拉克与丝绸之路

3.2.1 古代丝绸之路

"丝绸之路"这一富有诗意的美好名称，最初出现在德国地理学家、地质学家李希霍芬于公元 1887 年出版的《中国》一书（图 11-3-3）中。在相当长的历史时期内，这条古道把中国、印度、波斯、阿拉伯文化和古希腊、古罗马文化交融荟萃起来，为促进东西方文明的交流与发展作出了巨大贡献。

陆上丝绸之路东起中国长安，西行穿过河西走廊到敦煌，再由敦煌分南北两路西进。南路出阳关，沿昆仑山的北麓向西，越过葱岭（今帕米尔高原），到安息（今伊朗）、条支（今伊拉克）、大秦（东罗马帝国）等地。北路由敦煌向西北出玉门关，沿天山南麓向西，越过葱岭，与南路会合后西去。到了唐代，丝绸之路的政治交往和商业贸易活动达到高峰（见图 11-3-4）。

图 11-3-3 李希霍芬及其著作《中国》

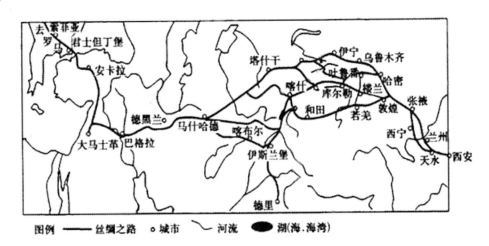

图 11-3-4 古代丝绸之路走向

丝绸之路把欧亚大陆联系在一起，极大地促进了文明的交流和发展，其中丝绸以其独特的外观和实用性征服了欧洲。在当时，丝绸的价格与黄金相等，于是欧洲商人竞相到中国贩运丝绸，丝绸之路因此日益繁荣。但是这条汉唐时期的丝绸之路，因其陆路运转的局限性，逐渐发展成海路，即"海上丝绸之路"（见图11-3-5）。

图11-3-5 "海上丝绸之路"走向

海上丝绸之路的路线大致是从当时世界著名港口宁波、泉州、广州等地出发，东渡朝鲜、日本，南至菲律宾、印度尼西亚、马来西亚、孟加拉，再沿印度洋至巴基斯坦。然后分两路：一路入波斯湾两河流域，越地中海至欧洲；另一路沿阿拉伯半岛至亚丁，此路又分南北两路，北路沿红海进入北非，顺尼罗河经地中海至欧洲，其中很多部分与明代郑和下西洋的路线相吻合。

由图11-3-4和图11-3-5可以看到，无论在陆路还是海路，阿拉伯半岛都在丝绸之路所带动的贸易中起着重要的作用。其中伊拉克现在的首都——巴格达，在古代丝绸之路上也扮演着至关重要的角色。许多阿拉伯国家与中国的贸易往来频繁，这些从中国贩运到阿拉伯半岛的纺织品、陶瓷、茶叶和火药等，商贩们又辗转销售到欧洲，从中谋取巨大的利润。这也是古代丝绸之路发展得如此迅速的原因。

3.2.2 新丝路——"一带一路"

"一带一路"包括两方面：共同建设"丝绸之路经济带"的倡议和"21世纪海上丝绸之路"构想。该构想以"五通"为核心内容，主张不再是传统的经济贸易合作关系，而是构建更为开放安全的合作关系。"一带一路"是古丝绸之路的延伸，早在古丝绸之路时期，各区域间就开始了商品贸易、技术引进以及文化、思想的交流，这使得各国的经济发展更快，文化传播传承更广泛。

就纺织服装产业而言，在"一带一路"的六大经济走廊中，以中国与中南沿线国家为主要纺织发展产业投资地。巴基斯坦、孟加拉国、印度、缅甸等沿线国家不仅纺织服装工业繁荣，原料和劳动力等资源都较为丰富，这些都为企业进一步在"一带一路"经济走廊中的投资提供了指向标。"一带一路"传承了丝绸之路开放包容、兼收并蓄的精神，在民族关系稳定的基础上，实现了中西方文化的互动交流，带动了沿线国家的经济贸易合作。尽管在"走出去"的道路上将会遇到许多问题，但"一带一路"倡仪却为沿线国家与中国提供了更多的挑战与机遇，是一次在继承基础上的发展创新。纺织服装产业与人类文明的发展密切相关，无论是中国还是伊拉克，或者是其他"一带一路"沿线国家，都应抓住"一带一路"机遇发展纺织服装产业，克服劳动力成本、贸易沟通、环境以及品牌缺失等问题，争取在"一带一路"政策指引下加速发展。

3.2.3 伊拉克与中国

在外交关系方面，自 1958 年 8 月 25 日中伊建交以来，两国关系发展顺利。1990 年海湾危机爆发后，中国根据联合国有关决议中止了与伊拉克的经贸、军事往来。海湾战争后，中国根据安理会"石油换食品"计划与伊拉克进行了一些经贸交往。2003 年，伊拉克战争爆发，中伊双边关系受到影响。战后，中伊关系实现平稳过渡和发展。2004 年 7 月，中国驻伊拉克使馆复馆，之后两国互派大使。从 2003 至 2014 年，中国多次向伊拉克提供人道主义援助，两国也多次互访，建立了和谐的外交关系。

在经济贸易方面，伊拉克从 2004 年开始，经济出现了较快增长。据 2014 年统计数据，在阿拉伯国家联盟中，伊拉克的经济发展状态排名第五位，且截至 2014 年，伊拉克是中国在阿拉伯国家的第三大贸易伙伴，双边贸易额达 285 亿美元，同比增长 14.6%；中国从伊拉克进口原油 2858 万吨，同比增长 21.5%。

4 总结

伊拉克是一个多民族国家，其中阿拉伯人与库尔德人是伊拉克人口的主要组成部分，这两个民族的传统服饰也能体现伊拉克的传统服饰、风俗习惯。受伊斯兰文化的影响，伊拉克传统服饰总体上依旧比较保守，尤其是对女性服饰的要求更高。阿拉伯人的传统服饰与库尔德人的传统服饰存在着较大区别，阿拉伯人的传统服饰比较保守单一，受伊斯兰文化的影响更深远。库尔德人的传统服饰相对比较开化，款式丰富，库尔德的手工业和手工纺织品市场依然势头较好。随着时代的变迁，无论是阿拉伯人还是库尔德人，他们的服饰也随着贸易、政治和文化的交流而发生着变化，伊拉克现代服饰既保留了传统服饰的信仰和宗教元素，又在形式和色彩上发生变化，使其更加符合现代人的审美。时代在进步，人的思想在进步，而服饰这一文化载体也在与时俱进。古丝绸之路和海上丝绸之路带动了当时沿线国家的经济快速发展、文化交流和贸易往来。几个世纪之后的今天，在各国共同努力下，"一带一路"背景下的新丝路也将为沿线各国带来良好的效益，促进中国和伊拉克之间的互通有无、合作共赢。

第十二章 科威特

1 绪论

科威特是西亚的一个国家，坐落于东阿拉伯的北边缘在波斯湾的尖端，它毗邻伊拉克和沙特阿拉伯。科威特有 420 万人口，其中 130 为万科威特人，290 万为外籍人士，外籍人士占了总人口的 70%。

科威特首都科威特城，位于科威特湾南岸，是阿拉伯半岛东岸最重要的深水港所在地以及全国的政治、经济中心。科威特城建于 18 世纪初，1938 年因科威特发现石油城市迅速发展，20 世纪 50 年代建成现代化城市，有石油化工、化肥、食品加工等工业，输出石油、皮革、羊毛等，也是波斯湾沿岸许多小港的转口港，其南有卫星城哈瓦利和萨利米耶。

在科威特，伊斯兰教为国教，居民中 95% 信奉伊斯兰教，其中约 70% 属逊尼派，30% 为什叶派。伊斯兰教的传统服饰——阿拉伯长袍在科威特人的穿着中占有较大的比重，长袍彰显了伊斯兰教信徒高雅、大方和端庄的特点。该地区的传统纺织源于阿拉伯游牧民族贝都因人，贝都因人是天生的民主主义者，他们信奉民主投票来决定部落事物而非独裁。妇女在纺织品的制作中担任着举足轻重的角色，纺织品的织造风格和装饰无一不彰显着这个民族的文化传统和信仰。正因如此，妇女在部落中受到同等的尊重和重视。

1.1 科威特纺织相关组织、协会以及展览

很明显，在科威特和大部分海湾地区，编织的文化和社会环境已经发生了变化。阿萨杜协会或被称作贝特阿萨杜、阿萨杜之屋（图 12-1-1），是一项始于 1978 年的项目，旨在保护贝都因人的传统编织艺术。在萨杜学者谢尔克阿萨贝的领导下，这一组织建立了基金，旨在保护珍贵的萨杜编织历史和织物。在该组织的领导下，组织的思想开始向前发展，意识到贝都因人的生活方式正在改变，他们开始慢慢地放弃游牧式生活而转向城市生活方式。这些年来，这个项目逐渐正规

图 12-1-1 阿萨杜之屋

化。现在这个组织设立在1936年建造的贝特阿马杰克，这是在科威特现存的少数几座遗产之一，这一建筑已成为博物馆、当地教育基地和国际共同体办公地。通过与贝都因编织者的持续合作，他们定期举行研讨会，提供学习萨杜编织的机会。

今天的妇女很少织长布来制造帐篷或者过去那些华丽的帐篷分隔物。然而，在过去的40年里，人们对这些传统艺术的文化意义和视觉美的认识不断增强，这有助于使手工艺复兴，并增强人们对它的花纹和设计的兴趣。因此仍有一部分坚定的制造者用新织机设计和改进花纹以延续这一传统。

当传统的织工不断巩固他们的手艺时，萨杜大胆的颜色、符号和叙述的品质已经引起了许多在科威特和海湾地区的艺术家的兴趣。在20世纪80年代，贝特阿萨杜开始与著名艺术家萨米穆罕默德合作，设计和创作新的、现代的萨杜花纹和编织。这是在贝特阿萨杜领导下向前发展的崭新一步，引领萨杜编织向现代化艺术模式迈进。在随后的几年里，在艺术家巴德阿曼索和纽奎特的领导下，其他文化设计倡议陆续实施。2016年，SADI（萨杜艺术与设计倡议）项目启动，与来自建筑、室内设计、金属材料、安装和电影的艺术家们进行了合作。在每一项举措的推动下，艺术家和设计师们都被鼓励去研究和探索传统的萨杜编织相关文档，以重新思考和诠释传统和新型纺织艺术。

2016年11月，在科威特文化艺术交流中心的支持下，名为"编织的故事"活动在巴格达殉教者公园举行。这个为期一周的交流展和宣传推广旨在将萨杜的故事从贝特阿萨杜内带入到群众中，尊重传统的纺织，探索新的诠释。展览的焦点是12米长的编织墙（图12-1-2），其灵感来源于贝都因人传统的帐篷分隔物。这堵墙是由来自至少6个国家的30多个学生（包括10个来自于北得克萨斯大学）制作

图12-1-2 12米长的编织墙

的小艺术品缝制而成的，这些学生大多生活在科威特。这是一个突出多样性的平台，不仅是科威特本国的，而且反映了那些至今仍在蓬勃发展的丰富的纺织品传统。除了这幅作品外，还展出了一台5米长的手动织机，灵感来自于贝都因人的手工织机。灵感来自于莱拉亚的编织，这是目前的贝都因人仍在使用的一种。展览的参观者被要求编织他们的故事，并在织物上留下书面的回复。此次展览还同时开展了一系列外展活动，包括成人和儿童的编织工作坊，参与学校团体的互动展览指导，以及与教育部合作的课程发展，将编织带入当地的学校。

1.2 科威特与中国的外交

1971 年 3 月 22 日，中国与科威特建立了外交关系，两国在政治、经济、文化、军事等领域的友好合作关系得到了稳步发展。

中科建交以来，两国关系发展顺利。两国在许多重大国际和地区问题上有着相同或相似的看法，不断地给予对方理解和支持。在 1990 年的海湾危机中，中国坚决反对伊拉克侵略和占领科威特，并要求伊拉克从科威特撤军，恢复并尊重科威特的独立、主权和领土完整。海湾战争结束后，中国多次重申对科威特独立、主权和领土完整的坚定支持，以及科威特对解决海湾战争遗留问题的需求。

早在 1955 年，中国和科威特就开始了直接的民间贸易。两国建交以来，两国经贸往来日益频繁，双边贸易额不断增长。2008 年中国与科威特的贸易额为 67.8 亿美元，其中中国出口为 17.4 亿美元，进口为 50.4 亿美元。科威特一直是阿拉伯国家向中国提供优惠贷款的最大供应国。从 1982 年到现在，科威特阿拉伯经济发展基金为中国提供了 8.1 亿美元的优惠贷款。1998 年，当中国遭受严重洪灾时，科威特政府向中国政府捐赠了总计 300 万美元的现金。

中国和科威特在文化、教育、体育、宗教等领域开展了友好交往，经常互访。中国已派出许多体育教练到科威特，每年都派学生到阿拉伯国家去。中国和科威特签署了关于文化合作（1982 年）、民用航空运输（1980 年）和体育合作（1992 年）等协议。

2 阿萨杜与科威特传统贝都因编织艺术

2.1 传统贝都因编织

阿拉伯半岛的历史编织遗产是传统物质文化的一个充满活力和必不可少的元素。传统的阿萨杜编织纺织品传达了贝都因妇女编织者的理想，彰显她们表达丰富遗产和自然美的本能意识，在编织过程中强调了审美的对称性和平衡。作为一种装饰工艺，萨杜编织的重要性不仅在于它作为一种传统的物质文化，更在于它的功能性，它满足了传统的贝都因游牧生活方式的日常需求。阿萨杜纺织品风格与贝都因人的群居生活方式有着紧密的联系，这是对织工的实际成就、灵巧手工和审美价值的见证。就像视觉语言一样，装饰性肖像和图案创造了一个符号词典，这些信息传达了沙漠和海岸游牧生活的创造力和历史。通过对传统阿萨杜编织符号、图案和花纹的研究，辅以探索科威特

图 12-2-1 游牧民族贝都因人

当代贝都因妇女的口述历史和记忆，从法典或象形文字中建立起丰富的意义和交流。

织造的过程在阿拉伯语中叫阿萨杜，也被称作 loom（织布机）。四根桩子钉在地板上形成一个长矩形，纱线在矩形中被拉直。在平面内纱线很容易被卷绕且在不同位置缠结。编织物是阿拉伯半岛历史上最古老的工艺品之一，在历史上，编织纺织品可以说是由科威特贝都因社会创造的最重要的艺术品。传统的阿拉伯文化面临着变革的威胁，而沙漠生活由于地区的社会经济发展而处于转型期，贝都因人已经失去了很多传统的手艺，使得他们的技艺不再那么有价值和意义，导致传统的编织文化发生了翻天覆地的变化并濒临灭绝。贝都因妇女主要负责相关的编织技艺传承，而且从历史上来说她们口头上传递了编织技术，使模式和象征的信息代代相传，但是，由于缺乏正规的教育，几乎没有人记录和保留下来，尽管通过阿萨杜纺织品的某些特征，纺织品本身也传递了信息。

贝都因女织工在简单的地面织布机上用手工编织驼毛、山羊毛、绵羊毛和商业采购的棉花。编织织物通常是由简单的经编表面编织技术和复杂的修饰经编技术构成的，还有其他纬编方法。传统的编织图案和设计传达了游牧生活方式、沙漠环境以及由于编织过程中对称和平衡的强调，为女织工提供了一种表达性的视觉"声音"。

2.2 塔里克·拉嘉伯博物馆及贝都因织物藏品

塔里克·拉嘉伯博物馆收藏了一些阿萨杜或贝都因的织造样品。来自科威特的历史悠久的织造藏品很难找到，因为纺织品被织造出来之后立即投入使用，直到磨损超出使用范围后被丢弃，很少一部分的纺织品会被用于收藏，此种原因导致了纺织品的流失。

贝都因妇女负责生产这些漂亮的功能性马鞍袋、驼色地毯和靠垫。妇女们编织的最大单件就是帐篷，被称作"巴依艾尔莎"或者"房子的秀发"。用羊毛纱线编织的长条状织物，或两者混合织造，帐篷是提供避风的地方——冬暖夏凉之处。因为纤维在潮湿的时候膨胀，帐篷也是防水的。帐篷通常属于家里最年长的妇女，她所居住的帐篷很有可能就是出自她自己之手。在广袤无垠的沙漠中，用红色、米黄色和黄色图案分隔开的帐篷，把棕色、黑色和白色相间的条纹组合在一起，是一种非常美丽的景象。

帐篷的布局反映了它的内部活动。整个部落的帐篷被分作两个部分，一部分属

图 12-2-2 塔里克·拉嘉伯博物馆

图 12-2-3 帐篷分隔物

于部落的男性，另一部分属于部落的女性。前者是用来招待游客的，后者用于烹饪、照看孩子和生活起居。女性不能进入男性的区域，除非男性离开时，如果客人来了，她们将承担接待的任务。女性会严格遵守分割区域规定并在另一侧倾听谈话。在讨论中她们对部落的日常事务发表评论，从不害怕给出自己的意见。这些意见将会被尊重并且经常被采纳。

贝都因人编织的图案反映了伊斯兰传统，即使是现在，人类的形象也很少出现。织物上的几何图案是由竖或横条纹构成的，还有风格化的弓弩、梳子，可能是香炉，或部落的标志或图案。自从 1990 年伊拉克入侵科威特以来，偶尔会有枪或 FREE KUWAIT 的纹样被加入进来。在过去，一些部落以特定的主题而出名。小的三角形排列成一种明亮交错的图案，在阿拉伯北部被广泛使用，它以女性首创者的名字杰娜汉命名。它的整体效果充满活力和振奋人心。不同部落的帐篷分隔物的装饰图案是不一样的。帐篷的背面和侧面可以在夏天升起来帮助遮阳和通风，即使夏天的温度高达 50℃。

贝都因妇女的传统生活重心就是努力工作。除了编织在养育孩子和烹饪过程中要使用的织物，还需要编织在部落迁移时亮眼、使人有敬畏感的帐篷。在过去，妇女们也为家庭成员做衣服。20 世纪初，当缝纫机问世时，它立即成为每个家庭的一部分，无论是贝都因人还是城市居民。织布机被放置在帐篷内或紧挨着妇女的帐篷外。为了制作帐篷，将羊毛织成棕色或黑色的长带，再将这些带小心翼翼地缝制在一起。然后，将帐篷布搭在柱子上，用长绳子把它托起。帐篷的大小取决于家庭状况。富有家庭可能会有一个大帐篷，里面有四到五个中央脊梁，而穷人可能只有一个小帐篷。当帐篷的某些部分被磨损时，妇女们会织出新的织条，有时也会从其他贝都因人那是购买，并把它们缝在一起。

图 12-2-3 传统贝都因纺织品

随着石油的发现，整个阿拉伯半岛都进入了一个快速变化的时期。这带来了更多的财富，但也破坏了许多优良传统。编织物不再是必需品，编织艺术也开始消亡。一群忧心忡忡的科威特人对纺织的迅速消失感到震惊，于是他们成立了阿萨杜协会，鼓励妇女继续纺织并销售她们的产品。由于编织物以前只用于个人用途，要说服妇女花时间编织产品用于销售，这是一个新概念。许多妇女回到她们的织布机上，继续为市场生产高标准的产品。伊拉克入侵科威特后，打乱了阿萨杜的努力，对协会的项目推进造成了冲击。但年轻人仍然对编织艺术感兴趣，并继续学习如何编织老式的鞍囊、帐篷，以及那些看起来像室内装饰一样的优雅的纺织品。

3 科威特传统服饰及演变

3.1 科威特传统服饰

在科威特，传统服饰一直很重要，现在仍然如此。科威特人对他们的国家和历史文化传统感到非常自豪，这是通过他们选择穿着的服饰来表达的。

科威特男性穿着一件至踝衬衫，外面再套一件全身的长袍，中间有一条开口。在过去14个世纪里，这种传统的服装风格并没有改变。一般来说，科威特人不会佩戴配饰，只会佩戴手表。外籍人士在公共场合必须穿着裤子和衬衫，他们应该避免露出大腿和腹部。科威特并没有强制性的伊斯兰教着装规定，通常科威特男人穿的是斯瓦布（一件长到脚踝的白色棉质衬衫），而女人则穿着长袍（覆盖全身大部分部位的黑色服装）。

至踝衬衫是一件宽松的外衣，它覆盖整个身体一直到脚踝。至踝衬衫是平等的重要象征，它非常适合中东的气候，它的设计在几百年里几乎没有变化。在较热的季节，男性往往穿白色长袍（图12-3-1），而在冬季，许多人都穿由羊毛制成的至踝衬衫，而羊毛通常是深色的。他们通常穿着宽松的白色裤子，叫做"斯瓦尔马卡莎"。有时，至踝衬衫还与比斯特一起穿。这件宽松的长袍穿在至踝衬衫的外面，特别是在较冷的天气里。比斯特是由棉花、驼毛或羊毛制成的，总是用漂亮的金绣装饰。

阿拉伯头巾是一种由棉布制成的方巾（图12-3-2），它被折叠成三角形，在头巾的前面有褶皱。在中东，头巾的颜色多种多样，而在科威特，它通常是白色的。它不仅在正式场合穿戴，在日常出行和比较放松的场合穿戴也是合时宜的，这完全取决于穿戴者的意愿。

伊加尔（Igal）（图12-3-3）是一种两倍粗的黑线，通常压在方形头巾的上方，紧紧地

图12-3-1 科威特男性长袍

图12-3-2 阿拉伯头巾

图12-3-3 伊加尔

套在头上，用来固定头巾。它通常由紧密编织的山羊毛和羊毛制成。

格菲亚（Gahfia）是一顶小帽子（图 12-3-4），戴在头巾下面，它有助于固定头巾，防止头巾滑移。它通常是白色的，图案风格迥异。在有些国家格菲亚单独佩戴，不和头巾一起佩戴，在这种情况下，格菲亚会有许多种颜色。而在科威特，格菲亚通常被佩戴在头巾下。

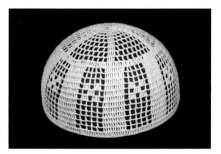

图 12-3-4 格菲亚（Gahfia）

科威特妇女穿着传统服饰，一件全身长的黑色长袖长袍，遮盖她们底下的其他衣物。传统上，头发和脖子上还戴着穆斯林妇女戴的面纱或头巾，另外一些人还戴着黑色面纱或罩着整个脸的罩袍。然而，是否选择穿戴长袍和面纱取决于妇女和她的家庭，许多科威特妇女也选择不穿。在科威特妇女的服装中有更多的选择。在喜庆的场合，一件名为"托贝"的刺绣礼服很受欢迎，如图 12-3-5 所示。

在科威特，孩子们穿着各种各样的衣服。你可以看到，在迪什达斯的一群青少年正在踢足球，他们衣服的褶边向上拉起，然后裹在腰上，使他们的腿舒展，

图 12-3-5 托贝

以便尽情地玩。在节日场合，男孩们会戴上科威特头饰，而女孩们则会穿上布克尼克斯，布克尼克斯是一种镶有金色和亮片的女士头巾，紧贴脸部，覆盖头发、胸部和背部。

科威特妇女有时也穿着西方服装。尽管她们可能会选择更端庄的风格，但不管气候和便利程度如何，最新的设计都是首要考虑因素。然而，她们的传统服装，如长礼服（Thob），仍然被用于在节日场合跳舞时穿着。在公开场合，许多科威特妇女会在她们别致的西方服装上覆盖一件丝绸般的黑色外套（Aba）。贝都因妇女也可能穿布卡（伊斯兰妇女穿着的全身式罩袍并且短的黑色面纱覆盖整个脸部）。对于女性来说，合适度的着装是非常重要的，因为它会提高人们对她的尊重和她的自我价值感。

对于外籍人士来说，没有正式的着装规定。男人应该避免在公众场合下露出大腿和腹部。作为一个女人，如果想赢得尊重就不应该露出乳沟，或者裸露肩膀，或者穿着长度在膝盖以上的裙子或短裤。总的来说，最好是在没有太多皮肤裸露的情况下穿着宽松轻质的衣服。女人的裙子和袖子要很长，如果必须穿短裤，那就穿七分裤，但绝对不需要遮住头发或脸。

外籍女性不被要求用外袍遮盖自己，但是为了不引起不必要的注意或冒犯，外籍女性仍然应该考虑一些敏感问题。一般来说，在公共场合必须遮盖膝盖和肩膀。在购物中心、电影院和餐馆里，空调可能开得温度比较低，所以穿戴上围巾、披肩或开襟羊毛衫是个不错的

主意。在冬天，建议穿暖和的衣服。女人不应该穿紧身、透明的、暴露的衣服或短裙。男人和女人都应该避免穿短裤。在公共场合男人必须穿长裤和衬衫。在科威特，没有规定西方女性必须遮盖住头部，允许穿着连衣裙和短裙，只要它们能遮住肩膀和膝盖。

图 12-3-6 节假日女性穿着

如果穿着不得体，你可能会被接触的各种各样的人议论，比如保安、同事、当地女士、外籍人士等，你会惊讶地发现有许多人觉得被冒犯或想要给你建议。不管发生什么事，都要保持冷静，保持礼貌，并作出道歉，要么说你要回家，要么回到酒店去换，如果你在商场里，那就买些东西来掩盖。当你在某种程度上冒犯了别人时，生气是没有意义的，你最不想要的就是让警察卷入一件容易被道歉和迅速调整的事情中去。

科威特的习俗、法律和法规严格遵循伊斯兰教的习俗和信仰。在你的衣着和行为举止上，应该运用常识和判断力。男人和女人都应该穿得保守点。穿着保守，举止谨慎，尊重宗教和社会传统，以避免冒犯当地的敏感问题。

3.2 科威特阿萨杜染织的历史和发展

阿萨杜，其表意是"以骆驼的速度移动"，这种丰富的纺织品一直是中东传统游牧文化的一部分。在阿拉伯湾的海岸上，科威特位于沙漠和海湾的交界处，这个国家充满了进步、超前思维并且能接触到当代所有事物。在高尔夫路上，在科威特城中心地带右边，坐落着阿萨杜编织中心，贝尔特阿萨杜是一个专注于为这种传统编织纺织品在当代文化中发挥作用的组织。在整个科威特地区，阿萨杜编织是传统和现代文化的象征。艺术家、设计师和现代工艺制造者们都把这些符号和设计投入到他们的作品中，无论富有光泽织物表面，还是当地水族馆的瓦片图案,或者是"阿萨杜"服饰都在大量生产。阿萨杜的价值是显而易见的,但很多人都没有意识到编织布这一正在发展的传统。阿萨杜之屋组织的目标之一是让大家接受衣物本身,同时继续保持阿萨杜编织的传统和未来。

编织是最古老的纺织形式之一,编织最早可追溯到公元前7000年。最简单的形式是经纱和纬纱交织制成一种织物。这种织物是许多文化的重要组成部分,它既具有实用功能,同时也承载着文化和社会的信息,如织物上发现的颜色和符号以及它的价值。

几个世纪以来,在科威特的沙漠中,游牧的贝都因人创造了萨杜编织衣物。阿萨杜织物的原始用途是制作帐篷或其他实用的物品,如驼袋、枕头和帐篷分隔物,以及许多其他类型的家具,以支持贝都因人的游牧生活。这种田园游牧式的生活方式意味着你必须能够把整个生活,包括房子都放在牲畜背上。日常生活的每一个元素都被精心设计来支持频繁的家庭迁移;它决定了编织过程的类型、织布机的设计方式、织布的方式,最重要的是它是如何被使用的。

这种编织物不仅仅是功能上的,它非常珍贵,而且织布工非常受人尊敬,要牢记他们编织的方法,以便将这些方法代代相传。织布女工从很小的时候就开始学习纺纱、染色和织布的整个过程。牲畜饲养、环境和编织之间的联系,决定着他们使用骆驼、山羊和绵羊的毛来制造编织物,此外,他们还利用环境中已有的植物将纤维染成鲜艳的红色和橘色。经编平纹织物是由安装在沙漠上的织机编织而成的,这种织机很容易安装和拆卸,所以当家养牲畜迁移时,很容易继续他们的编织工作。尽管这种织机很简易,但是有感染力和有意义的图案仍然成为他们富有想象力装饰织物的核心。伊布杰德和帐篷分隔物成为最精致的编织物。为了达到一个人的高度,将几块长布缝制在一起。这些布的长度可达10米,每一部分按几何图案拼接,有横条、三角形、方块。更复杂的图案是为莎杰拉部分预留的,它出现在织物的水平中央。莎杰拉的意思是树木,这部分织物在织造前就设计好了。这一部分的设计主题灵感来自于编织者的生活及其家庭或文化传承下来的符号词汇,这些符号是抽象的,可以代表沙丘、珠宝、牲畜、腰带、面部装饰等。

图12-4-1 织物中几何图案的拼接

图12-4-2 多姿多彩的染色

编织的羊毛来自部族的羊群，颜色有黑色、棕色、米色和白色。白色的羊毛可以染成红色、黄色、绿色和深蓝色或黑色。靛蓝可能已经被用作染料，尽管我们还不知道这是不是真的。如果使用的话，靛蓝很可能来自印度，通过科威特和印度之间的商船运送。科威特镇是许多贝都因部落的中心，贝都因人定期来这里购买他们的必需品。大多数的染料都是从妇女自己收集和准备的植物中获得的，后来，从镇上的药房购买染料。

在科威特的阿萨杜之屋中，提取一种天然染料，以代替合成染料，将羊毛染成驼色。目的是保持帐篷和地毯的传统在所有的表现中都是自然的。因此，必须找到一个天然染料的来源，提供一组颜色，最好是红色到紫色。在科威特，有一种非常丰富的植物叫扶桑，它是一种很有用的植物，可用来提取红色染料，为羊毛和驼毛永久染色。以 5% 的乙酸为萃取液，将扶桑的红色花瓣捻成粉末，从中提取的红色染料显示出对羊毛有极强的可染性。明矾和一些金属盐等助染剂在 85℃时表现出很广范围的固色能力，所染颜色有很好的色牢度，并且被萨杜之屋所接受。

4 总结

科威特的纺织是从阿拉伯游牧民族贝都因发展而来的。贝都因是马背上的民族，他们的纺织品大多是为了满足日常需求，帐篷其分隔物在纺织品中占了很大的比重。贝都因妇女是纺织品的创作者，她们使用架在沙漠上的简便织机织造出风格各异的织物，织物上的图案、几何纹路反映了自然风光和精神信仰。

科威特人大多信奉伊斯兰教，宗教信仰极大地影响了他们的日常穿着。科威特男性服饰主要是至踝的阿拉伯长袍，长袍通常没有衣领，大袖宽腰，穿在身上舒适感很强。长袍通常伴随着头巾，在科威特男子穿大袍和缠头巾受人尊敬，被认为是对伊斯兰教虔诚笃信。科威特妇女还戴面纱，面纱用黑丝绸制成，形状各异，有三角形、正方形和五角形等。出门时戴上面纱，让它遮盖住整个头部，仅露出两只眼睛。殷实之家的妇女还在面纱上绣上金银丝，或在面纱上配挂五光十色的金银首饰。对于不少阿拉伯妇女来说，金银首饰是梳妆打扮的必需品。

科威特经济正在飞速发展，城镇也在向现代化迈进，但是传统纺织这一艺术瑰宝也受到了越来越多的重视，许多类似于萨杜之屋和阿萨杜协会的组织凝聚在一起，发出一个又一个的倡议，以提高科威特人民对传统纺织的认知度与重视度，它们通过一些展览和学术交流将萨杜编织推向主流中心。

第十三章 阿塞拜疆

1 绪论

阿塞拜疆共和国，简称阿塞拜疆，国名意为"火的国家"，是东欧和西亚的"十字路口"。阿塞拜疆位于外高加索的东南部，东临里海，南邻伊朗，北靠俄罗斯，东部与哈萨克斯坦和土库曼斯坦隔海相望，西接格鲁吉亚和亚美尼亚。

阿塞拜疆的纺织产业历史悠久，有棉花、丝绸等纺织生产，工业织布始于 19 世纪后期。20 世纪阿塞拜疆进一步工业化，刺激了包括纺织在内的轻工业迅速发展。该国纺织工业的主要原料是棉花、羊毛、蚕茧、皮革和合成纤维。在苏联共和国时期阿塞拜疆的丝绸生产量较大。

20 世纪 90 年代中期，阿塞拜疆经历了一段时期的危机后，2013 年棉花种植增加了 4.48 万吨原棉。由于生产率提高，阿塞拜疆的棉花总产量从约 28 万吨增至 80 万吨。这个水平是在 20 世纪 80 年代中期由苏维埃政府大规模的资本投资实现的。

羊毛和蚕茧对阿塞拜疆织造业也很重要。桑树种植面积扩大到 2.5 万公顷，每年可以生产 9000 多吨蚕茧。通常，3.5 千克的当地茧可以生产 1.0 千克的丝绸布（日本标准是每 2.8 千克茧抽出 1 千克丝）。因此，阿塞拜疆的丝绸行业具有巨大的潜力，可以生产 2600 吨或约 1800 万平方米的丝绸。

由于过去几年畜牧业迅速发展，阿塞拜疆进行了皮革生产和加工。阿塞拜疆纺织品除了供应当地市场外，还出口俄罗斯和伊朗以及中亚地区，并且这类产品不需要支付出口关税。出口到欧盟的纺织品没有配额和许可证，只有进口关税。

2 阿塞拜疆的棉花发展史

2.1 棉花的早期历史

明盖恰乌尔的考古发掘证明了阿塞拜疆的棉花历史悠久，在那里发掘出了公元 5 和 6 世纪的棉花和棉花种子。还有人提到，巴尔达、纳希奇文、甘贾、沙姆基尔以及阿塞拜疆的其他城市出口棉制纺织品。在 15 世纪时，沙姆基尔产的棉花出口到俄罗斯。

棉花种植区一般是中部地区的米尔－穆甘和希文平原，以及撒冷－穆甘、米尔－卡拉巴赫、希尔万和甘贾－哈萨克地区。阿塞拜疆在比利亚省、扎尔达布、萨比拉巴德、萨特

图 13-2-1 19 世纪的竖缝金属染织工具

图 13-2-2 19 世纪的木制梭织机

图 13-2-3 19 世纪的地毯编织过程

图 13-2-4 19 世纪的木制梭织机

利和巴尔达地区的棉花产量很高。随着阿塞拜疆的新技术发展及其有利的气候和土壤条件，目前该国的棉花产量已经达到历史上的最高水平。

19 世纪阿塞拜疆引入了伊朗马赞德兰（Mazandarans）、拉万（Iravan）以及埃及和美国等地的新型棉花品种。19 世纪初，全国种植了 10 万公顷棉花，产量约为 6.5 万吨。在 19 世纪，旅行者注意到，棉花作为夏季作物，当地名为赛福（Sayfi），于四月份左右播种，并于十月份在阿塞拜疆的干旱地区收获。种植的棉花是粗短的品种。不过，也有人指出，由于运输成本高昂，以及不可接受的清棉加工和不可靠的包装标准，导致棉花在欧洲市场的需求下降。在 19 世纪 60 年代美国棉花出口崩溃之后，阿塞拜疆成为一个大规模的棉花生产国。而农民经常种植粮食作物，虽然农民表现出对强制耕种政策的抵制，但是在俄罗斯革命的推动下，这种政策继续加强。19 世纪后期，俄罗斯试图通过无偿分发棉花种子来刺激阿塞拜疆的棉花生产以保证棉花供应，但是事实证明，这里的气候并不比其他地方更适合种植棉花。

2.2 阿塞拜疆棉花的现代发展

由于中央政府对棉花的固定需求，棉花产量再次上升，致使在 1920—1922 年间棉花生产用地翻倍。到 20 世纪 30 年代初，该国一半的棉花土地被集体化了。

阿塞拜疆工业巨头 Zeynalabdin Taghiyev（生于 1924 年）创立了阿塞拜疆的第一家棉纺厂。一位阿塞拜疆女知识分子哈米德·哈万斯希尔（Hamideh Javanshir，1873—1955 年），在阿塞拜疆成立了一家棉花加工厂，为妇女提供就业机会。1912 年，她参加了第十三届外高加索棉花生产者大会。

直到 20 世纪 80 年代末，阿塞拜疆是世界领先的棉花生产国之一，原棉产量高达 2.5 吨/公顷，年总产量为 400 ~ 500 千吨。阿塞拜疆的气候和土壤条件非常适合这个行业的蓬勃发展。1981 年，阿塞拜疆棉花产量达到 83.1 万吨，棉花行业的利润占阿塞拜疆种植产业利润的 25% 以上。自 1987 年初以来，集体农庄和国营农场的主要棉花种植业遭受损失，由于棉花价格偏低，棉花管理权力下放到规模较小、农业条件较差、知识水平较低的农民手上，导致棉花产量显著下降。此外，许多公司通过私人的棉花清洁工厂转变为"品种混合"，例如 Jekot 和 MKT（az），并扩大了分配种子、燃料、化肥和其他必需品的发展。衰落的另一个原因是苏联解体以后亚美尼亚人进入阿塞拜疆部分地区，双方发生冲突。

1999 年，阿塞拜疆的棉花产量达 10.1 万吨，种植面积达 15.6 万公顷。虽然棉花产量下降，但棉花仍是该国在 21 世纪初十多年来最大的经济作物。对阿塞拜疆农民来说，杀虫剂是必不可少的，杀虫剂价格昂贵，因此，阿塞拜疆的棉花没有一个认为是有机的。2010 年 10 月 27 日，阿塞拜疆的棉花价格达到了 140 年以来的最高水平，这是由于恶劣天气导致其他国家的棉花产量减少。根据美国劳工部的资料，阿塞拜疆的棉花生产很大程度上归功于童工，即使"在过去十年里，参与棉花生产的童工数量大幅下降"，国际劳工局颁布的 2014 年 TVPRA "童工劳动产品清单"中仍然将棉花归为阿塞拜疆童工的劳动产品。

棉花被认为是阿塞拜疆重要的产业之一。目前，该国有意进一步发展棉花产业，并在这方面采取了多项措施。总统伊利哈姆·阿利耶夫（Ilham Aliyev）于 2016 年 9 月签署了关于国家支持棉花生产的法令。阿塞拜疆农业部制定了《2017—2020 年国家棉花增长计划》。根据该计划，阿塞拜疆计划在共和国 27 个地区的 12 万公顷的土地上种植。

2.3 棉花的科学研究

棉花科学研究所位于甘加，它成立于 1925 年，主要研究寻找生产高品质原棉和纤维的棉花种植方法。其他领域的研究还包括土壤保护、能源和资源节约以及生态高效技术，并成立了农业化学、农业技术、灌溉和植物保护部门。

2.4 阿塞拜疆棉花产业发展前景

阿塞拜疆具有棉花生产、纺纱和织造的悠久传统。在苏联统治下，阿塞拜疆是其次于中亚国家的第三大棉花生产国。棉花用于当地市场的手工纺织品，并出口到俄罗斯的纺织公司。20 世纪 90 年代棉花产量大幅度下降，21 世纪初期棉花产量有所回升，2018 年有 22

个地区种植棉花，20 万人从事棉花种植。2018 年达到 22.04 万吨，种植面积为 13.2 万公顷。2019 年计划籽棉产量达到 303 吨。

此外，该国每年生产 9000 吨蚕茧，即 1800 万平方米丝绸布。其他纺织原料包括羊毛、皮革和合成纤维。除当地市场外，阿塞拜疆纺织产品的主要市场是俄罗斯、中亚和伊朗。阿塞拜疆的近期战略方向 / 具体方案和激励措施为吸引纺织投资，提升价值链，发展出口，取消纺织品出口关税；一般普惠制（GSP+）与欧盟的贸易制度：纺织品出口不含配额和许可证，只需支付进口关税；2010 年与意大利签署纺织合作协议；在德国国际合作机构的支持下，2009 年成立了纺织成衣服装协会（TRMCA）；其业务为提供信息、开展培训，以及与国际组织的合作、推广。阿塞拜疆纺织工业发展的机遇包括生产和出口：

（1）棉纱和织物（织造厂）、羊毛；

（2）丝绸（特别是在 Sheki）；

（3）服装，包括制服、防护服和内衣；

（4）地毯（特别是在古巴和伊斯梅利地区）和手工艺品；

（5）弹簧床；

（6）皮革制品和鞋子。

在这些地区非国营化纺织厂和当地企业寻找外国合作伙伴是推出这些项目的良好机会。

3 阿塞拜疆的丝绸发展史

3.1 阿塞拜疆丝绸发展

在阿塞拜疆，编织是艺术家庭工艺最常见的类型之一。它在巴库、大不里士、甘贾、巴尔达、贝拉干等中世纪城市的生活和经济中发挥着重要作用。许多书面资料和旅行记录都证明了这一点。茧制线艺术由黄帝或黄帝的妻子发明，这可以追溯到公元前 2700 年左右。据传说，明智的女王命令用丝线制作织物，并规定每年在收获的时候进行庆祝。将蚕茧制成丝线的方法迅速传遍整个中原王国，并从那里传到日本，再传到南亚和西亚，即印度和波斯。中国人小心翼翼地守护着他们的财富，传播了各种关于养蚕和丝绸生产的传说，并对那些试图泄露秘密的人处以死刑。公元前 2 世纪左右，丝绸生产从中国传播到中亚，并逐渐向土耳其斯坦、布哈拉、希瓦、默尔夫和波斯扩散。在波斯，6 世纪就知道了养蚕，到了 7 世纪，在呼罗珊、阿塞拜疆和塔巴斯坦养蚕已经很普遍了。阿尔巴尼亚历史学家摩西·卡兰卡特奥西（7 世纪）在《阿尔巴尼亚人的历史》中写道："位于高加索的高山，阿尔巴尼亚的国家迷人而美丽，有许多丰富的自然资源。大河库拉静静地穿过它，把大大小小的鱼带入里海。它还有丰富的资源、面包、酒、油、盐、丝绸、棉花以及数不清的橄榄树。"一些阿塞拜疆农业史研究、苏联的一些历史学家的作品和最后在阿塞拜疆境内进行的考古发掘都证明了阿塞拜疆的蚕桑开始于较早的时期。

阿塞拜疆最早的丝织生产材料是在库切帕发掘的公元前4~3千年的遗迹中发现的。在明盖恰乌尔的"新石器时代"和"青铜器时代"遗迹中，有织物碎片和黏土堡垒的墙壁。这表明，公元前3千年居住在这里的人们熟悉织造业，公元前1千年，织布、陶器和金属加工是阿塞拜疆的主要工艺。在明盖恰乌尔，最古老的面料是用亚麻制成的，在公元前2世纪和公元1—2世纪，除了使用汉麻，他们也开始用蚕丝、棉花和羊毛。

3.2 阿塞拜疆的织造工艺

古希腊历史学家希罗多德（Herodotus）提到过居住在里海盖茨（从7世纪70年代到公元前550年，包括阿塞拜疆领土在内）人的"玛代人的衣服"面料。他还写道：波斯人穿等级高的衣服，阿塞拜疆人认为波斯人比他们自己更漂亮。米尔草原一直是最富有的文化中心之一。例如，在公元前320年，丝绸曾被出口到许多国家，来自阿尔巴尼亚公国的一部分贝拉甘（Bilkhan）。公元前几个世纪，古罗马、阿塞拜疆和波斯帝国的其他地区。这个报告是由明盖恰乌尔考古发掘证实的，在阿塞拜疆的地下墓穴和陵墓中发现了本土生产的丝绸、羊毛和棉纱。阿塞拜疆的地毯织造技艺也非常精湛，如图13-3-1、如图13-3-2、如图13-3-3所示。

阿尔巴尼亚历史学家摩西·卡兰卡特奥西写道："贵族和美丽就是阿格万斯国……在库拉河畔，桑树为生产丝绸织物提供了原料，品种丰富。"许多阿拉伯历史学家、地理学家旅行者提供了这个国家在9、10世纪经济、农业、贸易和商业发展状况的宝贵信息。他们认为，在9—10世纪，阿塞拜疆的蚕种繁殖盛行。巴尔达、谢基、甘贾和阿塞拜疆其他一些地区的人们主要从事养蚕业。

据阿拉伯旅行家和作家艾斯塔希里说，很多丝绸从巴尔达出口到波斯和胡齐斯坦。另一位阿拉伯地理学家伊本·哈卡尔（Ibn Hawqal）记载："在巴尔达，

图 13-3-1 吉利姆地毯

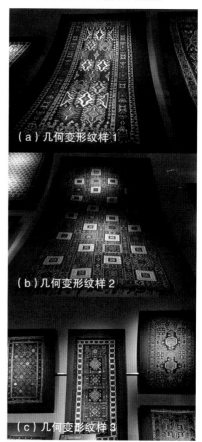

（a）几何变形纹样 1

（b）几何变形纹样 2

（c）几何变形纹样 3

图 13-3-2 不同图案花型的织物

图 13-3-3 阿塞拜疆木制编织机

各种各样的东西都是用丝绸制成的……事实上，桑树是共用的，它们没有主人，也不需要购买。"在 12 世纪，阿塞拜疆的园艺、棉花和丝绸生产进一步发展。

伟大的诗人 Nizami Ganjavi 在其作品中多次提到丝绸，很欣赏阿塞拜疆工匠制作的丝绸织物。在"Iskandarnameh"这首诗的第一部分，"Sharaf-nameh"中，谈到贝拉时，Nizami 写道："对于我来说，在这个丝绸上，在宇宙的冠冕上，没有任何东西比你的轮廓更重要。"

"她命令尽快把国王的面孔画在丝绸上面。"丝绸是交易中的珍贵物品。 1221 年，在蒙古人对阿塞拜疆的第一次战役中，甘贾市用丝绸面料作为战争赔偿。13 世纪末 14 世纪初，丝绸和丝绸织物吸引了欧洲游客到阿塞拜疆。有证据显示，在黑海航行的热那亚和威尼斯商人在里海拥有自己的舰队。威尼斯人马可·波罗（Marco Polo）在 1293 年报道说，带有名为格利（Gilan）的丝绸的热那亚人开始在里海航行。

卡斯蒂利亚大使 Ruy Gonzalez de Clavijo 极力赞赏阿塞拜疆的巴尔达、大不里士、沙马基和其他城市制造的丝绸面料的美丽和质量。他写道："这是一个制造大量丝绸的地方，商人们甚至从热那亚和威尼斯来到这里，寻找丝绸。"威尼斯旅客 Ambrogio Contarini 于 1465 年抵达沙马基（Shamakhi），学习制作丝绸和丝绸织物的技术。"在沙马基这个城市，他们以塔拉曼（塔拉曼·德勒曼，德莱姆是吉兰山区的一部分）的名义制造丝绸，他们也生产了不同的丝绸织物，大多光滑，非常牢固。"

根据康达利尼（Contarini）描述，俄罗斯商人曾用毛皮、蜂蜜和蜡来换 Shirvan 生产的丝绸。威尼斯人歌塞飞巴巴罗（Giosafat Barbaro）也提供了关于希尔凡（Shirvan）养蚕业发展的宝贵信息，他曾在哈桑（Uzun Hasan）的法庭上待了很长一段时间。

1465 年，法鲁克·希尔凡（Shirvanshah Farrukh Yasar）派出一位大使去见莫斯科沙皇伊万三世，还带着哈桑贝伊的礼物，为建立莫斯科和希尔凡（Shirvan）之间的友好商业关系奠定了基础。作为回应，帕藩（Vasiliy Papin）带着丰富的礼物从伊万（Ivan）来到了沙马基。特维尔商尼基丁（Afanasiy Nikitin）和他的朋友特维尔在 1466 年建造了两艘船，货物沿伏尔加河到沙马基。

3.3 经济复苏后的阿塞拜疆丝绸发展状况

在 16 世纪，阿塞拜疆的经济生活复苏了。在阿塞拜疆历史上，这个时期的阿塞拜疆以萨法维国家的形成和巩固而闻名，并在很短的时间内阿塞拜疆就成为一个强大的国家。生丝和丝绸产品占萨法维州出口产品的 70%。只要提及 16 世纪末，每年从希尔凡出口高达 10 万磅的丝绸就够了。

西欧旅行者约翰·史密斯伯格（Johann Schiltberger）在谈到希尔万（Shirvan）和舍基（Sheki）地区的生产力时指出，希尔凡在卡尚的大马士革生产了"最好的丝绸"，这种生丝用于生产优质面料，同时也出口到威尼斯，那里生产"优良的天鹅绒"。

在远古时期，货物通过陆上的大篷车沿着贸易路线从印度运到欧洲，但到了 16 世纪，伏尔加－里海的航线得以发展。在这条路上，生产大量丝绸的希尔凡（Shirvan）和吉兰（Gilan）的里海地区是非常重要的，这进一步使得巴库成为丝绸贸易重要港口。

1453 年，征服者穆罕默德二世在君士坦丁堡被捕后，奥斯曼帝国在前拜占庭帝国的基础上建立起来。欧洲商人正在寻找新的与东方进行贸易的方式，绕过奥斯曼帝国。在这方面，从欧洲到阿塞拜疆和伊朗的主要路线向北移动并经过俄罗斯。从那时起，欧洲的旅行者们沿着伏尔加河的里海航线抵达希尔文。希尔文的主要贸易中转站是杰尔宾特和巴库。

由上述可以看出，巴库是一个极其重要的港口，从 15 世纪开始，许多中世纪旅游者把他们称之为里海（Clavijo，Barbaro，Contarini，Angiolello）的巴库海的地方。

4 阿塞拜疆的纺织贸易

17 世纪的土耳其旅行家伊维利亚·切莱比对阿塞拜疆的大不里士、沙马基、甘贾、巴库、纳希切万、明格维尔和其他城市的经济生活提及许多有价值和有趣的事情。埃维利亚·切莱比在其笔记中详细地谈到了巴库附近的桑树种植，桑树的叶子喂蚕，阿布歇农村从事养蚕的事实证明了这一点。切莱比还介绍了从巴库出口丝绸的情况。19 世纪初的丝绸资源在巴库地区非常富集。

德国旅行家亚当·奥列利（Adam O'leary）写道，在 16 世纪 30 年代，阿塞拜疆每年收获 1 万至 2 万包生丝，其中希尔万收获 3000 卡拉巴赫 /2000 包。

1715 年被派往萨法维州担任俄罗斯国家大使的 Artemiy Volynskiy 指出，希尔凡（Shirvan）对养蚕业有特殊兴趣，在库拉河流域并没有生产丝绸的车间。

英国商人和旅行家乔治·福斯特（George Foster）在访问了阿塞拜疆的东北部时指出："希尔凡生产大量丝绸。希尔凡每年出口 400 吨丝绸到国外市场"。在 18 世纪 30 ~ 40 年代，另有资料表明，在沙马基生产帽子的有 650 台织机和多达 129 家织布厂。S.Bronevskiy 注意到舍基地区（Sheki）中存在大量优质丝绸，有记载："农业 –Sheki 汗国居民的主要产业包括蚕生产……在这里大量生产的丝绸质量不亚于沙马基丝绸。"

18 世纪末，沙马基的生丝几乎全部提供给莫斯科的纺织企业。据记载，1767 年春天，从巴库到阿斯特拉罕的海上出口了 2000 磅生丝，据另一份官方报告显示高达 3000 磅。17 世纪到 18 世纪，巴库是里海最好的港口，与沙马基等城市的过境国际丝绸进行贸易，这个港口无疑是整个里海最方便的贸易港口之一，特别是沙马基这个被认为是该地区规模最大、人口最多的城市，离个这港口只有三天的路程。

"在沙马基，所有东方人都有工厂，为此，这个城市是所有国家的。"1723 年访问巴库的英国人布鲁斯（PA Bruce）在他的记录中这样描述巴库港。一个拥有大量资本的殖民地，印度商人住在巴库，并且在港口附近有一个商队并住在那里。1683年，科学家和旅行者恩格尔伯特·考普弗（Engelbert Kaempfer）访问了巴库，他记录了许多有趣的信息，他提到这个商队，在那里他遇到了来自 Multani 部落的印度商人。与阿塞拜疆商人一起，印度商人每年通过巴库向阿斯特拉罕出口多达 400 包生丝。

来自印度的商人不仅带来了各种香料，而且还带来了在克什米尔和东方广泛流行的粗纺面料织造技术，就是所谓的 tirma，这些都是他们需要称量的黄金，以及绣有金线和银线的丝绸面料。根据旅行者巴罗的说法，在他访问过的希尔凡地区，除了丝绸之外，不可能购买到任何其他有价值的商品。除了上述这些旅行者外，在 16 世纪末，还有其他人如安东尼雪莉和佩里·威廉姆斯访问过阿塞拜疆。

塔维尼耶旅行者相信，15 世纪 60 年代的阿尔达比勒被认为是萨法维帝国最伟大的城市之一，在这里，丝绸贸易繁荣。正如旅行者所说，这是因为这个城市位于吉兰和什里凡之间，生产大量的生丝，这是国际贸易的主要项目之一。

整个 17 世纪，俄罗斯和萨法维之间的关系是和平的，主要基于共同的经济利益。几年后，蒂霍诺夫和布哈罗夫（1613 年）、列昂季耶夫和蒂莫菲耶夫（1616 年）、波里亚金斯基（1618 年）等大使被派往伊朗。后来，F.A.Kotov（1623 年）、Artemiy Sukhanov 等人访问了萨法维。16 世纪建立的阿塞拜疆与俄罗斯之间的贸易关系在 17 世纪和 18 世纪上半叶在沙皇亚历克西斯和彼得一世领导下大大扩展，贸易项目是巴库的石油、盐、藏红花、生丝、丝绸和棉织物、地毯、骆驼毛、皮革、牲畜、鱼、鱼子酱、水果、面包、铜制餐具、武器和其他产品。

俄罗斯在 17 世纪至 18 世纪初与伊朗和阿塞拜疆扩大贸易，需要一个便利的港口以开展里海的巴库国际过境丝绸贸易。这是 1723 年彼得一世占领巴库的原因之一。同年，彼得一世颁布了一项特别法令，在伊朗建立俄罗斯商人的贸易公司。

根据 1739 年访问伊朗和阿塞拜疆的英国旅行家詹姆斯·斯皮尔曼（James Spilman）的说法，俄罗斯商人通过阿斯特拉罕在里海与伊朗和阿塞拜疆进行贸易。斯皮尔曼当时谈到了抵达阿斯特拉罕的船只。其中一艘是运往俄罗斯的 200 包货物的船，此外，还有属于英国商人（斯派尔曼和他的同伴）的丝绸。斯皮尔曼的报告显示当时丝绸的出口是微不足道的。

18 世纪最后几十年，俄罗斯的丝绸工业蓬勃发展。俄罗斯商人需要购买生丝、羊毛、棉花等原材料进口到俄罗斯生产纺织品。

俄罗斯与阿塞拜疆的经济关系经由巴库和基兹利亚尔得到了广泛的发展。在当时俄罗斯和阿塞拜疆的贸易通过巴库得到发展，也受到亲俄罗斯商人的法塔利·汗的亲俄方针的促进。丝绸从巴库、谢基和杰尔宾特运往阿斯特拉罕，经常被当作违禁品。在 18 世纪至 19 世纪，阿塞拜疆织造棉织品、丝绸织物和羊毛织物，并在三个不同的地区发展起来。

曾经访问过巴库的英国旅行者福斯特指出，巴库作为丝绸贸易的重要港口起了主要作用，并记载："长久以来，人们认为从土耳其进口到欧洲的丝绸来自奥斯曼帝国，进一步研究表明这是波斯贸易，土耳其商人去吉兰和希尔文大量购买丝绸，然后把它运到欧洲。"据他介绍，希尔凡（Shirvan）省生产相当数量的丝绸，其中每年有 400 吨运往阿斯特拉罕。1796 年访问巴库的马歇尔·冯·比伯斯坦（Marshall von Bieberstein）说，这个城市是里海唯一的大型便利港口。

法国旅行者 Guillaume-Antoine Olivier 的报告说，1798 年在巴库、萨利亚内（Salyan）和 Anzali 开有自己工厂的俄罗斯人在从事贸易。在这些港口，俄罗斯商人向阿斯特拉罕出口了吉兰和希尔凡的丝绸、棉花、大米、纯真丝织物和绣金的丝带，俄罗斯还通过巴库港向伊朗出口，用于制造丝绸。英国传教士托克在 18 世纪末对巴库进行了描述，他说巴库的贸易比杰尔宾特更为重要。巴库与沙马基交易，从那里获得生丝和丝绸产品。

图 13-3-4 19 世纪的卡普雷特织机

19 世纪 30 年代，俄罗斯政府和工商界都希望启动南高加索地区，特别是阿塞拜疆的经济发展。19 世纪 40 年代和 60 年代，第一次尝试在阿塞拜疆农业中引进靛蓝、甜菜、烟草和棉花等有价值的作物，并努力提高桑树的质量。

1836 年，创立了"高加索以外蚕桑贸易业协会"。在这个协会的上层有伯爵夫人 Benkendorf 以及王子 V.Dorgorukov、M.Dondukovkov-Korsakov 和 A.Y. Zhadovskiy。1850—1960 年代是"高加索丝绸生产的黄金时代"，这些年丝绸从阿塞拜疆到俄罗斯的生产和出口持续增长。《卡夫卡兹报》（Kavkaz）写道："仅靠沙马基省就能提供法国总产量的近一半。当地居民自己也使用了大量的丝绸。"19 世纪 80 年代中期，Shimanovskiy V. Geyevskiy 和 N. Rayko 借调到巴库，他们提供了有关阿塞拜疆养蚕业发展的有趣现象，作为一个典型的商业养殖地区，阿塞拜疆的养蚕业"只是赚钱的手段之一"。19 世纪的织机见图 13-3-4、图 13-3-5、图 13-3-6 所示。

图 13-3-5 19 世纪的卡普雷特织染卷取部件

图 13-3-6 19 世纪的卡普雷特织造器件

第十四章 阿曼

1 绪论

阿曼苏丹国（The Sultanate of Oman），简称为阿曼，位于亚洲西部的阿拉伯半岛东南部，它扼守着世界上最重要的石油输出通道——波斯湾的霍尔木兹海峡。这个国家有石油、铜、大理石、天然气等矿产资源。但是，政府不愿意利用经济发展的优势，特别是工业、教育和卫生部门。阿曼是阿拉伯半岛最古老的国家之一，公元前 2000 年已经广泛进行海上和陆路贸易活动，并成为阿拉伯半岛的造船中心。公元 7 世纪成为阿拉伯帝国的一部分。1624 年，建立亚里巴王朝，其势力曾扩张到东非部分海岸和桑给巴尔岛。

1507 年起，先后遭葡萄牙、波斯和英国的入侵与占领。1920 年，阿曼被分为"马斯喀特苏丹国"和"阿曼伊斯兰教长国"。1967 年统一为"马斯喀特和阿曼苏丹国"。1970 年 7 月 23 日，卡布斯发动宫廷政变，废父登基，宣布改国名为"阿曼苏丹国"并沿用至今。

阿曼从古代就有著名的纺织工业。贝都因人称纺织工业为 Sidu（编织），贝都因人编织绵羊毛和羊毛制品。贝都因人的帐篷也使用由动物毛发编织而成的织物。贝都因妇女以羊毛制成的袜子和纺纱机上纺出的骆驼纱线而闻名。Wilayt Samail 地区因其纺织业而闻名。

1.1 阿曼银器

白银业在阿曼历史上占有重要地位。阿曼银首饰的特点是具有丰富的审美意识，反映了该国真实艺术的独特品位，深深扎根于其历史。阿曼的服饰，无论是女人还是男人，如果没有银饰，就永远不会完整。因为银饰会增加它的美丽，尤其是阿曼的服饰中带有"饰刀"。

1.2 阿曼饰刀和剑

饰刀是民族服饰的一部分，男士在正式场合和节日上都佩戴饰刀（图 14-1-1）。它传统上佩戴在腰部。护套可能会有所不同，从简单到华丽的银色或黄金装饰件。这是一个男人的象征，以表达男子气概和勇气。

图 14-1-1 男士饰刀

一把常规的钩状饰刀是阿曼服饰最重要的组成部分。阿曼人热衷于佩带饰刀，出现在官方活动、国家庆典和婚礼上。由于这种社会习俗的成功，饰刀制造业虽然经过了现代化的改进，却也生存了下来。饰刀的价格取决于其原材料，通常是铁、银或金。虽然银饰刀是最常见的，尤其是对于饰刀手柄来说，刀身并不重要。有长颈鹿的手柄，这是最昂贵的，因为它已被禁止，手柄由水牛皮、檀香和苦橙树制成。

1.3 阿曼靛蓝染色产品

靛蓝（nil 或 nilah）是人类已知的最古老的染料之一，它是阿曼千年物质文化的组成部分。阿曼的气候条件对靛蓝的种植和生产特别敏感，这就产生了一种不可磨灭的蓝色染料。其色彩丰富、不易褪色，可以染贝都因人的面具、长袍、缠腰带、披肩和面纱。靛蓝的价值不仅仅是出于美学的原因，而且也因为它的护身、药用和化妆用途。直到 20 世纪 70 年代末期，靛蓝染料在菲尔克、鲁斯塔

图 14-1-2 阿曼沙漠篝火

克和尼日瓦等城镇商业生产，目前靛蓝染料仍在伊布里、尼兹瓦、苏哈尔和巴赫拉等地区生产和应用。

1.4 阿曼编织品

瓦黑吧沙的女性是阿拉伯最好的纺织工，她们仅使用手持纺锤和传统的地面织机，就能生产出各式各样的地毯、马鞍袋和骆驼装饰物。生活在西哈吉尔山脉高山上的牧羊人生产羊毛地毯、马鞍袋和其他使用羊毛和自然色彩的装饰品。

沙奇亚沙是阿曼沙漠的一个区域。该地区南北长 180 千米（110 英里），东西长 80 千米（50 英里），面积为 12500 平方千米（4800 平方英里）。自 1986 年以来，沙漠一直受到科学界的关注，皇家地理学会已经记录了超过 150 种本地物种，包括动植物，16000 种无脊椎动物，以及 200 种其他野生动物，包括鸟类。

1.5 阿曼习俗

阿曼为伊斯兰国家，应尊重当地的伊斯兰文化，穿着和举止不刺激当地人的感情，如不穿过短的衣服，不在斋月期间在公众场合吃东西、喝水等。全年大部分时间均可穿着轻便宽松的衣服，棉织品最合适阿曼的气候。为尊重阿曼人的传统，请勿在住宅区穿着过份暴露的服装或泳装。在 12 月到 3 月间，在晚上披一件薄披肩也许是必需的。

1.6 阿曼的市场

在阿曼，每个城镇或村庄都有自己的集市。这些传统的集市或市场已经存在了数百年，这些集市或市场确实是吸引人的宝库，其业务正在蓬勃发展。大多数阿曼市场位于城墙或堡垒的古城墙内。在这里，交易者不仅可以买卖商品，还可以交换新闻和观点。到市集旅游就像是一场感官的盛宴，空气中弥漫着辛辣的香料味道，五光十色的陈列挂在狭窄的小巷里，动人的谈话与卖主的叫喊声相互竞争，如图14-1-3所示。

阿曼首都马斯喀特位于马托拉郊区，有一个绝妙的大都会主要集市，大部分基本商品都可以在这里买到。这是阿曼民族服装的一个丰富多彩的例子，男人穿着一件简单的长至踝长袍，被称为"盘大煞"，头上缠着长长的头巾。许多头饰上都有手工绣花的边框，并且有很多颜色和纹理。女人穿着宽松的裤子及鲜艳的长袖长袍。妇女衣服的下摆和袖口经常绣上精美的刺绣，还佩戴沉重的金银首饰。

在阿曼的内陆地区，在尼兹瓦的古老绿洲，有一个特别有趣的集市，专门制作精巧的金属制品。尼兹瓦因厚银脚镯（对现代踝关节来说太紧）而著名，也因其弧形的阿曼部落匕首而闻名，其中很多都有漂亮的丝绸护套，但是买纪念品应该小心，因为阿曼禁止出口那些非常古老的文物，价格也可能过高。

20年前，阿曼仍然是古老时代的一部分。马斯喀特的大门在黄昏时关闭，直到天亮时才重新开放，禁止在黑夜中通行。近些年来，石油收入的渐进增长和增加的财富使阿曼进入了现代世界。然而，集市仍然是对阿曼迷人历史的一个切实的体现，如图14-1-4所示。

图14-1-3 阿曼市场一角

图14-1-4 阿曼市场

2 阿曼纺织的发展

2.1 桑给巴尔的服装和传统阿曼手工编织

桑给巴尔岛在印度洋科摩罗群岛中的影响力间接地将阿曼的习俗融入科摩罗文化，这些影响包括服装传统和婚礼仪式。

传统的阿曼纺织被认为是阿曼人民历史最悠久、最重要的手工业。这项工作是通过使用棉花等天然原料,在东方的尼兹瓦和巴提奈地区等手工制作的传统木制工具上完成的。最古老的手工纺织工具之一由木材制成,如图 14-2-1 所示。

阿曼是世界上最大的阿拉伯国家之一。阿曼人民从印度和中国等东方国家进口棉花、羊毛和丝绸的需求量增加,特别是在 19 世纪初。传统手工制作或手工制作最著名的纺织品是地毯、帐篷、马鞍,还有一些经常染成红、蓝、绿、棕、黑色的男士礼服。大部分阿曼部落到现在仍然依靠织物生产来满足他们对服装、住所或帐篷的特殊需求,如图 14-2-2 所示。

图 14-2-1 传统木制纺织工具　　　　　　图 14-2-2 阿曼服饰

2.2 阿曼纺织文化

阿曼文化牢牢扎根于伊斯兰教。阿曼的创始人阿卜杜拉·本·伊巴德(Abdullah ibn Ibadh)在公元 7 世纪后创立了自己独特的伊斯兰教形式,称为伊巴德主义。并非所有的阿曼人都信奉伊巴德主义,也有逊尼派和什叶派穆斯林。阿曼人不仅宽容不同穆斯林教派的信仰,而且宽容其他信仰的信徒,允许他们在教堂和寺庙中进行信仰活动。

阿曼有着悠久的历史,因闪族人而闻名,是铜和观赏石的重要生产国。阿曼的阿拉伯部落在先知穆罕默德(570—632 年)的一生中就采用了伊斯兰教,强迫波斯殖民者离开。自那时起来,阿曼一直是一个独立的阿拉伯和伊比利/逊尼派穆斯林实体。

2.3 民族服饰

2.3.1 男性服饰

阿曼的男性民族服装包括一件简单的长至脚踝的长袖长袍。最常见的颜色是白色,这种长袍也有其他各种颜色。它的主要装饰是缝在领口的流苏(furakha),可以用香水浸透。在长袍里面,男人在腰部用一块简单宽大的布包裹着身体。这种长袍最受欢迎的程度差异是其上的刺绣样式，因年龄段而异。在正式场合，可能会用一件叫做 bisht 的黑色或米色斗篷遮盖长袍。刺绣边缘通常用银或金线制成，细节复杂。

一般来说，阿拉伯国家男子头戴的方巾大多颜色单一，以纯白色或红白、黑白相间的方格为主。戴法多为直接披在头顶上，用黑色头箍固定，边角垂过肩膀。但阿曼男子的头巾式样与此不同，好像一顶小圆帽扣在头顶上，边角紧紧缠绕在头部，非常紧凑，富有运动感。阿曼男子的头巾包法在细微处也各有千秋：有人喜欢边角宽一些，有人喜欢把边角拧成麻花状，还有人在前额留出一个尖形缺口，造型显得简洁、干练。至于头巾的颜色更是五彩缤纷，最常见的是淡黄与暗红相搭配的花纹图案，但黑色、绿色……几乎各种颜色皆可进入阿曼男子头巾的"色谱"。往往一条头巾上有五六种配色，明暗色调相互呼应，搭配协调。如图14-2-3、图14-2-4所示。头戴各种颜色头巾的阿曼男子走在一起的时候，常令游人眼前一亮，折服于他们的爱美之心。头巾图案也是各不相同，或以具有阿拉伯特色的几何图案为主，或把当地花草和鸟兽的变形图案组合在一起。有人说，头戴这些图案、样式头巾的男子无论出现在世界的哪个角落，人们都能认出他们是阿曼人。

图 14-2-3 阿曼男子头巾 1

图 14-2-4 阿曼男子头巾 2

2.3.2 女性服饰

阿曼女性穿着醒目的民族服装，具有独特的地域差异。所有的服装都包含鲜艳的色彩和鲜艳的刺绣及装饰。过去，颜色的选择反映在部落的传统中。阿曼妇女的传统服装由几件衣服组成：Kandoorah，这是一件长长的外衣，袖子上装饰着各种图案的手工刺绣。这种长袍是穿在一条宽松的裤子外面的，紧挨脚踝，女性也戴头披肩。

当听到布尔卡（Burqa）这个词时，首先想到的就是压迫。贝都因妇女的面纱阿曼布尔恰好相反。首先它是一个功能性的装备。阿曼女性的罩袍并不是掩盖脸部的工具，它是一个保护贝都因妇女免受阳光和沙子伤害的工具。众所周知，阿曼位于阿拉伯半岛，阿拉伯半岛实际上是一个大的沙箱。阿曼的帽子是为了保护他们。实际上他们有自己的"布尔卡"，也称为头巾。棉布尔卡象征女性的纯洁，是尊重她的谦逊和荣誉以及她地位的标志。当一名年轻姑娘在家外或陌生人面前时，穿着布尔卡面纱将脸遮住，覆盖了她的大部分脸部，如图 14-2-5、图 14-2-6 所示。最高级和最低级的阿曼人不佩戴布尔卡，最高级的是苏丹的儿童和亲属，最低级的是最贫穷的妇女，这使得布尔卡也是排名的象征。不同地区的布尔卡在设计上也有所不同，大小、形状和颜色各不相同。

今天，罩袍已成为阿曼各地的时尚品。即使是非贝都因妇女，也会在不同的庆祝活动上穿着罩袍，例如婚礼上的新娘。所谓的 batoola 可以设计成不同的颜色、材料和形状，设计完全由佩戴者来完成。这使得现代布尔卡与传统布尔卡略有不同。

阿拉伯式长袍是一种保守的服装，受到大多数社会阶层和地区妇女的青睐。这是一种多功能的服装，可以在阿曼和其他邻近的伊斯兰国家以简单或时尚的方式制作，如图 14-2-7 所示。

图 14-2-5 女士面纱 1

图 14-2-6 女子面纱 2

图 14-2-7 阿拉伯式长袍

3 阿曼时尚产业与"一带一路"

3.1 阿曼时尚

无论是阿巴雅、卡夫坦、鸡尾酒礼服还是舞会礼服，阿拉伯女人都有不同的风格。还要感谢 2013 年 1 月 15—17 日在 Riyam 公园举办的马斯喀特时装周，由 Malik Al Hinai 组织，时尚达人看到了该地区 12 位最佳设计师的最新作品。2013 年的系列品牌包括来自阿曼的 Dibaj Oman、Nawal Al Hooti 和 Endemage，来自突尼斯和沙特阿拉伯的 Ahmad Talfit，来自 Aceeva 的 Jordan Tatyana，来自突尼斯和 Daw Collection 的 Ahmed Talfit，来自阿联酋的 C'est Moi 和 Mauzan，来自沙特阿拉伯的卡塔尔 Toujouri 和 Razan Alazzouni，来自摩洛哥的 Zhor Rais。服装突出了他们将自己的文化与周围世界融合的能力。阿曼的系列中充满了丰富的天鹅绒、蕾丝、裙子，并一如既往地将阿曼风格的条纹和刺绣带回到了他们的家乡。这是高级时装和传统的结合，是马斯喀特时装周的最爱，传奇时尚记者希拉里·亚历山大（Hilary Alexander）对他们的收藏印象最深刻。

最近阿曼的 Nawal Al Hooti 在 Opera Gallerias 开设了第二家精品店，在她的收藏中找到了欧洲和阿曼的设计精神。纳瓦尔用丰富多彩的流苏长袍搭配阿曼带，迷你牛仔裙搭配传统的图案，提醒着观众她为什么是苏丹国的顶级设计师之一。这是由 Lubna 姐妹和 Nadia Al Zakwani 姐妹共同创立的品牌，在阿曼和阿联酋也获得了强大的追随者，她们开始制作 abayas，但已经扩展到裤子、短裤和连衣裙。她们在刺绣中使用伊斯兰文化元素的细节，这更加前卫和国际化。"它更像是一种具有强烈阿拉伯影响力的现代风格。我们为一个自信的女人设计，她不怕与众不同。"在时装秀结束后，Lubna 和 Zakia 站在 T 台上解释说："我们有时尚的眼光，而且非常优雅。"

在"马斯喀特时装周"（Muscat fashion Week）上，经过三个晚上的精彩表演，阿拉伯女性毫无疑问已经有了时尚。而时尚界也在中东地区不断壮大，汲取着国际潮流和时尚，同时也反映了古老的传统。T 台上的设计吸引了世界各地的女性、阿拉伯商人和外国消费者。

在阿拉伯世界的时尚界，也许艾哈迈德·塔菲特（Ahmed Talfit）说得很好："阿拉伯女性和西方女性有相同的时尚观念。对我来说，风格是国际化的。"

阿曼是一个阿拉伯国家，人们仍然穿着传统服装。这些服装富有惊人的设计、迷人的色彩和非凡的铭文。阿曼已经聚集了顶级阿曼时尚设计师，你可以领略那些令人惊叹的风格灵感。

阿尔·西比亚（Alaa Al Siyabi）是阿曼最独特的时装设计师之一。她喜欢用阿曼真正的文化和风格来标记她的时尚，但她也用现代的设计。在阿曼和阿拉伯世界，阿尔·西雅比的服饰用各种颜色和独特的文字，使用令人兴奋的阿曼纺织品，激发年轻女性的灵感。

努拉·卡里姆（Noora Karim）是阿曼的一名时尚设计师，也是哈利家精品店的老板。她的设计简洁而优雅，体现了阿曼服饰独特的传统风格，具有令人惊叹的色彩和装饰。

阿夏尔沙西（Ashwaq Al Shaqsi）是一名杰出的阿曼时装设计师和认证的化妆师。虽然她只有 22 岁，但她拥有自己的精品"在线交流"（AC Line），位于马斯喀特（Muscat）。与其他设计师不同的是，阿夏尔沙西设计了不同类型的时装，不局限于服装或传统的阿曼服饰。

阿玛尔洛西（Amal Al Raisi）是阿曼最著名的设计师之一。她开始在时尚界工作，因为她找不到一件能让她开心的婚纱。当她开始设计时，她制作了传统的阿曼尼服装。现在，她在 Abayas 和 Jalabiyas 工作，参加国际时装表演。阿曼最受欢迎的设计师 Amal Al Raisi 于 2016 年重新推出了自己的系列，为 2016 春季成衣系列添砖加瓦。每场时装秀都在马斯喀特的豪华布斯坦宫殿举行。在 2016 年斋月系列中，消费者可以独家欣赏七款受到阿曼七个地区启发的阿曼传统服饰。如图 14-3-1 所示。

阿尼撒尔扎德加里（Anisa Al Zadjali）凭着她的童装设计天赋，开设了她自己的精品店 Dar Al Uons。她喜欢使用颜色、不同的阿曼纺织品、花卉和传统的阿曼装饰。她的一些设计反映了印度风格，显示了两国文化之间的时尚和设计的相似之处。

Nawal Al Hooti 是一位国际知名的阿曼设计师，特别是在黎巴嫩、意大利和荷兰。她的设计融合了传统阿曼风格的魅力、优雅与现代艺术设计以及大自然的美丽色彩，她为时装设计师提供了独特的灵感，她以阿曼人的身份深深的感到自豪。

图 14-3-1 阿曼时尚服饰

3.2 阿曼与中国的关系

阿曼与中国相距甚远，但是自古以来交往频繁。阿曼一词早在汉朝就出现在中国史书上，名为"欧曼"。阿曼人对开通东西方海上通道做出了重要贡献，阿拉伯地理学家甚至将阿曼的苏哈尔港称为"通往中国之门"。另一方面，早在 600 多年以前，郑和便率船队先后四次到访阿曼南部的佐法尔地区，中阿两国的交往和贸易在此基础上更趋紧密。直到今天，郑和访阿的故事仍然为阿曼人所津津乐道，在阿曼佐法尔省首府塞拉莱的博物馆里还展示着郑和访问阿曼时所携带的瓷器。据中国驻阿曼大使馆统计，2014 年阿曼的华人总数约有 1800 人，其中中资机构人员 900 人，当地华侨华人协会注册人数 150 余人左右。

图 14-3-2 阿曼时尚服装

2004 年 7 月《中国－海合会经济、贸易投资和技术合作框架协议》签署以来，中海自贸区谈判已历时十余年，中国与海合会国家已经举办了五轮自贸区谈判和两次工作组会议。近期中海自贸区谈判重启，以及"一带一路"倡议的推动，皆为中阿经济合作提供了更宽广的发展空间。

中国－海合会自贸区是中国 2014 年的最重要的自贸区协议之一，其覆盖的经济规模仅次于中国－东盟自贸区。同时，阿曼位于"一带一路"的西端交汇地带，是推进"一带一路"建设的重要伙伴之一。中阿两国在各自发展过程中契合点多、互补性强、合作面宽。21 世纪以来，中阿双方的合作领域进一步拓宽，除了传统的油气、电信等行业，中方也积极参与阿曼的港口、物流、商贸等行业的建设，这一切都印证了"一带一路"给中阿双方带来的新的合作机遇。今后中资企业及当地华人在阿投资应抓住此一难得机遇，积极参与"一带一路"建设，推动两国关系发展，为两国民众带来福祉。

第十五章　巴林

1　绪论

巴林王国，简称巴林，是一个邻近波斯湾西岸的岛国。在阿拉伯语中，巴林的意思是"两海之间"。这个由 33 个岛屿组成的国家，西部比邻沙特阿拉伯，东南隔海眺望卡塔尔半岛，在地图上浓缩成了阿拉伯海湾中的一颗明珠，同时也是美索不达米亚文明的遗址。这是一个传统与现代并存的国家，拥有 5000 多年的悠久历史，最初是古老的迪尔蒙文明的发源地，现在是一个开放的现代化海湾国家。

与麦纳麦土著居民混居的许多定居者，其中一些人已经在这里居住了好几代，他们是被这里的商业或珍珠渔业的利益所吸引，从其他国家迁移来的，并且仍然或多或少地保留了他们本土国家的长相和穿着打扮。因此，人们常常可以看到波斯南部鲜艳色彩的服装，阿曼藏红花色的背心，纳加德（Nejed）的白色长袍和巴格达的条纹长袍，与巴林浅色的服装混搭在一起，蓝色和红色的头巾，白色的绸缎布料塑造出时尚的腰身，还有罩衫状的外套。而身材矮小却精明的印度殖民者、职业商人，主要来自古兹拉特、卡奇或者附近，在这里保留着他们所有的服装和风格的特点，住在纷杂的人群中，"在他们之中，却又不是他们"。

历史上，麦纳麦港口的声誉并不好。在 1911 年，英国人说港口的进口系统是"非常糟糕——货物暴露在空气中，运输总有拖延"。后来印度人开始修缮港口并且建立了新的通道，改善了这种状况。到 1920 年，麦纳麦成为巴林珍珠业主要港口之一，吸引了来自印度的轮船。在这期间，他们也从印度和其他国家进口货物，如大米、纺织品、酥油、咖啡、红枣、茶叶、烟草、燃料和牲畜。他们出口的品种较少，主要是珍珠、牡蛎和帆布。1911—1912 年，有 52 艘轮船来到麦纳麦，其中大部分是英国人，其余的则是土耳其－阿拉伯人。

1.1 巴林的纺织历史

1.1.1 棉花种植以及纺织品生产

在巴林的卡林巴林发现了公元前 6 世纪中后期至公元前 4 世纪中叶的棉属（棉花）的种子；在沙特阿拉伯玛甸沙勒发现了公元前 1 世纪初纺织品，显示了在基督教开始前后的几个世纪里，阿拉伯半岛作为纺织生产中心的作用。这两个地点都坐落在重要的贸易路线上，海上（卡林巴林）以及陆路（玛甸沙勒），很有可能生产的棉制品用来贸易，与当时中东其他来源的棉纺织或相辅相成或竞争。分析两地烧焦的种子和木材，可知在阿拉伯半岛的干旱气候下，棉花很可能与灌溉日期相同的棕榈一起种植，其中种植了大量的其他作物。

1.1.2 迪尔蒙文明时期的纺织

巴林是古迪尔蒙文明的文化中心。迪尔蒙第一次出现在公元前 4 世纪苏美尔人的楔形文字泥板上，在乌鲁克市的伊南娜女神庙里发现。形容词迪尔蒙被用来描述一种类型的斧头和一名特定的官员。除此之外还发现了与迪尔蒙人有关的羊毛的发放清单。出自于古吉拉特邦的洛塔、印度、法拉卡岛以及美索不达米亚地区的印有"波斯湾"字样的印章（而非滚动印章）（迪尔蒙特点），证实了长距离的海上贸易。贸易包含的内容还不是很清楚：原木和珍贵的木材、象牙、宝石、金子以及玛瑙和琉璃石珠子等奢侈品，波斯湾的珍珠、贝壳和骨头镶嵌物，都是送到美索不达米亚的货物，换取银、锡、羊毛纺织品、橄榄油和谷物。来自阿曼的铜锭和原产于美索不达米亚的沥青可能已经换成了非美索不达米亚原产的印度河地区的主要产品——棉纺织品和家禽。所有这些货物贸易的实例已被考证。迪尔蒙所使用的重量和尺度等度量工具实际上与印度河地区所使用的相同，而不是南美洲两河地区使用的度量衡，这也证明了这场贸易的重要性。

1.1.3 提洛斯

古希腊称巴林为提洛斯，是珍珠贸易的中心，当时希腊海军上将尼哈尔克斯首次访问那里。当时尼哈尔克斯效力于推翻了艾哈马尔统治部落的亚历山大大帝，据说尼哈尔克斯为亚历山大任命的第一位到访巴林的指挥官。他在那里发现了一片翠绿的土地，那是广泛贸易网的一部分。他记录道："在位于波斯湾的提洛斯岛上，有大片的棉花种植园，从中生产出一种叫做辛多因的衣服，价值差异很大，有些是昂贵的，有些则比较便宜。它们并不仅仅在印度使用，在阿拉伯也有人穿着"。

1.2 巴林与纺织品有关的地方

1.2.1 阿拉德堡（Ared Fort）

阿拉德堡在 Barbar 寺庙西面 5 千米的地方，是巴林最重要的防御城堡之一。15 世纪末和 16 世纪初，该城堡是按照伊斯兰城堡的风格建造的。阿拉德堡处于一个战略位置，能够俯瞰穆哈拉格岛的所有海上通道。从 16 世纪巴林被葡萄牙人占领到 19 世纪谢赫·萨曼·本·艾哈迈德·阿勒哈利法统治时期，阿拉德堡在整个历史过程中都是重要的防御堡垒。

它是一个人工土堆层层叠成的堡垒，这种类型的土堆被称为"Tell"。阿拉德堡最近的一次修复是在 20 世纪 80 年代。为了保持阿拉德堡的历史真实性和价值，只使用了传统的材料，如珊瑚石、石灰和树干。

阿拉德堡是巴林阿拉德的一座 15 世纪的堡垒。以前守着一个独立岛屿，堡垒及其周边已经并入了穆哈拉格岛。1622 年葡萄牙入侵巴林前，阿拉德堡具有伊斯兰堡垒典型风格，这座堡垒是巴林的严密防御工事之一。在它所处的位置，能够俯瞰穆哈拉格浅海岸的各个海上通道。过去有一个由当地人控制的难以进入的海洋通道，以防止船只闯进堡垒所在的岛屿。堡垒是正方形的，每个角都有一个圆柱形塔楼。围绕着城堡的是一条小沟渠，里面装满了水，水是来源于特意挖的一口井。堡垒上墙体的每个角落都有供射手们使用的鼻子形状的开口。

据说 1800 年阿曼人占领时期，这个城堡被他们占用，是位于巴林岛和穆哈拉格岛之间的战略要道，如图 15-1-1 所示。

图 15-1-1 阿拉德堡

1.2.2 巴林国家博物馆

巴林国家博物馆是巴林最大的也是最古老的博物馆之一。它建于麦纳麦费萨尔国王公路附近，于 1988 年 12 月开放。这座价值 3000 万美元的博物馆建筑面积为 27800 平方米，由两栋建筑组成。如图 15-1-2 所示。巴林国家大剧院位于博物馆旁边。

博物馆内有大量的古代考古文物，以及关

图 15-1-2 巴林国家博物馆

于传统手工艺品、习俗、古坟、古代文献和手稿的准确而有趣的插图,似乎真的穿越到了过去的生活中,如图 15-1-3,图 15-1-4 所示。

图 15-1-3 巴林国家博物馆展示的生活习俗(巴林,麦纳麦,2015-02-10)

图 15-1-4 巴林国家博物馆展现的巴林人民的生活方式(麦纳麦,2015-02-10)

1.2.3 麦纳麦的集市

麦纳麦集市(阿拉伯语:المنامة سوق)是巴林的首都麦纳麦的古老集市。集市位于麦纳麦的北部,在这个城市的老房子与中央商务区(CBD)之间,在 Noaim 以东和 Ras Rumman 以西。主要入口是古老的 Bab Al 巴林建筑。这个地区也是巴林唯一的犹太教堂所在地。

麦纳麦集市在其原来建筑上已经重新开发,如图 15-1-5 所示。现在分为新区和旧区两部分。新区是行人专用区,而旧区则有

图 15-1-5 在麦纳麦中部 Bab Al Bahrain 附近的集市出售纺织品(巴林,2015-02-10)

汽车通道以及行人通道。这个重建的核心是巴林国王,他设计了各种各样的特色,例如集市重建部分的新木屋顶。他还在现场和周围开放了新咖啡馆。2013 年 7 月 20 日,经过了长时间的构建以及努力,重建的集市向公众开放,他的努力得到了巴林政府的认可。

2 巴林的服饰与艺术

2.1 巴林的时尚设计师

巴林迅速成为了海湾时装中心。法蒂玛费萨尔找出了五位改变王国时尚面貌的女性。

巴林人司马·艾哈迈德在意大利学习时装设计,并参加过伦敦、巴黎以及米兰马斯喀特和贝鲁特的世界巡演。司马·艾哈迈德的设计奢华而具有女性气息,在她的面料和纹理中,

展现了有魅力的神话故事世界，带有令人愉悦的东方色彩。目前，司马·艾哈迈德在穆哈拉格拥有一家店，与多哈的合作者一起经营，而且计划扩大在该地区的业务。

卡莉达是巴林设计区的新人，也是该全国最具有潜力的时尚希望之一。19世纪90年代中期以来，在波士顿萨福克大学受教育的卡莉达一直在为自己和朋友设计裙子和服装，并且已经有一大堆以其名字命名的性感而精致的现代设计。自从在对外交流的猎鹰塔开设卡莉达·拉杰卜高级时装以来，拉杰卜的名字已经开始成为该国时尚的代言人之一。最近，设计师通过设计自己的纺织品将她的工作提升到了一个新的水平。

阿德巴·汗是安马高级时装的创始人，也是巴林最受喜爱的设计师之一。把伊斯兰服饰与来自东西方的细节和元素融合在一起，阿德巴在巴林发展出一批忠实的追随者。她从青少年时就开始画草图，结婚后继续发展她的兴趣，在1999年开始自己的零售业。她保留了伊斯兰服饰的奢侈理念，她创造出既高档又时尚的服装。凭借阿拉伯长袍时装，她的设计在当地受到褒奖。

库比拉·凯瑟尔是巴林时尚业最大和最知名的品牌之一，库比拉·凯瑟尔将传统的阿拉伯风格与华丽的现代化风格相结合。库比拉·凯瑟尔是一位传统主义者，每年都会从位于东里法省的库比拉·凯瑟尔总部发布新设计。她的服装已经在世界各地的时装展上亮相，与伦敦的约翰·保罗·高缇耶和香奈儿等名人的时装一起展出。在巴林，库比拉在艾萨法的品牌下拥有许多时装店。巴林在时尚界的影响力日益增强，在伊斯兰时尚界日益引起人们的关注，凯瑟尔被视为巴林充满活力的时装舞台的创始人。

设计师沙卡·沙马·宾特·阿卜杜拉·曼苏里是当今海湾地区最有前途的时装设计师之一，她创立的品牌是Mansoori时装。作为伦敦时装学院的毕业生，Mansoori被外交部从世界卓越的设计师中选出代表王国参加全球最大的时装展之一——意大利时装展。从那以后，这位设计师在世界各地一些最有声望的展览上展示了她的作品，包括贝鲁特时装周。

2.2 巴林的着装

虽然巴林是一个穆斯林国家，对着装有一定的要求，但他们对外籍人士的着装还是相当宽容的。当提及着装要求时，巴林是中东地区宽容度最高的国家之一，但是男性和女性应该遵守一些一般的准则。简而言之，当你在公共场合时，从肩膀到膝盖应该都是遮住的，也不应该穿太紧或透明的衣服。一般来说，巴林人对其他文化非常宽容，也喜欢打扮，确保自己无论走到哪里，看上去都很舒服，衣服整洁干净。

对于特定场合的衣着标准，巴林是中东地区包容度最高的国家之一。实际上没有什么具体的要求，唯一需要记得的是在公共场合穿着得体，因为巴林是一个穆斯林国家。

一般而言，巴林的市民穿着较为保守。传统上，女性穿着长裙（Abaya），戴着头巾（Hijab），男性穿着Thobe（像裙子一样的服装），带着头巾（Ghitraa）。同时，任何非穆斯林人可以穿得体的、舒适的衣服，取决于地理位置。

2.2.1 巴林女性着装

尽管一些巴林女性在公共场所戴头巾，但其中许多人并没有完全遮住。巴林女性的传统服装为阿拉伯长袍，这是一种长而宽松的衣服，是家庭和工作首选的服装类型之一（图15-2-1）。巴林妇女可以戴部分包着头发的Muhtashima或戴完全包着头发的Muhajiba，除了遮住头发，遮挡面部也是惯例，Niqab可遮挡部分面部，Mutanaqiba可完全遮挡面部。年轻和年长的女性都要戴面纱。在公共场合不鼓励使用化妆品、指甲油、香水以及其他吸引人注意力的小饰品。在文化方面，不戴面纱的女性禁止对陌生男性微笑，尤其那些不是其家人或者与其没有什么关系的男性。

图15-2-1 巴林女性传统服装

巴林女性着装的基础要求是：

（1）如果你处于或者将去传统区域，如露天市场、村庄或购物中心，请穿长裙或长裤。穿着到达膝盖的衣服是可以接受的，但越长越好。不要穿无袖上衣，不要暴露太多乳沟或者腹部。这是传统地区，因此更加保守。

（2）在自己家里可以任意穿自己想穿的衣服。但是，若被邀请到其他人家时一定要穿遮住膝盖和肩膀的衣服。

（3）建议在沙滩和泳池里也遮挡住，绝对不能穿比基尼或短的泳衣。事实上，最好在公共海滩上穿上整套衣服。但是，如果你在私人海滩或游泳池（度假村或酒店），则可以正常地穿游泳衣。不穿衣服游泳或者晒太阳是不允许的。

（4）如果去商场，确保自己的膝盖和肩膀都遮盖住。一般而言，在巴林，你看上去越像一个侨民，别人对你服饰的包容性越大。然而，如果你穿得太有伤风化，别人还是会盯着你看并且指出来。所以要尽量保持适度。

（5）如果你去五星级酒店或者Adliya的餐厅，着装更随意一些。然而，记得你的衣服应当是体面的，而且需要化妆。

2.2.2 巴林男性传统着装

巴林男士的传统服饰是长袍，传统的头饰包括Keffiyeh、Ghutra和Agal。

Thobe（或科威特的Dishdasha）是一件宽松的长袖及踝服装。夏季的Thobe是白色棉布的，冬天的Thobe是黑色的，由羊毛制成。

Ghutra是由棉做成的方巾，折叠成三角形，戴在Keffiyeh上。在巴林，通常是红色和白色格子或全白色。在巴林，男性穿什么没有特别大的限制，然而对其他波斯湾国家来讲是不同的。

　　Agal 是一种粗的黑色的双股绳，用于固定头巾的位置。

　　巴林人在某些场合穿着由羊毛制成的斗篷（Bisht），与 Thobe 长袍不同，Bisht 是柔软的，通常是黑色、棕色或灰色。

2.3 巴林舞台和婚礼服装

2.3.1 巴林的舞台服装

　　始于 1992 年的巴林文物节赢得了世界性的赞誉，如图 15-2-2 所示。在巴林王国哈马德·本·伊萨·阿勒哈利法国王的赞助下，巴林的传统每年在节日内呈现，这反映了国王的敏锐性，重视这个活动是为了给后代保存丰富的文化遗产。

　　2015 年的第二十四届文物节将重点围绕在出海和珍珠时期的海洋和岛屿概念的非物质遗产。这也将显现在长达四个月的时间内妇女必须接管丈夫的轻工业，以维持生计。在"巴林节奏"的节目下，艺术节将展示四段记忆之旅，重点在声音上。节日将突出以下内容：

　　（1）出海季前的准备；

　　（2）告别——正式登船的日子；

　　（3）妇女在岛上的日常生活；

　　（4）欢迎出海人们的归来——船员返回日。

　　节日也提供了一次机会，能见到巴林最擅

图 15-2-2 巴林文物节

长编篮技艺、陶瓷工艺以及其他手工的杰出工匠们。当地或者世界各地的游客每年会被巴林的传统文化和独特的舞蹈音乐所深深吸引。在由巴林咖啡馆包围的集市上，将会有传统与现代产品的均衡混合，让游客体验节日的味道。

2.3.2 巴林的婚礼

　　尽管包办婚姻仍然很常见，新郎和新娘在结婚前只有一次见面的机会，按照传统女孩在 12、13 岁的年龄就得嫁人，但是现在他们往往会等到完成学业并且找到工作后才结婚。结婚时新郎家会给新娘一笔钱，有时候新娘会自己留着，但通常来说夫妻会用这笔钱来安家。婚礼很盛大，通常会有五六百个客人。一场婚礼包含一顿大餐、一场宗教仪式以及指甲花展示，如图 15-2-3 所示。新娘会用美丽的图案装饰自己，如图 15-2-4 所示。有时是一起庆祝，但通常他们是按性别划分的。

图 15-2-3 巴林国家博物馆展现的巴林婚礼传统（巴林，麦纳麦，2015-02-10）

尽管海湾阿拉伯人在青春期之后有权结婚，但在过去的几十年里，巴林家庭的形成方式和生活方式发生了一些变化。西方文化的某些部分已经适应了巴林的家庭结构，其中一个方面就是近年来人们结婚的平均年龄大大增加了，到了 20 岁左右。与阿拉伯婚姻的情况一样，典型的巴林包办婚姻主要包括三个部分：首先，新郎与新娘的父亲商议并确定嫁妆，这可能包括珠宝、黄金和服装，通常价值不菲；然后是由法律或宗教代表进行实际婚姻登记，要求新娘在没有准新郎的情况下同意婚姻，如果她同意结婚，同样的问题再交给新郎；在商议之后，新郎与他的未来岳父握手，在两位见证人的见证下婚姻就合法了，即便婚礼举行时新娘和新郎并不在同

图 15-2-4 巴林新娘服饰

一个房间，夫妻只能在庆祝的最后一晚见面，最后由他们的朋友陪伴去度蜜月。在他们回来后，要么是与新郎的父母住在一起，成为大家庭中的成员，要么是自己组建家庭。Sharia 法律允许一个穆斯林男人有四个妻子，他能从物质上照顾她们并且平等地对待她们。然而，这种习俗正慢慢消失，因为很少有人能负担得起，而且女性变得更自信，拒绝再接受这种习俗。实际上，如果拟定的婚姻合同有效的话，穆斯林女性可以在婚姻合同中加入一项条款，限制其丈夫再娶其他女性。妻子在结婚后仍保留她的名字。尽管在伊斯兰婚姻中明确界定了性别角色，男人扮演"养家者"的角色，女人扮演"养育者"的角色，但是现在夫妻俩都会出去工作。

2.4 巴林的服装价值链

纺织服装生产一直是寻求发展制造业的国家的重要产业。作为工业化的最初阶段，它能为其他经济活动的升级和扩张铺平道路。从历史上看，它也是全球分布最广的制造业活动

之一。在 20 世纪的大部分时间里，无论是美国和德国等发达经济体，还是墨西哥和土耳其等工业化国家，以及孟加拉国等欠发达国家和地区，纺织服装生产一直是世界工业的支柱。

在那些由于配额淘汰而预计将失去世界市场份额的国家中，很多是中东和北非地区经济体。例如，一般认为在配额后的世界中，作为生产基地的中东地区几乎没有优势，因为它既没有与欧洲和北美的主要出口市场接近，也没有大量的廉价劳动力供应。中东和北非地区服装行业的出现主要是由于寻求出口平台的亚洲制造商的投资推动的，因为在本国的扩张受到配额限制的阻碍。就巴林而言，巴基斯坦投资者在发展该国纺织业方面发挥了关键作用。就外交途径而言，许多观察员认为，一旦配额取消，外国投资者就会放弃这种出口平台，转向在低成本地区巩固生产。

对于纺织服装生产，巴林是一个相对比较昂贵的地方。本地制造商通过聘用海外农民工来控制劳动力成本，在大多数情况下，这些工人的收入大大低于巴林国民所获得的工资，但是远高于他们在孟加拉国、斯里兰卡、印度和巴基斯坦等国所挣的工资。除了工资之外，雇主还需要承担移民劳工的额外费用，包括住房、食品、交通和医疗费用。标准合同期限为两年，但雇主可以选择向劳动力市场监管局提出申请，由他们负责监督发放劳工签证。

海外劳工是从以纺织服装生产为主业的国家招募的，这意味着巴林的雇主能够聚集起一批具有纺织行业经验的国际外籍劳工。这减少了巴林雇主的培训成本，但是缺乏当地培训也可能有助于解释为什么在这个部门就业的巴林本地工人中，很少人出现在直接生产岗位上，比如缝纫机操作员。

3 巴林的染织和手工艺

3.1 巴林的手工艺

巴林历来有着丰富的工艺美术传统，可以追溯到几千年前的迪尔蒙时代。巴林处于连接阿拉伯与亚洲及其他地区的重要海湾贸易路线十字路口，使其成为历史上许多不同文化影响的见证地。思想的交叉融合与共享丰富了当地的文化和艺术。

当人们驾车行驶或者徒步行走于巴林，会沉醉于当地的建筑、风塔、穆哈拉格（Muharraq）房屋以及麦纳麦（Manama）阿瓦迪亚（Awadiya）地区的雕刻木制阳台。有人特别喜欢古老房子上的石膏灰泥以及当地的清真寺，带有重复的几何和伊斯兰图案。在珍珠环岛附近，人们会惊叹于展出的大型单桅帆船。单桅帆船曾经是一项繁荣发展和受人尊敬的工艺，它支撑着珍珠业和渔业的发展，这两个行业都是当时的支柱产业。

在露天市场里，你会发现传统的手工艺品，甚至现代的购物商场也受到传统建筑和彩色玻璃器皿的影响。当地的陶器和咖啡壶展示在商店橱窗里，当地和外籍艺术家的绘画和版画被装饰在酒店大堂、咖啡馆和家里的墙壁上。尽管巴林正在发展，新的事物和现代化随处可见，但人们对古老的传统和工匠及艺术家的作品越来越感兴趣和崇敬。在每年春季举办的传统节日，大家对于要展示的手工制品都充满了期待。

A'ali 的陶器一直是游客、当地人和学童的最爱，他们喜欢看陶器的制作，他们经常到陶器店去看并购买陶器。巴林的陶器制作可以追溯到几千年前。在不同的考古遗址可以追溯到 2000 年前甚至更早。

清晨就开始工作的陶工看起来几乎毫不费力，但这隐藏了所需的技能，需要稳定的手和耐心。看陶匠如何用拇指打开一块黏土，并开始把它捏成一只花瓶或碗、盆放在阳光下晾干，然后放在传统的窑中，其中许多窑是由迪尔蒙时期建成的古坟改制的。

产品包括曾经十分流行的花盆、花瓶、儿童钱罐、烛台、灯具等。传统陶器最近的创新包括彩绘金币罐、用小贝壳包装的物品以及所有阿拉伯文书法和《古兰经》铭文的花瓶。

位于巴林第一所技术学校附近的麦纳麦工艺中心馆于 1990 年建成。最初，该中心只有 12 件手工艺品，现在增加到了 52 件。对于喜欢这里的游客，有很多值得一看的地方，包括工匠和店铺里的女工，还有一个大型画廊，有很多漂亮的手工艺品展出以及售卖。该地区大量的棕榈树为中心制作棕榈叶纸提供了原料，生产的无酸纸用于制作问候卡片、商用名片、民俗图案卡和书签。羊毛产品虽然不是巴林的传统产品，但却融合了手工编织技巧，并充分利用了曾经的废弃羊毛。羊毛在迪拉兹村经机洗或者手洗后，做成顶级的产品，如垫子、靠垫和地毯，通过工艺品中心进行销售。

图 15-3-1 巴林女性装饰

产品有各种各样的尺寸、形状和颜色，包括墙毯和地毯、家居装饰品、包和帽子。其他主要产品包括彩绘玻璃制品、铁艺制品、各种木工艺品、石膏工艺品、石膏制品、画册、穿着传统服装的手工娃娃、钩编制品、棉质刺绣品、镶着饰品的箱子、十字绣、由花瓣和叶子做成的画、珠宝、手绘陶器和阿拉伯文书法。这是一个能够找到特殊礼物和家用物品的理想地方。

传统的手工艺品如刺绣在珍珠海洋博物馆和巴林国家博物馆展出。国家博物馆也是艺术活动的场所，每年十二月举办一年一度的著名的艺术展览会。60 多名艺术家提交他们的作品，展览也为这些巴林杰出艺术家作品的展示提供了一个机会。从绘画、炭笔素描、水彩、陶艺、陶瓷、雕塑到混合媒体，可以看出巴林有一个非常活跃的艺术圈。当然巴林的艺术和手工艺品也在蓬勃发展。在这个地方，你会发现大量的艺术品和手工艺品，也受到了传统和现代，也受到了来自邻近和遥远国家的影响。

编篮工人用棕榈叶制作巴林家里常用的物件，包括柔软的餐垫、存贮篮、小盘子、扇子和鸡窝。这是最突出的工艺之一，现在在全岛的几个村庄仍然有这种技艺。现在的编篮工人主要分布在 Karbabad、Jasra 和 Budaiya 等村庄。

编篮是利用枣椰树棕榈叶的一个非常悠久的工艺。很久以前，Karbabad、Jasra、Budaiya 和 Riffa 等村庄里有很多编篮工人。今天，Karbabad 村的个人和家庭仍然在家里从事这种工艺制作，在村里有一个小作坊用于这些工艺品的出售。在 Bani Jamra 村仍然可以看到传统的织布技艺，色彩鲜艳的棉布织好后，用于制作男装、家庭装饰和披肩等。

在 Jasra 村，Al Jasra 手工艺中心为编织篮子、席子以及织布工人提供了工作坊。Jasra 村的一群妇女每天都到工作坊编织色彩斑斓的餐垫，在她们巧妙地用普通明亮的彩色棕榈叶编织席子的时候，你可以坐着看她们工作。工艺由母亲一代一代传给女儿。许多男人也是编篮工人，他们做的各种装饰性篮子，用于盛放枣和其他物品。Ei 或 Gargaoun 的鱼网、小鸡笼和甜品容器等都是用 Jasra 海滩的芦苇制成的，如图 15-3-2 所示。

图 15-3-2 巴林国家博物馆展示的编织技艺（巴林麦纳麦，2015-02-10）

图 15-3-3 巴林服装制作（巴林，麦纳麦，2015-02-10）

标志性的男装头饰 Ghitra 边缘装饰着条纹。这种被称为 Tahdeeb 的手工制作的边缘装饰是由刺绣女工做成的，这些刺绣女工用精心装饰的小束棉布或丝绸打结，剪成流苏。样式和成品包括 Alyasmina、Alrazjeyah 和 Hees。

3.2 巴林的刺绣

Al Tedsees：重新利用亮片并将其转移到新服装上的过程被称为 Tedsees。专业工匠凭借熟练的操作，从破旧的服装上小心取下 Zeri，并添加到新服装上。Tedsees 工匠的熟练度是保持亮片原貌的关键，并保证它保持原来的价值。

Al Madrisa 刺绣：Madresa 用于阿拉伯语学校，它是一种刺绣技术，使用粗的棉线在垫子、枕头和床单上绣上几何和植物图案，有时还在童装上刺绣。

Toor 刺绣：Toor 是一种网状织物，由具有均匀间隔微孔的织物的编织线制成。Toor 刺绣采用十字绣技术，利用生丝制成的丝线，用于制作女性夏装袖口的装饰性图案以及男式头饰 Ghitra 的下摆。

Al Naqda 刺绣：过去，使用一种专门的针制作的真丝女性服饰称为 Naqda。现在仍有会这种技艺的女性，在书籍、纸巾盒、餐巾纸、礼品袋等物品上，使用更多现代化的 Naqda 产品。Al Naqda 刺绣项目雇佣了许多年轻女性，她们在女式长袍、披肩、靠垫套、地毯等物品上重现传统的金银线刺绣。她们不仅保持了这种传统技能的活力，而且满足了现代化品位的需求。Awal 妇女协会通过 Al Naqda 项目，在女孩中推广这种手工艺，传播社会意识，保护国家遗产，恢复即将消失的手艺。该项目于 1996 年 10 月正式开始，当时一些候选人接受了三个月的培训，1997 年 10 月，第一次官方展览在麦纳麦工艺中心举行了八天。Al Naqda 是母亲和祖母流传下来的最美丽的工艺之一，它涉及手工缝制衣服和绣花的 Jalabiyas。该项目由 Awal 妇女协会发起，一位女性专家开设了培训课程，直到项目由 Sabeeka bint Ibrahim Al Khalifa 公主正式接任。在公主的监管下，该项目由一组巴林女孩经营，其产品包括艺术品、服装、Jalabiyas、礼品、卡片和纸巾盒等，所有这些都以巴林深厚的文化遗产而闻名。利用特殊工具和刺绣创造出一系列有名的设计，包括花朵、星星和传统图案，例如 Al Kasowa、Al Farkh、Al Loziya、七姐妹、婚戒和 Al Ghula。

该项目被纳入工艺中心之后，与彩绘玻璃和绘画等其他工艺融合。从那以后，它成为一个综合性的项目，因为其创作包括许多其他的艺术。皇家法院选择这个项目来设计它的纪念礼物。在这个项目下设计了许多绘画和大型模型。除了通过色彩和设计的创造性来体现现代感，Al Naqda 产品还以非凡的精确度而著称。目前正在制定一项战略，以推广这项遗产艺术并将其推向最高水平。

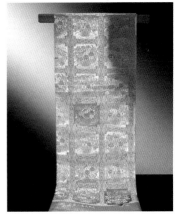

Kurar 刺绣：这种刺绣能手工做出漂亮的金色丝带、银色丝绒用于装饰衣服，如图 15-3-4 所示。这是很多人共同努力的结果，最终产品的宽度取决于参与过程的妇女人数。Kurar 是一种使用金线刺绣的形式。Kurar 丝带一次至少由三名女性制作，然后立即绣在服装上。Kurar 丝带绣到服装上后，将其抛光，赋予其特有的光泽和触感。Kurar 宫于 2007 年 3 月 12 日建立，以保存巴林 Kurar 刺绣独特的染色工艺和制造技术。这座建筑为老年巴林女性提供了一个场所，将 Kurar 技艺传递给年轻一代。

图 15-3-4 巴林刺绣

3.3 巴林的织造行业

巴林织布工在 Bani Jamra 和 Jasra 织机上工作，儿子从父亲那里继承了织布贸易，生产了一系列的布料，包括农村妇女穿的

图 15-3-5 巴林手工织造

红线和黑线织成的 Abbaya，或者著名的男人戴在腰间的 Wezar。今天，工匠们制作了许多物品，除了传统的服饰外，还可定制各种颜色的围巾。工匠们在编织时手脚并用，以一种系统而协调的方式将纱线分开，再交织在一起。

在第 22 届年度遗产文化节期间，巴林国家博物馆为游客展现了巴林的过去一瞥，展示了博物馆珍藏物品，凸显了当地文化遗产的丰富性。

这次展览囊括了从博物馆大量传统服饰档案中挑选出来的物品，这些物品主要归属于巴林王室成员。与印度、东亚以及中东和北非地区历史上贸易关系的紧密度也体现在制造这些华丽服装的面料上。

很多物品是通过个人、家庭和私人收藏家的慷慨捐赠而获得的。

3.4 巴林的纺织工业

3.4.1 麦纳麦纺织工厂

在全球纺织品配额时代，巴林有 22 家服装厂，1.1 万名工人。全球配额取消后，巴林纺织服装业迅速萎缩，现有 6 家服装厂，工人 4 千人左右，其中长工约 1500 人。以巴林为基地的麦纳麦纺织工厂是中东地区最大的纺织集团。该厂建于 1995 年，最初只是一个织布厂，后来引进了纺纱设备，如今该公司有三套织造设备以及两套纺纱设备。直到 2000 年后，麦纳麦纺织厂着重的是粗制（未完成的）织物和纱线的生产和出口。但在 2004 年开始实施了一系列整合措施，旨在生产纺织服装和成衣。这个公司的目标是到 2007 年时，把销售额从 2004 年的 1 亿美元提高到 2.5 亿美元，系统地增加盈利。投资计划是在 2004 年 9 月签署"美国 – 巴林自由贸易协定"（FTA）的激励下实施的。FTA 对于巴林制造的纺织品在美国市场的销售是免税的，在巴林或者美国纺纱、织造的成品享受同等待遇。巴林 2005 年与欧盟也达成一个类似的协议。

3.4.2 巴林 Kansas 针织公司

2005 年巴林王国的 Kansas 公司启动了第一个针织手套生产设备项目。目前，在七种标准的机器上生产棉手套和涤棉手套（本白色、漂白色、黑色、蓝色、绿色、灰色、红色、黄色），并在手套的一面或者两面加上点状或块状胶，以防止滑移和切割。

图 15-3-6 巴林织布技艺

3.4.3 Bani Jamrah 纺织厂

Bani Jamrah 纺织厂是巴林，Bani Jamrah 村最后一个也是唯一一家纺织厂，该厂位于巴林西北部的 Bani Jammrah 村，这个村过去有几十家工厂，如今只剩下一家。所以，如果你愿意的话，你将能够了解到这门正在消失的技艺，并尝试自己去织造。这家小工厂实际上也是一个村民的聚集地和喝茶的地方，村民听着织机的声音，享受着红枣和阿拉伯咖啡。任何人都会受到热烈的欢迎！生产价格很低鲜艳的手工披肩。如图 15-3-6 所示。

4 巴林与"一带一路"

巴林自古就是丝绸之路的重要节点，中国与巴林的渊源亦始于丝绸之路，历史上中东地区的香料、珍珠、椰枣通过巴林转运到中国，两国的贸易更是促成了彼此在艺术、音乐、文学等多方面的交流。如今，巴林国家博物馆依然收藏着丝绸之路时期流传到中东地区的中国陶器，记录着数百年前两国文明的交汇。

而当下"一带一路"的愿景再一次将中国与巴林紧密地联系在一起。近年来，中国和巴林通过高层政治、经济和贸易互访不断加强联系。

阿里·古拉姆认为，中国的"一带一路"倡议为中国和海湾乃至整个中东地区的产业与资金互联提供了重要机遇。"希望巴林便利的营商环境能够吸引更多的中国投资者。"在海湾地区，巴林的物价整体处在较低水平；同时，常规税负仅有 5% 的增值税。而且，巴林整体的法律环境对外资非常友好，98% 的领域可以全资，享受完全国民待遇。2009 年 8 月，我国的华为技术有限公司将中东地区总部迁到巴林，其中一个重要原因是相比以前的总部所在地迪拜，巴林的综合运营成本较低。

中国和巴林的友好合作关系在 2013 年继续稳步发展。两国保持高层交往，加强政治互信。2013 年 4 月，中国中东问题特使吴思克访问巴林，会见了哈马德·本·伊萨·阿勒哈利法国王、总理哈利法·本·萨勒曼·哈利法和王储、第一副总理萨勒曼·本·哈马德·哈利法。2013 年 9 月，哈马德国王访华，出席宁夏银川首届中国 – 阿拉伯国家博览会开幕式。习近平主席、李克强总理、全国政协主席俞正声分别会见哈马德。

中巴两国在经贸、教育、文化等领域进一步开展合作，中国企业在巴林的项目进展顺利，中国现代青年交响乐团参加了"阿拉伯旅游之都 – 巴林麦纳麦"的演出。

1998 年 10 月 10 日签署了 BCCI 与中国国际贸易委员会合作谅解备忘录。

2002 年 5 月 16 日在北京通过了成立巴林 – 中国联合商会（JBC）的协议。

2010 年 11 月 1 日在中国签订了两个议会之间的协议：联合合作。

第十六章 阿富汗

1 绪论

　　阿富汗是亚洲中西部的内陆国家，北邻土库曼斯坦、乌兹别克斯坦、塔吉克斯坦，西接伊朗，南部和东部连巴基斯坦，东北部凸出的狭长地带与中国接壤。阿富汗在古代是东西方陆路交通上的枢纽地区，研究古丝绸之路的学者把阿富汗看作古代东西方"文明的十字路口"，它受东西方文化的冲击，时而是游牧世界文明的火光，时而是波斯人伊朗文化的火炬，时而是希腊文化的阳光，时而是中国文化的余晖，时而是印度文化的星光。作为一个拥有 5000 年文明历史的国度，阿富汗国家博物馆拥有大量藏品，但由于战乱，还有很多藏品遗失在外。

　　2009 年，美国开辟了经波罗的海、高加索、俄罗斯和中亚通向阿富汗的北方运输网，斯塔尔教授提出利用已经形成的欧亚交通体系，使阿富汗成为欧亚大陆的经济桥梁，此外，斯塔尔教授认为加强地域联系可以充分带动地区经济，以此可以来复兴阿富汗经济。

　　阿富汗作为现代丝绸之路重镇，是联系中亚、南亚的重要一环，在"丝绸之路经济带"的建设下，阿富汗与我国青海省的贸易交流往来日益密切，在这样的大背景下，走上了一条全新的贸易之路。阿富汗驻华大使莫萨扎伊在接受《中国经济周刊》记者采访时表示，2014年阿富汗的进口总额近 80 亿美元，主要进口国家是巴基斯坦、伊朗、中国、乌兹别克斯坦等，出口总额只有 5.7 亿美元，除能源产业外，纺织业也是阿富汗的传统产业，就当前国内环境来说，阿富汗纺织基础完备，拥有巨大的消费市场和投资潜力。阿富汗主要出口地毯、棉业、羊毛、皮张等。

1.1 阿富汗与古代丝绸之路

　　古代丝绸之路横贯亚欧大陆，其中陆上丝绸之路在东亚、中亚主要有三条：一是沙漠绿洲丝路，即从中国长安（今西安）出发途经西域、中亚通往西亚、南亚；二是北方草原丝路，即从长安出发向北经欧亚草原通往西亚、欧洲，又称"皮毛之路"；三是西南夷道，即从长安出发途经中国青海、四川、云南通往印度，又名"青海路""麝香之路""茶马古道"等。在上述路线中，阿富汗（即古代大月氏国）位于沙漠绿洲丝路的中枢，是古丝绸之路的十字路口，而这条丝绸之路在古代是最重要的东西方商道，因此，阿富汗（大月氏国）充分融合了东西方文化，曾经拥有极其灿烂的古代文明。

巴米扬大佛印证了阿富汗曾经的璀璨文明，两尊大佛中的一尊凿于公元 5 世纪，名叫萨尔萨尔，另一尊凿于公元 1 世纪，名叫沙玛玛，是佛教徒非常崇敬的两尊大佛。同时，作为阿富汗的地标性建筑，大佛的建筑风格融合了东西方文化，具有明显的亚洲艺术特色，2003 年被联合国教科文组织列为世界濒危文化遗产。研究发现，使用鸡蛋蛋白作为原始层的涂料黏合剂，而早在青铜时代，这种蛋白质的媒介就跨越地中海流域传播到远东，这有助于我们充分了解阿富汗人文艺术历史，然而，著名的巴米扬大佛却遭到了塔利班的严重炸毁，佛像几乎面目全非。

阿富汗作为古丝绸之路的枢纽，历史上曾经是一个十分辉煌的国度，其古代纺织品也颇具东西方文化交融的艺术风格，以下展示几种阿富汗古代织物。

阿富汗有 40 多万的土库曼人，其中大部分是 19 世纪移民过去的艾尔撒里部落，该民族骁勇善战，几十年里在波斯境内累计掳掠了 100 万奴隶。图 16-1-1 中有一条深红色的天鹅绒连衣裙，用金线绣有精美的图案，充分展现了土库曼民族的王者气势。

图 16-1-2 是帕斯顿部落的女性服装，头巾是用蓝色和黄色装饰的，上衣是绣有棉金线的连衣裙，下衣是一种用棉布制作并用丝绸刺绣的裤子，鞋子是 20 世纪由皮革和金线制成的皮鞋（Pizar）。

图 16-1-1 19 世纪土库曼部落的女性服装

图 16-1-2 阿富汗帕斯顿部落的女性服装

哈扎拉民族是西亚阿富汗民族之一。"哈扎拉"系波斯语译音，意为"一千"。哈扎拉民族约有 130 万人（1978 年），主要分布在阿富汗中部哈扎拉贾特山区，部分住在西北部，属欧罗巴人种和蒙古人种的混合类型，信仰伊斯兰教，多属什叶派，少数属逊尼派。相传哈扎拉人为 13 世纪蒙古征服军与当地伊朗语居民的混血后裔，保留着部落界线，主要从事农业、种植小麦、大麦和黑麦等，饲养山羊、绵羊，手工业发达，擅长织布和制毛毡。男人穿白布长衫、灯笼裤，外罩自制粗呢长袍，缠头巾；妇女穿花色衬衫、灯笼裤和长袍，戴白布或灰布头巾。哈扎拉人勇敢善战，历史上曾长期保持独立政权。19 世纪下半叶被阿富汗埃米尔阿布杜拉赫曼征服。

图 16-1-3 19 世纪哈扎拉部落女性裙摆

图 16-1-4 19 世纪哈扎拉部落女性刺绣上衣

图 16-1-5 19 世纪典型哈扎拉部落女性套装

图 16-1-6 游牧民族女性礼服套装

图 16-1-7 游牧民族女性套裙打底裤

图 16-1-3、图 16-1-4 和图 16-1-5 中，头巾是手织的，上衣同土库曼部落一样，是一件天鹅绒制成的连衣裙，镶有珠宝装饰的金线，裤子由棉和丝织造而成，鞋子（Pizar）主要是皮革做成，并镶有金线。

图 16-1-6、图 16-1-7 是一套礼服，头巾是棉和丝绸的，上面礼服和裤子则是丝绸做成的，用金线镶嵌了珠子，十分精美，裤脚也用了图案作为装饰。

图 16-1-8 19 世纪男士帽子　　图 16-1-9 19 世纪男士围巾　　　图 16-1-10 男性套装

图 16-1-8、图 16-1-9 和图 16-1-10 是一套男性套装，帽子和围巾是 19 世纪在阿富汗北部织造的，里面束腰外衣和裤子使用白色丝线制成，并绣有复杂图案花纹，最外面则是羊绒外套，绣有精美的花纹。

图 16-1-11 女士礼服　　　　图 16-1-12 女士镜子袋

图 16-1-11 是 19 世纪的一套女士礼服，用丝绸制成，用金线缝制，有各种复杂图案的刺绣，配以珠子装饰。图 16-1-12 是一件刺绣工艺品，装饰金线，作为女士随身携带的镜子袋。

图 16-1-13 是一块祈祷布，为伊斯兰教徒做祈祷用。图 16-1-14 中有卡加尔包、镜子和梳子包，以及用丝线刺绣的辫子盖。

图 16-1-13 祈祷布　　　　图 16-1-14 各种刺绣工艺品

1.2 阿富汗纺织工业史

1.2.1 近代纺织史概述

纺织工业尤其是手工纺织业在阿富汗具有重要的历史意义。虽然复杂的机械纺织工业被认为是该国最早的工业之一，但这早已是 20 世纪的现象。考虑到阿富汗工业发展的相对有利条件，国营和私企发展迅速，生产所需要的原材料，即棉花和羊毛，产量充足，可以满足市场需求，因此形成了相对有利的供需市场。但需要指出的是，该国的纺织工业并没有做到完全依赖本土生产。人口增长和生活水平的提高扩大了人们对纺织品的需求，但由于缺乏足够的资金和有效的规划，导致每年很多必需品需要从国外进口。

据不完全统计，1975 年全棉织物消费量达到 1.07 亿米，其中国内生产量达到 6450 万米，国外进口达到 4350 万米。此外，同年消费的涤纶织物总量为 3470 万米，其中国内生产 3240 万米，占 93.4%。由此可见，即使在 1975 年，棉织物的 39.71% 和涤纶织物的 6.6% 是从国外进口的。这一数字在 1977 年被扭转，棉织物和涤纶织物的进口量分别为 6.41% 和 31.17%。但是，由于现有设备的生产能力不足，供需差距增大，因此发展农业来生产棉花为本国纺织业的发展创造了有利条件，这也增加了对轧棉和技术人员的岗位需求，从而拉动了就业。

阿富汗希望通过建设 4000 万米棉布、千吨纱线的坎大哈纺织厂，以及年产布料 1200 万米、纱线 500 吨的赫拉特纺织厂来发展纺织业。预计到 20 世纪末，该国将满足国内对棉纱的需求。

值得注意的是，阿富汗国家银行在纺织工业最大的一笔投资就是在 1953 年建立了总值 8 亿阿尼的戈尔巴哈纺织厂。虽然阿富汗的纺织工业在第一和第二个五年计划期间进展缓慢，但是在 1966 年起草《私人投资法》引进私人投资后，纺织工业迅速发展，工厂数量从 1966 年的 9 个增加到 1969 年的 20 个。尽管同一时期的工人数量和销售规模没有明显改变，但在 1969 年针织方面的进步比纺纱更大。在 16 家针织工厂中，有 13 家是独立的，其中 3 家属

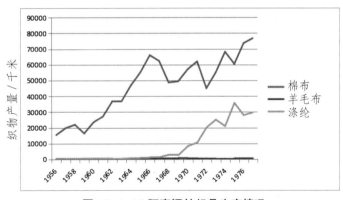

图 16-1-15 阿富汗纺织品生产情况

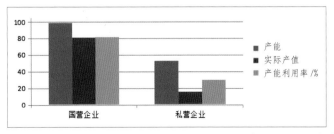

图 16-1-16 1975 年国营和私营企业织物生产情况（以百万米计）

于国营阿富汗纺织工厂，同年纺织工人占70%，年产能达8500万米，占该行业总产能的87%。仅在1967年至1971年间，就新建了17家纺织厂，其中有2家是国有工厂，年产棉织物2500万米，另有15家为亚麻织造厂，每年可生产3400万米涤纶织物。在第三个五年计划结束时，全国纺织厂的年产能分别达棉织物9500万米，涤纶织物3700万米。

随后几年，随着巴格拉姆工厂、巴尔赫工厂的建成投产，以及后来私营企业建设的几家小型涤纶制造厂，阿富汗纺织公司失去了它的特权地位。1978年阿富汗纺织公司工人数大约占的总纺织工人数的47.17%，可织造61.67%的纺织品，然而在产能方面，只占到50%。但是就全国纺织业来看，该公司在工人的数量和产值方面依然占据突出地位。

阿富汗在1978年拥有220家纺织厂，其中33家企业就拥有3996名工人，占总工人数的38.45%。此外，虽然近年来女职工人数有所增加（382人）。1979年纺织工人总数（14968人）中有97.45%是男性。值得注意的是，1978年纺织业的主要投资占工业投资总额的31%左右。另外，在上述提到的纺织厂中，有7家是国有或半独资企业，其余的则是私企。

1.2.2 棉纺织

尽管目前合成纤维纱在性能上优于棉纱，甚至有取而代之的趋势，但棉纤维在纺织工业中的重要地位是不可撼动的。虽然阿富汗并不是全球棉花种植和生产的主要地区，但该国从过去就开始普遍种植棉花用来编织手工产品。在全国各地，特别是北部、东部和帕尔旺省，棉织物通常为40～50厘米宽、5～51米长，有的是不染色的，有的则进行染色，其中最好的是Ghorian编织，可以与国外最好的纺织品相媲美。然而，在1935年之前，阿富汗的棉花产量不足，该国努力建立了第一家棉纤维加工厂，尽管40多年来该厂的年产量存在很多问题，但也实现了年产能从1935年的3500吨增加到1975年的16万吨。此外，在同一时期，棉花耕作面积增加到11.2万公顷，而产量则增加到每公顷1429千克。在各行业的1356名从业人员中，除采矿业和电力产业外，纺织业的从业人员占35.09%，其中从事棉纤维生产的占从事纺织工业总人数的80.68%。在这5家纺织厂中，3家（Jebel al-Saraj、Pul-i-Khumri和古尔巴哈）隶属于阿富汗纺织公司，另外2家大概有10亿阿尼投资额的工厂（巴拉格里和Balkh）为国有企业，年产能达到2500万米织物。总而言之，1943年，棉布年产量约为200万米，到1977年增加到7680万米。

阿富汗第一家纺织厂在Jebel al-Saraj正式运营，它早在Amir Habiballah时期就已经建造并开始运作。当时该厂拥有许多手工织机，占地101170平方米（25英亩），而现代化的自动化机械生产线在1933年开始建设，到1937年建成，但自1937年以来，棉纤维每年进口量逐步增加到9000万阿尼。由此看来，发展本土纺织业是很有必要的。因此，该纺织公司成立，注册资本达5100万阿尼，1937年，阿富汗政府又向该公司出售了拥有180万阿尼和72台纺织机械的Jebel al-Saraj工厂，随后又增加了50台自动化纺织机械。因此该厂集编织、纺纱、针织、染整等工序为一体，年产能增加到2.55万米，在一定程度上满足了国内需求。

1939 年，工厂总人数达到 224 人。

位于喀布尔以北 80 千米处的古尔巴哈工厂拥有 2004 枚纱锭、50 台自动织机和 72 台手工织机，自 1976 年底成立以来，染色织物约 34927387 米，面巾和手帕 839134 米，十磅纱线约 1235415 包，员工达 242 人。由于 Jebel al-Saraj 工厂的产品无法满足本土所有需求，该纺织公司开始考虑建立一个相对较大的纺织工厂，选址在 Pul-e Khumri，因为该地区的水力发电设施完善，而且还有大量棉花田，有足够的生产原材料。因此，Pul-e Khumri 纺织厂在 1936 年动工，1941 年准备运营，但由于第二次世界大战从而推迟了该工厂的投产。Pul-e Khumri 纺织厂最初只有 15000 枚纱锭和 550 台非自动织机，雇用了 1600 名工人，每天工作 16 小时，生产织物 31500 米，每年使用约 2000 吨棉花。而这家工厂最初十年不能实现最大产能，而且也没有实现未来十年安装 2，200 台针织机和 6 万锭纺纱机的发展规划。

1943 年，Pul-e Khumri 公司生产了 170 米件棉织物和 81861 包纱线，共有 190 台针织机，雇用了 770 名工人；1944 年，该公司用 480 台织机生产了约 400 万米织物；1952 年，纺纱工艺又采用了 15000 枚新纱锭。尽管如此，Pul-e Khumri 和 Jebel al-Saraj 公司甚至在 1956 年实施了一项为期五年的发展计划，但这一计划并不能满足该国对棉纤维的需求，相比之下，生产的织物超过 1752.8 万米棉布约有 1170 万千克，总价值超过 5.44 亿阿尼。Pul-e Khumri 公司计划在第一个发展计划期间投入 4880 万阿尼，其中有 2800 万阿尼用于扩大产能。因此，新安装了 304 台自动织机，平均年产能达到 1400 万米，面料 12 万包，新增织机车间面积 2200 万平方米，同时工人数量从 1336 人增加到 2690 人。Pul-e Khumri 公司目前拥有 3 万枚纱锭和 1018 台织机，自 1977 年至今，共生产原纱约 5192.84 吨，产棉 244.8 万包，工人总数 3014 人。

由于两家公司不能满足国家和人民以纺织品日益增长的需求，因此在古尔巴哈又建立了另一个拥有纺纱、针织和染整等完整工序的大型纺织厂——古尔巴哈纺织公司，投资 8 亿阿尼，相当于 2500 万美元，在 1960 年 6 月 23 日正式运营。该厂从最初的 47724 锭（其中毛纺 2244 锭）和 1422

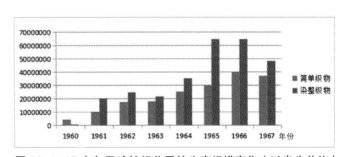

图 16-1-17 古尔巴哈纺织公司的生产规模变化（以米为单位）

台针织机发展到 6 万锭和 2000 台针织机。此外，该厂在第一阶段的生产中可以为 5000 人提供就业机会。在 1968 年，该公司又从苏联购买了 310 台纺织机械。

到 1979 年，三家阿富汗纺织公司共有工人 7712 人，生产棉织物约 658.7 亿米，涤棉织物 440 吨。而一些私营企业，由于缺乏政府支持，导致了一定程度的经济衰退。

在 1973 年，古尔巴哈公司是最大的公司，其生产的棉纤维占 48.99％，聚酯纤维占

100%，纱线占 68.87%。另一家棉纺织厂是巴拉格里公司，是坐落在喀布尔东部的一家国有企业，它于 1967 年 8 月 31 日开始动工，1969 年 8 月进行了试运行，并于 1970 年正式投入运营。

1965 年 3 月 24 日，中国考察了喀布尔、坎大哈、赫拉特、巴格兰和帕尔旺省等地区，与阿富汗达成了经济技术合作协议，共建了巴拉格里公司，初始资本为 5.9 亿阿尼，其中 1.86 亿阿尼作为工厂建设成本，2.74 亿阿尼用来购买纺织机械，1.3 亿阿尼作为周转资金。1973 年，该厂拥有 50 台纺纱机即 20400 锭，每天三班工作制，一年生产总量可达 2865 吨。1976 年，巴拉格里公司生产

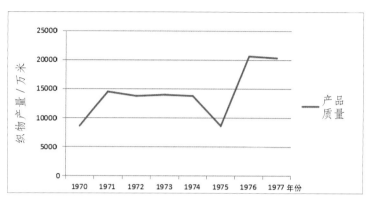

图 16-1-18 巴拉格里公司在不同年份的纺织物生产情况

面料 16175616 米，纱 300755 千克，产值达 38621 万阿尼，销售纱线达 1946 万阿尼。

图 16-1-18 显示，除了 1975 年以外，巴拉格里公司的产能在大多数年份都处于上升状态。

1.2.3 羊毛纺织

阿富汗是一个落后的农牧业国家，主要粮食作物有小麦、玉米、稻谷、大麦，主要经济作物有棉花、甜菜、甘蔗、油料作物、水果、坚果（包括阿月浑子、杏仁、核桃等）和蔬菜，主要牲畜有绵羊（包括著名的紫羔羊）、山羊和牛。现代工业主要是农矿产品加工业，包括纺织、食品、建材、皮革、化肥、五金、罐头、火柴等，地毯是阿富汗具有悠久历史的独特的手工业产品。因此，阿富汗的主要出口产品是农牧产品，如棉花、水果、干果、天然气、地毯、棉花、紫羔羊皮、皮革等，主要进口商品是糖、茶叶、烟草、纺织品等日用品和汽车、轮胎、石油产品、化学品等货物。

除农业外，畜牧业也是阿富汗的主要经济支柱之一，畜产品占全国经济总量的 18%，1975 年，该产业收入占该国出口收入总额的 30%。阿富汗养殖绵羊的数量超过 2000 万只，占其货币收入的 90% 左右。一般来说，全国每年生产羊毛 2.5 万吨左右，其中大部分在国内消费，20% 出口。现有羊毛织物加工厂的产能约为 52.8 万米，但产量不足 35 万米。除此之外，每年大约有 3.4 万米需要从国外进口。实际上，羊毛织造是喀布尔纺织公司的主体，作为全国历史最悠久的工业中心，它可以生产各种类型的羊毛纱线。1940 年，由于工厂机器老化，89 台设备和 128 名雇员全部转移到国有纺织厂；1941 年由于新增 40 台新纺机，该厂羊毛织物产量达到 101509 米，1942 年增至 165512 米，1943 年增至 168742 米，1944 年增至 160000 米，1950 年增至 175961 米。

阿富汗第二家羊毛织造厂于 1943
年 6 月开始运行，初始资本为 500 万
阿尼，1957 年增加到 2400 万阿尼，
1974 年增加到 3500 万阿尼。该厂在
战争期间一定程度上扶持了国家经
济，1950 年生产羊毛纤维织物 24766
米，毛毯 1468 条，女用围巾 8053 条，
染色纤维 519 吨。工厂拥有 50 台织机，
6 台纺纱机，每台有 360 锭，从德国

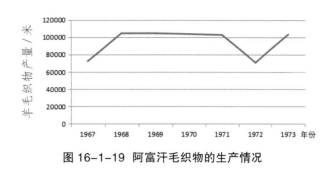

图 16-1-19　阿富汗毛织物的生产情况

和波兰进口的机器总数达到 100 台。一天可生产 500 米织物，一年达到 18 万米。

尽管该工厂存在很多发展障碍，但是 1973 年以后产量逐渐增加。1977 年，该公司有职
工 151 人，占全国职工总数的 15.45%，生产羊毛纤维织物 11 万米，占全国羊毛纤维织物的
31.66%。

喀布尔 Pul-e-Charkhi 羊毛织造厂成立于 1962 年，初始资本为 6250 万阿尼，该工厂
于 1974 年 10 月再次开始运营，有 50 台毛纺织机，3 台地毯织机，共 2150 锭；工人有 508
人，占全国工人总数的 51.99%，1977 年该厂毛纺织品物产量约 23.7 万米，占全国毛纺织物
产量的 68.22%，平均每人年产量为 466 米。同时，工厂每年 50 万米的产能，使用率仅为
47.4%。1977 年毛纺产品总产量达 34.74 万米，占纺织品总产量的 0.32%。

由于缺乏有利的销售市场，特别是考虑到生活水平低下，手工业同类产品的生产，
二手衣服的进口以及这些机构从生产角度对政府的依赖，包括在产品缺乏对国外市场的
寻求，导致了一系列问题。由于这些问题，羊毛波动很大，总体而言，对于一些企业来说，
利润还是可观的。除此之外，气候、工人和原材料为阿富汗毛纺产业的发展提供了有利
的条件。

1.2.4　聚酯纤维纺织

阿富汗生产聚酯纤维（涤纶）的历史并不长。1958 年在喀布尔建立了奥米德纺织公司。
尽管该公司大部分原材料都是从国外进口的，但由于产品市场反映良好，因此织物生产规
模从 1959 年约 227200 米增加至 1977 年的 2970 万米，19 年间增长了 1308%，平均每年增
长 68.8%。国内同类型手工艺和工业制品相对缺乏，而且这类产品性价比很高，促使国外进
口迅速增加，导致国内形成供不应求的市场环境，吸引了很多私企投资聚酯产业。1971 年，
该产业共有 22 个企业，其中有 19 个在 1967 年至 1971 年成立。1971 年，这些新兴公司的
总投资约 8 亿阿尼，织物年产能从 5500 万米增加到 5800 万米。然而并没有实现最大产能，
仅生产了 2600 万米的面料，Amo 公司的产能使用率甚至只有 8.32%。因为这些新兴公司并
没有进行深入的市场调查和评估，形成了负面的市场竞争，使得现有生产能力得不到充分发

挥。1977 年,全国 26 个私营企业生产的聚酯纤维占全国总产量的 51.5%,合资企业(Gulbahar 公司)的产量占 45.19%,国营企业(Bagrami 公司)占 3.4%。同年,本土生产的涤纶产品占所生产纺织品总产量的 27.79%,拥有超过 13.90% 的员工数量。1977 年,聚酯纤维织物制造业的平均日产量达 87352 米,即每名工人每年可生产 7054 米面料。但需要指出,在产品质量、机器型号以及工人的劳动力成本和工资基本持平的条件下,企业产量是有差异的。例如 Omid 纺织厂可生产 6519 米,Sayed Morteza 纺织厂为 8326 米,Mohammad Zia Golzadeh 厂则可生产 10541 米。综合考虑以上几方面,一是政府缺乏对私营企业的宏观调控和有效管理,二是国内缺乏原材料,阻碍了聚酯行业的发展。同时,进口原料、国际经济波动等因素也会影响该产业的发展。

从 1958 到 1977 年的 20 多年间,聚酯产业总投资额达到了 3.2 亿阿尼,其中大部分是 1967 年以后投资的,可为超过 1806 人提供就业岗位。但是在这 26 个企业中,仅有 9 个企业的织物产能每年可超过 100 万米。

奥米德纺织公司是聚酯行业第一个也是最大的公司,成立于 1958 年 4 月,初始资本为 1020 万阿尼,并于 1959 年 1 月正式运营。该公司成立的前五年,主要生产涤纶和丝织物,但由于缺乏市场购买力导致亏损,转而生产亚麻纺织品,年产能达 70 万米,然而实际产量却不足 50 万米。1964 年,新购进 80 台新机器,使其产能增加,因此 1965 年之后,每年可生产超过 100 万米的织物。

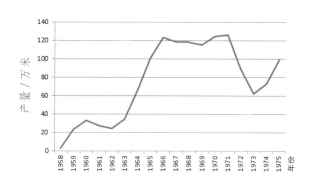

图 16-1-20 奥米德纺织公司从成立之初到 1975 年的纺织物产量

1966 年,该公司又成立了一个名为"新纺织"的类似公司。1973 年,奥米德纺织公司总资本达 1462 万阿尼,1977 年达 1740 万阿尼。

第二大聚酯纺织厂是 1971 年成立的喀布尔纺织公司,并于 1973 年 12 月 16 日正式运营,注册资本为 1.5 亿阿尼。按 24 小时工作制,该厂年产能可达到 250 万~300 万米。除了染整机,还有 155 台针织机。此外,工厂的原料依靠韩国、日本、美国和中国台湾等进口。

另一个比较大的聚酯纺织公司是 1971 年在喀布尔工业区成立的 Ahadi 纺织品公司,其初始资本为 3760 万阿尼,1974 年增加到 4650 万阿尼。该工厂所需的原材料主要从日本、中国和德国进口,拥有 100 台织机。1973 年,涤纶织物产量增加到 243 万米,1974 年,工人总数约 180 人。然而到 1977 年,员工数量减少到 65 人,产量减少到 120 万米。几家类似公司的相继成立,在很大程度上影响了该公司的产量。

位于喀布尔地区以外一个相对较大的企业是 Nangarhar 纺织公司,它于 1970 年 4 月 26

日在贾拉拉巴德正式运营，初始资本总额为 2109 万阿尼。这家拥有 150 台针织机的工厂每天生产聚酯纤维面料约 13000 米，1971 年其员工数量为 400 人，1977 年工厂生产织物 6.63 亿米，工人数量仅为 147 人。

另一家大型私企是位于 Nangarhar 的 Amirzadeh 亚麻织造公司，成立于 1968 年，注册资本为 1200 万阿尼，1974 年增加到 1800 万阿尼，企业日产能达 3000 米，年产能约 100 万米。1974 年，工人人数从 32 人增加到 75 人，1977 年又减少到 31 人。1968 年的年产量为 15 万米，并逐步增加，到 1977 年达到 39.3 万米，但同年产能利用率仅为 36.3%，该公司的原材料主要从日本、印度和中国台湾进口。

综上所述，阿富汗现代纺织业起步较晚，原料主要依靠进口。此外，连续几十年的战争在很大程度上阻碍了阿富汗纺织业的进一步发展。

2 女性服饰艺术——布尔卡

2.1 当地女性现状

由于长期战乱，阿富汗女性的心理受到巨大伤害，长期的精神压抑，导致许多年轻女性都曾想过自杀。据一位国际 NGO 的官员说："去市场购物的女性如果稍微露出点肌肤，在塔利班统治时期或许会遭到鞭笞，而现在极有可能会遭到强奸。"

实际上，阿富汗当今女性不仅没有地位，而且她们的处境非常令人担忧。除了首都喀布尔以外，全国绝大部分地区的女性至今仍不能自由求学、享受医疗服务，在南部和东南部地区，男性占统治地位的观念早已经根深蒂固。买卖妇女和女童、强制性婚姻、焚烧女校、虐待和利用妇女贩毒等丑恶现象依然很常见。在喀布尔周边的少数几个城市，女性虽然可以接受教育或参加工作，但这只是在全国鲜有的例子，而且女性在工作或学习过程中也会受到歧视。据不完全统计，阿富汗上中学的女孩只有 8%，农村女孩很小就被迫出嫁。这些都使得阿富汗女性生活在一个没有自由，物质和精神都极其匮乏的世界。

2.2 布尔卡服装

阿富汗历经了四代政权：阿富汗民主共和国，伊斯兰国，阿富汗伊斯兰酋长国和伊斯兰共和国。每一届政府的变化都带来了新的意识形态，与此同时，国家在国际社会中的地位也发生了变化，这些变化导致了国家两性平等观念的变化，以及受伊斯兰教的影响，女性在国内地位极其低下，甚至规定除了自己的丈夫以外，不能被其他男人看到。综合以上因素，布尔卡（Burqa）这种从头到脚包起来的服饰应运而生。

布尔卡是阿富汗妇女的传统服装，也是当今世上最保守的女性服饰之一。一般来讲，阿富汗女性进入青春期后就要穿着布尔卡，一袭长袍将人从头到脚裹在里面，连眼睛也要遮在面罩后面。据说，布尔卡已有上百年的历史。在一些较为开放的阿富汗人眼中，布尔卡更

像是禁锢妇女的一个工具，限制了妇女的
自由和对幸福的追求。

当今阿富汗，在喀布尔的大街上，仍
然有大约 20% 的妇女身穿布尔卡行走，如
图 16-2-1 所示，她们全身遮盖，不得露
出身体部位。

图 16-2-1 布尔卡服饰

3 总结

阿富汗拥有灿烂辉煌的历史文化，曾经与波斯（今伊朗）等国都是联系东西方文明的
十字路口，具有极其重要的战略和经济地位。但近几十年来，阿富汗一直饱受战争的摧残，
从英国、苏联的侵略战争，一直到美国和塔利班的殊死对抗，使国内武装冲突和恐怖袭击
不断上演，大大削弱了本国的政治经济地位，完全沦为了一个极度不发达的第三世界国家。

本章叙述了阿富汗作为古丝绸之路的重要战略地位，详细描述了近现代阿富汗纺织业
的兴起及不足。此外，根据所提供的图片，摘取了几张具有代表性的古代纺织品图片，并做
了阐述和说明，最后，充分了解了阿富汗当今女性的地位，对她们所穿着的服装——布尔卡
做了一定的介绍。阿富汗拥有灿烂的古代纺织文明和近代极不发达的纺织工业，以特别的姿
态呈现在这个世界上。

第十七章 阿联酋

1 绪论

1.1 阿联酋

阿拉伯联合酋长国，简称阿联酋，历史悠久。最近考古学家在哈吉尔山脉东部和阿布
扎比西部发现一些证据，可以证明 10 万年前阿联酋的祖先就已经生活在地球上。公元前
2000 年，阿联酋先民驯化骆驼，发现新的灌溉技术（法拉吉灌溉），使得农业地区的灌溉成
为可能，使得地区居民人口剧增。

公元 630 年先知穆罕默德的使者宣布该地区信奉伊斯兰教。到公元 637 年，伊斯兰军
队使用贾法尔（Ra's al-Khaimah）作为征服伊朗的中转站。几百年以来，贾法尔成为了一个
富有的港口和珍珠中心，从那里远眺印度洋的大型木制船只。葡萄牙人在 16 世纪抵达海湾，

对迪拜，比迪亚，霍尔法克坎和卡尔巴等地区以及东岸港口的阿拉伯居民地区进行侵略。

幸运的是，在阿联酋发现了石油，而谢赫·扎耶德·本·苏丹·阿勒纳哈扬富有远见的领导才能使阿联酋焕发出勃勃生机。1962 年，第一批原油从阿布扎比出口。1966 年 8 月 6 日，谢赫·扎耶德接替他的哥哥担任阿布扎比统治者。他迅速增加对 Trucial 州发动基金的捐款，随着石油产量的增加，收入不断增加，谢赫·扎耶德颁布了大规模的建设计划，建设学校、住房、医院和道路。

1968 年初，当英国人宣布他们打算在 1971 年底退出阿拉伯湾的时候，扎耶德迅速采取行动，着手加强两国之间的联系。与将成为新成立州的副总统和后来的总理谢赫·拉希德一起，谢赫·扎耶德率先召集了一个联合会，这个联合会不仅包括共同组成真正国家的七个酋长国，还包括卡塔尔和巴林。

经过一段时间的谈判之后，六个酋长国（阿布扎比、迪拜、沙迦、富查伊拉、乌姆盖万和阿治曼）的统治者达成了协议，而被称为阿拉伯联合酋长国（阿联酋）的联邦正式于 1971 年 12 月 2 日成立，谢赫·扎耶德为总统。第七酋长国的拉伊·哈伊马于 1972 年 2 月 10 日正式加入新的联邦。谢赫·扎耶德每五年再次当选总统，直到他于 2004 年 11 月后去世，担任总统 33 年。

在阿拉伯文中，贝都因人一词的意思是"逐水草而居的人"，中译名有"贝都英人、贝杜因人、贝督因人"等。本书所指的贝都因人主要是指生活在阿拉伯半岛以及北非沙漠、荒原、丘陵和农村边缘地区的游牧和半游牧的阿拉伯人。在历史的长河中，贝都因人身插腰刀，头戴头巾，和椰枣、骆驼构成了沙漠里的一幅美妙的风景画。他们有自己的编织文明，其中阿萨杜是阿联酋早期纺织服装瑰宝，同样贝都因人追求最大限度的自由成为广大学者研究的立足点。

2　阿联酋传统的织造技术

2.1　阿萨杜

阿联酋和一些阿拉伯海湾国家使用的"阿萨杜"一词包含三个意思：（1）这是所有的阿萨杜纺织品未成形之前的总称；（2）它是一种传统的落地式阿萨杜织机的名字；（3）它代表着织造阿萨杜纺织品的纺织流程。阿萨杜工艺是一种最重要、最闻名的妇女手工艺，游牧部落的姑娘们精巧地制作阿萨杜，以满足各种个人和贝都因家庭的生活所需，如建立他们的沙漠居所"帐篷"及其家具的布置，以及装饰和装备他们用来骑乘和迁徙的骆驼、马等牲畜，所有这些纺织品都是用阿萨杜织机织造出来的。

2.2　阿萨杜织造艺术

阿萨杜是贝都因妇女在农村地区进行的一种传统的编织形式。"阿萨杜"是贝都因人用来表示编织过程的术语，它作为一种视觉语言，富有装饰性的图像和图案表现出奇妙多彩的符号，传达着沙漠和沿海游牧民族的创造力和历史信息。传统上，贝都因男人剪羊毛、骆驼毛和山羊毛（图17-2-1），妇女在清洁羊毛（图17-2-2）后，聚集在一起纺纱和织布。 纱线在纺锤上纺制（图17-2-3），然后用当地的植物提取物如"指甲花或藏红花"染色，最后在地面织机上用经面平纹编织，如图17-2-4所示。

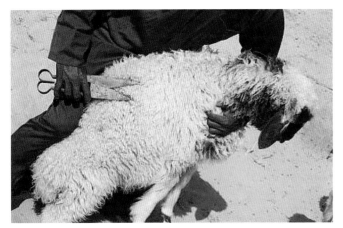

图 17-2-1 剪羊毛

图 17-2-2 清洁羊毛

图 17-2-3 木手轴纺纱

图 17-2-4 织机上织造

阿萨杜在地面织机上完成。它可以编织沙漠游牧民族的"房子"（帐篷）、妇女的头饰和骆驼的背带。在历史的长河中，以游牧生活为主的贝都因人通过地面织机织造了许多有趣又有用的纺织品。贝都因妇女以纺纱织布为自豪，同时纺纱织布也是她们家庭生活的重要组成部分。

传统织物的颜色是黑色、白色、棕色、米色和红色，以独特的窄宽的几何图案呈现在人们面前。阿萨杜织造的典型基本模式是基于条纹、点、正方形和三角形的简单设计以节奏重复和对称方式组合在一起，没有边界，通常会使用两种对比颜色（黑色 / 白色）进行复杂编织。人们通过编织得到了五颜六色的产品或服装以及骆驼和马装饰品（图 17-2-5）。贝都因人帐篷、抱枕、地毯和席子。

贝都因妇女会聚集在一起纺纱织布，交谈一些家庭趣事，偶尔吟唱和背诵诗歌。贝都因女孩在这些聚会中通过观看来学习，并逐渐学会如分类羊毛的任务，然后才学习涉及更复杂的技能。

图 17-2-5 编织图案

2.3 阿萨杜织造流程

纱线的阿萨杜工艺经历了几个阶段：

第一阶段：剪羊毛和收集骆驼绒。

第二阶段：将羊毛进行分拣和起毛，并清除植物、刺和灰尘等杂质，然后用水冲洗，再用卡德士（kardash）或开松器（fluffer）进行梳理。

第三阶段：利用纺纱机器将纤维纺成纱线。

第四阶段：染色，使用明亮且有吸引力的颜料将白纱染色。

第五阶段：用便携式织机织造和编织。

2.4 现存的阿萨杜织造

哈马德于 2010—2012 年在多哈的瓦吉夫老市场陈列了她织造的作品。她的大部分编织都是手工编织的羊毛、手工染色的羊毛，但是她还将羊毛和购买的棉纱线结合在一起，并在锭子上增加了额外的捻度，从而给予纱

图 17-2-6 染色后的毛线

线一定的强力。我们可以看到染色以橙色、砖红色为主，这主要是因为染色用的天然植物染料，如图 17-2-6 所示。

哈马德在瓦吉夫老市场有一台小型金属框架织机，如图 17-2-7 所示。在那里她可以编织更小的织物。我们可以看到这台织机十分小巧，可以用来织造缎带和一些装饰用的流苏等。女性经常在屋顶或长走廊上架设大型织机，用来织造一些复杂和幅宽较大的织物，如帐篷、地毯等。在织机的两端设有木桩，来固定织机的综框，然后再通过综丝的上下提综运动来控制梭口的开启。在前后开口处，各有一个木制的装置。前开口的木制装置可以用来打纬，使进入的纬纱和经纱能够紧密地交织在一起。哈马德正在挑经纱，使纱线开口更明显，有利于纬纱的进入。由图 17-2-8 中可以看到，织造的织物具有对称和几何特性，显示出传统游牧民族的特色。

图 17-2-7 小型金属织机

图 17-2-8 哈马德编织

织物中的传统图案代表：蓝色和红色的棕榈，白色的马牙和卵石。黑白即兴表达出来的图案，或在中间的"树"部分完全是手工提花织造起，通过人工的挑经纱、打纬，从而产生出复杂的设计图案。这是补充纬纱，每根经纱中有两根纱线，因此背面有浮纱。可以看到绿色的方块，这是通过刚开始在图案两边分别加一根经纱，在编织到对角线时，再通过在图案两边分别减一根经纱，从而得到一种类似于方块的图案。帐篷的整体由几何图案构成，从右至左是黑白红相间的大横条纹，接着是红绿相间的小横条纹，接着是黄绿互补的菱形格纹，直到绿色的菱形条纹点缀在红色的平纹组织上。整个版面是具有对称性美学的不同色彩的撞色搭配，显示出阿萨杜的与众不同的特色，如图 17-2-9、图 17-2-10 所示。

图 17-2-11 是哈马德 15 年前编织的骆驼包，其所用纱线是典型的商业用纱线，不是手工纺制的。骆驼包织造技术的高超和图案的精巧以及点缀的流苏都不得不让我们为之惊叹。所有主要的织造和后整理技术都具有贝都因人的游牧风格的特性，这些特点鲜有出在

图 17-2-9 几何图案帐篷

图 17-2-10 红绿辉映帐篷

图 17-2-11 骆驼包与流苏

图 17-2-12 骆驼包细节图

现在的工艺品里面。我们可以看到在口袋边缘的纽扣缝合，以及织物增强和沿着边缘的装饰加入针；还要注意编织条纹中使用的闪亮的银纱，这些银纱是多哈特有的装饰用品。这些不同色彩的组合构成一种梯度，类似于钢琴键。这是典型的颜色排列方式，并且具有不同颜色图案的技术通常被并入到贝都因织造中，它创造了贝都因纺织品的标志性外观，如图 17-2-12 所示。

　　但是，现在由于城市化步伐的加快，以村落为单位的阿萨杜纺织品已经慢慢地消失在历史的长河中。由于古代文明和现代文明的融合，大部分的沙漠居民迁徙到城市和郊区生活，他们中年轻的阿联酋妇女开始学习并从事各种行业，阿萨杜纺织业已经萎缩到了最低限度，存在濒临灭绝的威胁。同样，这一工艺也面临着巨大的挑战，即年轻的妇女很难做到长时间坐在地上使用这种纺织机，因为长时间这样坐在地上可能导致腰部和肩部产生一些疾病。因此只有少数会手工编织的妇女还在城市的各个角落里编织这种属于游牧民族的艺术品。

2.5 传统的金镶面具服饰

我们可以看到，阿联酋人在黑色的头饰上面贴了很多金片，点缀的金片如流苏一样挂在阿联酋女性的头上，给人一种神秘的感觉。传统的阿联酋女性十分喜欢首饰，她们喜欢将很多大串的首饰戴在脖子或者手上，这样走起路来便叮叮当当作响，当然这也是她们富有的象征，如图17-2-13、图17-2-14所示。据考证，一般只有已婚的女子才会穿着镶嵌有金饰的服装。并且在阿联酋妻子有多少黄金珠宝、钻戒首饰，是衡量丈夫是否爱她的重要标志。有的阿联酋妇女的黑纱后面还穿上由黄金打造的金背心。根据伊斯兰传统习惯，金饰为妇女的私人财产，所以妇女购买黄金后相当于一种投资，由于阿联酋女性不工作，在家庭发生变故时，妇女可以靠着这些黄金养活自己。

2.6 指甲花彩绘

指甲花彩绘是阿联酋女性筹备婚礼时的一项重要内容——由新娘的女性亲属和朋友在婚礼三天前的晚上举行指甲花之夜。指甲花图案被认为具有真主安拉所赋予的无形佑护力，可为指甲花彩绘者带来好运，并使其免遭恶灵侵扰。根据传统做法，应由年长的女性已婚亲属在新娘的双手、前臂、双足和脚踝上画上精美的螺旋、圆点、火焰、花瓣和太阳等图案。据说这样可将彩绘师自己的成功婚姻延续给新娘。每个家庭的指甲花图案各不相同，女儿在结婚时通常会画上与其母亲婚礼时相同的指甲花图案。

在其他场合，本地女性也会在自然界（漩涡和花朵）的启发下，绘制指甲花图案，例如用以庆祝斋月之后的开斋节等重大宗教节日。年长女性也会在指甲上画上指甲花，作为一种复古的黎凡特美甲方法。我们可以看到新娘的双手都被画上了上色的指甲花，如图17-2-16所示这种上色的图案和阿萨杜的编织图案有异曲同工之妙。和织物的图案相比，指甲花的图案多了一些曲线，以花的曼妙之姿显示出女孩青春的活力。

一般小女孩愿意把图案纹在手指或手臂上；少女和年轻姑娘则把玫瑰、蝴蝶等一些特殊的图案纹在脖子上；而成年

图 17-2-13 金镶服饰

图 17-2-14 金镶面具

图 17-2-15 天然染料

图 17-2-16 指甲花彩绘

女性则注重纹眉、纹眼线，有的还纹嘴唇。有的图案是含苞欲放的玫瑰，有的是青翠欲滴的枝叶，有深奥莫测的图形，也有各种花型文字组成的吉祥话。阿联酋妇女认为，每增加一处纹身，就为自己增添一份美丽。近年来，也有直接的贴纸进行纹身的。

3 阿联酋传统女性服饰

其实阿拉伯女性是有很多种服饰选择的，按照地域的不同她们各有其服饰特点。像阿联酋女人传统服饰是从上到下一身黑袍，而叙利亚、黎巴嫩那些地区就是一般的便装，当然有很多叙利亚、黎巴嫩女性穿着大胆、暴露，其中很有可能是因为她们并不是伊斯兰教徒。在阿拉伯国家，女孩小时候是可以随便打扮的，等她们慢慢发育成人后，就要穿上阿巴雅。

《古兰经》中提到，穆斯林女子，除在丈夫和其他亲人面前之外，当俯首下视，遮其羞体，将头巾垂至衣襟，不表露美艳与装饰。中国封建社会有"女为悦己者容"一说。伊斯兰教教规实际上是主张女人的身体和容貌只属于丈夫，不能展示于外人。而这个"羞体"，指的就是除了面部和手部以外的所有部分。也就是说，伊斯兰教里并没有规定女性必须蒙脸。所以很多人对穆斯林女人的概念就是"只露两只眼睛"的想法是有些片面的。不过在阿拉伯地区的确有很多女性只露两只眼睛，她们在外面吃东西的时候会从面巾下面伸进去，把食物送到嘴里，不会让外人看到她们吞咽的情景。

3.1 黑袍简介

传统的纯黑仍是主流，蓝、咖啡、浅紫等暗色系列次之。另一种是双层布料，外层薄纱以黑色为主，但里层的颜色就比较鲜艳，有红、黄、白、橘等色。另有金色、银色、大红色罩袍，一般结婚等盛宴时才穿，女性可以选择自己喜欢的颜色或依出席场所的气氛来考量。

阿拉伯传统的黑色女长袍虽然款式简单，但由于面料、修饰、做工、包装等各异，价格差别甚大。在阿联酋迪拜的高档妇女服饰商店，这种黑色女袍大多价格不菲，有的高达数百甚至上千美元。根据传统习俗，在斋月和开斋节期间的家庭聚会时，海湾地区的妇女往往要穿上崭新的"阿巴雅"，以迎合节日的喜庆气氛。

3.2 妇女的面纱和头巾

阿拉伯妇女的黑面纱很薄，戴上面纱，外人看不见主人的脸，主人却能透过面纱及网视物如常。有少数妇女戴双层黑纱，但视物困难，常需儿童帮助；有人用一块黑纱盖住头发，另一块遮住面部和嘴巴，

图 17-3-1 黑长袍

仅露出眼睛;有人在黑纱上开一个或两个小洞,便于视物。黑纱有大有小,小的罩住头及脖子,大的蒙在头上,四角可垂至胸部甚至腿部位置。多数妇女除戴黑纱外,里面还戴有做工精细、镶嵌饰物的帽子。

头巾大部分仍是以单色系或简单的线条设计为主,很少有花花绿绿的彩色头巾。面罩在颜色上几乎别无选择,全是黑色的质料以便搭配黑色头巾,固定方式有系、扣或粘,每件都有双层、三层或四层的不同设计,眼部可分为全开型、渔网设计型、透明黑纱全盖型,不同的场合选用不同的款式。

3.3 阿巴雅的裁剪和面料

在剪裁样式方面,有一件式套头,有大衣款式开前扣或暗扣,或者在正面加一片内里,还有连帽子一起的设计。最特别的是罩袍穿在最外层,所以大多以直线、宽松、略长的剪裁较为合适。然而近年来,街头出现了许多合贴、有腰身的罩袍,多数是年轻时髦、跟随流行的女士穿戴,走起路来阿娜多姿、曲线毕露,但这似乎与教法规定妇女穿罩袍的原旨有些抵触。

图 17-3-2 渔网设计型头巾

在面料的选择上有很大的不同,这直接关系到罩袍的价格。从普通的黑布、棉麻、人造丝到纯丝质罩袍,加上不同的装饰配件,譬如机器缝绣的彩色花形图样或上等手工刺绣,在袖口、裙摆上手工缝制的亮片、珠子、水晶、碎钻等。质地好的罩袍穿起来轻盈舒适,没有负重与闷热的感觉。

图 17-3-3 全开型面罩

3.4 在阿联酋穿黑袍的好处

图 17-3-4 普通黑袍

图 17-3-5 彩色长袍

图 17-3-6 身穿黑袍的女性

穿黑袍十分方便。黑袍都是不透明的，它的款式很多，可以选择前面开口的阿巴雅，这样里面穿便装，外面像披风一样披上黑袍；也可以选择套头的那种，这样里面不管穿什么，头一套就能出门了。

阿拉伯联合酋长国属热带沙漠气候，夏季炎热干燥。炎热的气候使他们的着装必须将自己的身体包裹起来，以免被太阳晒伤。迪拜的太阳很大，但是商场里都开着冷气十足的空调，这时黑袍可以在太阳下保护皮肤不被晒黑晒伤，到了室内又不会被冷风吹得觉得寒冷。黑袍十分宽松，不会给人一种紧绷的感觉。

一般穿上黑袍就等于是直接告诉人家："我是穆斯林。"那么这种时候，明白的男性都会对你特别尊重，不和你开玩笑，不主动和你握手，更不会有什么过分的行为。

女性穿着保守不只是对自己的一种保护，更是对家庭和社会的一种保护。虽然在公共场合女性被要求保守的穿着，但这并不影响在家里和家人的相处。在只有女性的家庭聚会时，可脱下外套，脱下黑袍，穿上性感漂亮的衣服。然后可以和世界上其他地区的女性一样又唱又跳，一点没有差别。但在除丈夫以外的男人面前，就要穿着保守，行为上也有严格要求。

3.5 阿联酋女性服装的发展现状

受西方服饰潮流的影响，阿联酋的服装设计师对传统的阿巴雅进行创新和改造。如今阿联酋妇女不但可以穿阿巴雅，而还可以和国外的女性一样穿便装。便装的面料有棉麻、雪纱、缎子、人造丝绸等，冬天则穿天鹅绒的阿巴雅。有里外双层的阿巴雅，外层为薄纱，以黑色为主，里层颜色鲜艳，有红、黄、白、橘等。结婚或参加盛宴时，有金色和银色的丝制阿巴雅。有的年轻人甚至穿上了（牛仔）斜纹布做的阿巴雅，还有的在阿巴雅里面穿上牛仔裤。目前的服饰，一是其色彩浓郁大方，不仅有黑色、深蓝色、咖啡色和浅紫色，还有红黑相间，或绿为底色配上红黄色，或米黄为底色配上蓝绿红和金色等；二是花纹活泼，以阿拉伯图案艺术为主，有抽象的几何纹，还有植物花纹等，绣在领口、胸口、袖口、两肩，罩袍两侧等；三类款式新颖，有套式、大衣式、前扣或暗扣，或正面加一片内里，还有短

图 17-3-7 带有金色蕾丝的头巾

图 17-3-8 银色花纹的头巾

图 17-3-9 花纹头巾和吊坠

图 17-3-10 藏青色刺绣头巾

袖式和瘦腰型加腰带等，有的在领口和袖子上缝上装饰带，考究的阿巴雅还配有与罩袍颜色和花纹相同的挎包，图 17-3-7、图 17-3-8、图 17-3-9 和图 17-3-10 分别展示了阿联酋女性头饰的文化设计。

4 阿联酋现代女性服装

阿联酋的设计师从他们的文化传统和经历中汲取灵感，他们常常会在设计中参考枣椰树的造型。他们的服饰系列皆以薄纱、雪纺、绉纱和透明纱精心制作而成，质地轻便，散发着一种浪漫主义情怀。柔和色调跃然衣上，轻巧半透的布料搭配层层叠叠的廓形，模仿出枣椰树错综交叉的分枝。例如，可以看到模特上着浅蓝色的露肩短袖，这种蓝色给人一种柔和清爽的感觉，在酷暑的时候能够给人带来清凉的慰藉。模特下身着薄纱阔腿裤，在裤脚下面拼接一些蕾丝花纹，给人一种透明明快的感觉，微风吹来则能使裤摆飘飘，充分体现出女性曼妙的身姿。

图 17-4-2 为斋月简洁系列时装，所受影响来源于阿拉伯半岛的谦逊根基、雄厚的文化底蕴和卓越的丰功伟绩。设计师重塑了传统长袍的风格，采用精致羊绒棉面料裁制而成，超大款裙体造型搭配法式袖口，适合男女两性穿着。可以看到图中的女性穿着为一件带有花纹

图 17-4-1 商店时装

图 17-4-2 斋月系列时装

的羊绒棉长袖衣，红色的牡丹和蓝色的叶子交相辉映，锈红色的底布跃然衣上。

5 总结

　　阿联酋是典型的穆斯林国家，在穆斯林的教义中女穆斯林的黑袍要以宽大为主，以盖住身体曲线为宗旨。在现代社会里，这些条条框框无疑是很保守的，似乎用这种方式便能将女穆斯林封闭在这一袭黑袍中，与外界隔绝起来。

　　本章从阿联酋的历史着手，介绍了阿联酋先祖的传统手工织造工艺。以阿萨杜为代表的织物展示了贝都因人在沙漠中生存下来的顽强毅力和追求自由的游牧情怀。详细介绍了阿联酋指甲花彩绘的传统和传统金镶面具的含义，再从宗教的角度分析阿联酋女性阿巴雅存在的意义，又从阿联酋女性的头巾和面纱以及阿巴雅的面料、裁剪样式和实用性介绍了阿联酋的传统女性服装。最后介绍了阿联酋女性服装的发展现状，在国际化的背景下，服装设计师开始将阿联酋的国家特色和西方服饰元素结合起来，长袍也从单一的黑色向多元化发展。

参考文献

[1] Steinberg SH. 在"政治家年鉴：1963 年世界各国统计和历史年鉴"[M]. 伦敦：Palgrave Macmillan UK.1963：1221-1226.

[2] Edens C，Khor Ile-Sud Qatar.The Archaeology of Late Bronze Age Purple-Dye Production in the Arabian Gulf [M] .Iraq，1999：71-88.

[3] Garcia M，Findlay K. National Museum of Textile Costume [J].Doha，Qatar. Architectural Design，2006，76（6）：21-21.

[4] Sobh R，Belk R，Gressel J. Mimicry and Modernity in the Middle East：Fashion Invisibility and Young Women of the Arab Gulf [J] . Consumption Markets & Culture,2014,17（4）：392-412.

[5] 李景阳.格鲁吉亚共和国 [J]. 俄罗斯东欧中亚研究，1992（3）：75-78.

[6] 桑珊，刘娟.拜占庭服饰初探 [J]. 山东纺织经济，2015（12）：40-42.

[7] Kanaana S. Palestinian Costume：SHELAGH WEIR [J]. American Ethnologist，2010，18（4）：807-808.

[8] Nasserkhoury O J，Jones S. Silk Thread Martyrs：Palestinian Embroidery[J]. Textile，2013，11（2）：196-201.

[9] 亓佩成，赵长福.帕尔米拉王国的发现及其历史 [J]. 惠州学院学报，2016，36（1）：78-84.

[10] 王跃.大马士革花型在窗帘布艺中的应用 [J].纺织导报，2013（11）：78-79.

[11] 孙正达、张暄、蒋加明.以色列国 [M]. 重庆：重庆出版社，2004.

[12] 周娥.浅谈伊斯兰文化对穆斯林服饰的影响 [J]. 中国科教创新导刊，2010（11）：124-124.

[13] 李茜.历史性和共时性视角下的阿拉伯服饰特点及其价值取向分析 [J].北方文学(旬刊），2011（5）：97-98.

[14] 帕特西娅·瑞福·安娜沃特，李迎军，郭平建.袍、裤、裙、巾的阳刚气质：阿拉伯半岛上的男子服饰 [J].艺术设计研究，2014（3）：53-56.

[15] 丝绸文化与产品编写组.丝绸历史与文化（2）：丝绸文化的传播 [J]. 现代丝绸科学与技术，2017，32（1）：36-38.

[16] 梁雪玲，梁煜南.波斯湾之巴林王国 [J]. 世界高尔夫，2016（9）：62-79.

[17] 朱萍. 一带一路上的巴林王国 [N]. 21 世纪经济报道，2017-04-17（20）.

[18] 彭树智. 阿富汗与古代东西方文化交往 [J]. 历史研究，1994（2）：133-149.

[19] 陈功."新丝绸之路计划"与世界贸易轴心 [J]. 经济导刊，2013（Z5）：31-33.

[20] 房雨晨. 丝绸之路经济带建设下青海省与阿富汗、哈萨克斯坦两国贸易研究 [J]. 科技经济市场，2017（3）：79-81.

[21] 曹煦. 专访伊朗、阿富汗驻华大使："一带一路"的投资新机遇 [J]. 中国经济周刊，2017（22）：46-49.

[22] 黄民兴, 陈利宽. 阿富汗与"一带一路"建设:地区多元竞争下的选择 [J]. 西亚非洲，2016（2）：16-31.

[23] 彭永清. 罩在"传统"中的阿富汗女性 [J]. 检察风云，2009（10）：44-45.

[24] 王猛. 贝都因人：阿拉伯世界的精神贵族 [J]. 阿拉伯世界，2004，（6）：40-45.

[25] 康斯坦丁·扎里格. 阿拉伯文明与伊斯兰：发展动力、误解及其他 [J]. 中国穆斯林，2009，（5）：23-26.

[26] 刘元培. 海湾妇女罩袍成为艺术品 [J]. 中国穆斯林，2012，（3）：56-58.

[27] 赵晖. 波斯地毯艺术一略 [J]. 上海工艺美术，2006（3）：60-62.

[28] Muna F A.Introduction in The Arab Executive[M]. London：Palgrave Macmillan UK，1980：1-4.

[29] 冀开运. 论"伊朗"与"波斯"的区别和联系 [J]. 世界民族，2007（5）：66–96.

[30] Bouchaud C，Tengberg M，Prà P D. Cotton Cultivation and Textile Production in the Arabian Peninsula During Antiquity；the Evidence from Mad'in Sâlih（Saudi Arabia）and Qal'at al-Bahrain（Bahrain）[J]. Vegetation History & Archaeobotany，2011，20（5）：405-417.

[31] 海伦·迦登那. 中世纪的波斯艺术 [J]. 世界美术，1985（2）：28-34.

[32] Eiland M L，Pinner R，Denny W B. Beduin Textiles of Saudi Arabia[M]11 Oriental Carpet and Textile Studies. The San Francisco Bay Area，Berkeley，CA：Rug Society of OCTS Ltd 1993：281.

[33] Almana A. Economic Development and Its Impact on the Status of Women in Saudi Arabia[M]. Boulder，Colorado：University of Colorado，1981：195.

[34] Topham J.Traditional Crafts of Saudi Arabia[J].Archaeology，1986，39（1）：54-57.

[35] Katsap A，Silverman F L .Transformations，Shapes and Patterns Analysis in the Negev Bedouins' Embroideries，in Ethnomathematics of Negev Bedouins' Existence in Forms，Symbols and Geometric Patterns. Rotterdam：Sense Publishers，2016：69-166.

[36] Edens C. Khor Ile-Sud，Qatar：The Archaeology of Late Bronze Age Purple-Dye Production in the Arabian Gulf [J]. Iraq，1999，61：71-88.

[37] Murray L Eiland.Oriental Rugs [M] Third edition.USA：Little，Brown and

Company（Canada）Limited，1981：50，58.

[38] Garcia M，Findlay K. National Museum of Textile Costume，Doha，Qatar[J]. Architectural Design，2006，76（6）：21.

[39] Sobh R，Belk R，Gressel J. Mimicry and Modernity in the Middle East：Fashion Invisibility and Young Women of the Arab Gulf [J]. Consumption Markets & Culture，2014. 17（4）：392-412.

[40] 马晋虎. 穆斯林的地毯工艺 [J]. 阿拉伯世界，1993（2）：15-16.

[41] Allenby，Jeni.Re-inventing Cultural Heritage：Palestinian Traditional Costume and Embroidery Since 1948[M]. 2002.

[42] Micheal Craig Hillmann.Persian Carpets[M]. Austin，USA：University of Texas，1984：31.

[43] 刘焱华. 寻访波斯文化 [J]. 中外文化交流，2004（1）：55.

[44] 夏萍萍. 伊朗：波斯古国遗梦恍如昨日 [J]. 养生大世界，2008（9）：46-47.

[45] 乔幽坤. 波斯地毯脚下黄金 [J]. 华人世界，2007（9）：148-149.

[46] 李明. 传统与现代的交融：波斯地毯图案的风格及其变化趋势 [J]. 现代技能开发，2002（11）：95-96.

[47] Whelan E. Journal of the American Oriental Society，1981，101（2）：225-226.

[48] Nasserkhoury O J，Jones S. Silk Thread Martyrs[J].Palestinian Embroidery. Textile，2013，11（2）：196-201.

[49] 高岚. 伊斯兰教的起源和阿拉伯的政治统一 [J]. 云南师范大学学报（对外汉语教学与研究版），1994（4）：64-68.

[50] 周娥. 浅谈伊斯兰文化对穆斯林服饰的影响 [J]. 中国科教创新导刊，2010（11）：124.

[51] 宇晓. 阿拉伯人的民族服装 [J]. 西亚非洲，1983（5）：12.

[52] 弗拉特. 苏美尔服饰研究（公元前 4000— 公元前 1700 年）[D]. 上海：东华大学，2014.

[53] 丝绸文化与产品编写组. 丝绸历史与文化（2）：丝绸文化的传播 [J]. 现代丝绸科学与技术，2017，32（1）：36-38.

[54] 李忠义. 丝绸之路知多少 [J]. 中学地理教学参考，1993（11）：25

[55] 张双双. "一带一路"战略背景下中国对阿拉伯国家出口潜力的实证研究 [D]. 济南：山东财经大学，2015.

[56] 崔舜婷，侯东昱. 一带一路背景下纺织服装贸易的交流与发展 [J]. 染整技术，2017，39（2）：57-60.

[57] 朱萍. 一带一路上的巴林王国 [N]. 21 世纪经济报道，2017-04-17（20）.

[58] 梁雪玲，梁煜南. 波斯湾之巴林王国 [J]. 世界高尔夫，2016（9）：62-79.